Radwanderführer Hunsrück – Saarland

Die schönsten Radtouren

- **Rundtouren**
- **Streckentouren**
- **Mehrtagestouren**

In Zusammenarbeit mit dem Deutschen Jugendherbergswerk

Willkommen
Naturpark
im Saar-Hunsrück

Kompass Radwanderführer

Radwanderführer Hunsrück – Saarland

Ausgewählt, abgeradelt
und beschrieben von
Professor Dr. Heinz-Egon Rösch

Mit einem Vorwort von
Wilfrid Spronk
Vizepräsident
Bund Deutscher Radfahrer

Deutscher Wanderverlag
Dr. Mair & Schnabel & Co. · Stuttgart

wandern+
radwandern

Die große Wanderbuch-Reihe
für grenzenloses Wandern

Gesamte Kartographie:
Mairs Geographischer Verlag
(Generalkarte 1:200000,
Blätter 12, 15, 18 und die
Großraumausgaben Blätter 5 und 6)

Ausschnitte bearbeitet von
Ing.-Büro Adolf Benjes

Umschlagbild:
Radler unterwegs
(*Foto:* Heinz-Egon Rösch)
und Bild auf Seite 2:
Im Naturpark Saar-Hunsrück
(*Foto:* Heinz-Egon Rösch)

2., korrigierte Auflage 1994

ISBN 3-8134-0177-4

Satz: Gerda Kaul, D-73240 Wendlingen
Druck: Siegfried Roth, D-73277 Owen/Teck
Printed in Germany

Gedruckt auf 100% chlorfrei gebleichtes Papier

Inhalt

Rundfahrten

Rhein – Hunsrück

Mosel – Hunsrück

Nahe – Hunsrück

Hunsrückhöhen

Zu Tour 40, 61, 62 **Wanderer am Ringwall von Otzenhausen**

(Foto: Klaus Puntschuh)

Saarland

Streckenfahrten

Rund um Hunsrück und Saarland

Besondere Fahrten

Bilderverzeichnis

Orts- und Sachverzeichnis

mit Nummernangaben der entsprechenden Touren

Radtour im Hunsrück (Foto: Heinz-Egon Rösch)

Zu Tour 17, 18, 64, 65, 69, 70, 74 **Trier, Dom/Kreuzgang** (Foto: Klaus Puntschuh)

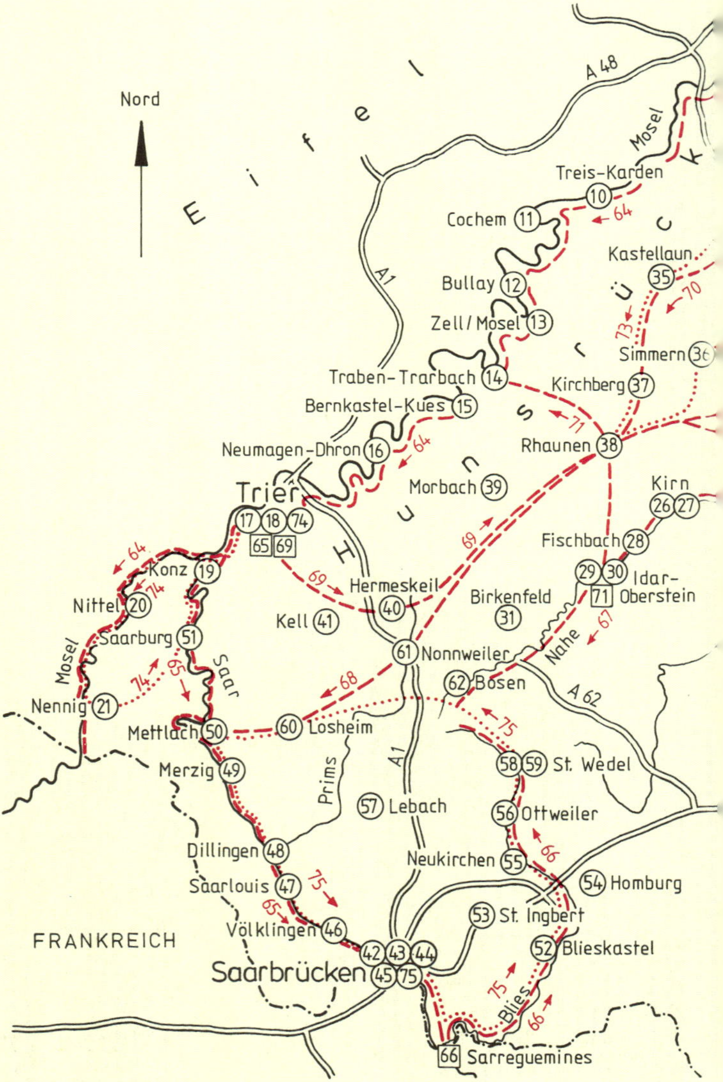

Nord
Eifel
Hunsrück
A 48
Mosel
Treis-Karden 10
Cochem 11
Bullay 12
Zell/Mosel 13
Traben-Trarbach 14
Bernkastel-Kues 15
Neumagen-Dhron 16
Trier 17 18 74 65 69
Konz 19
Nittel 20
Nennig 21
Kirn 26 27
Fischbach 28
29 30 Idar-Oberstein 71
Birkenfeld 31
Kastellaun 35
Simmern 36
Kirchberg 37
Rhaunen 38
Morbach 39
Hermeskeil 40
Kell 41
42 43 44
Saarbrücken 45 75
Völklingen 46
Saarlouis 47
Dillingen 48
Merzig 49
Mettlach 50
Saarburg 51
Blieskastel 52
St. Ingbert 53
Homburg 54
Neukirchen 55
Ottweiler 56
Lebach 57
58 59 St. Wedel
Losheim 60
Nonnweiler 61
Bosen 62
Sarreguemines 66
A1
A 62
Saar
Prims
Nahe
Blies
FRANKREICH

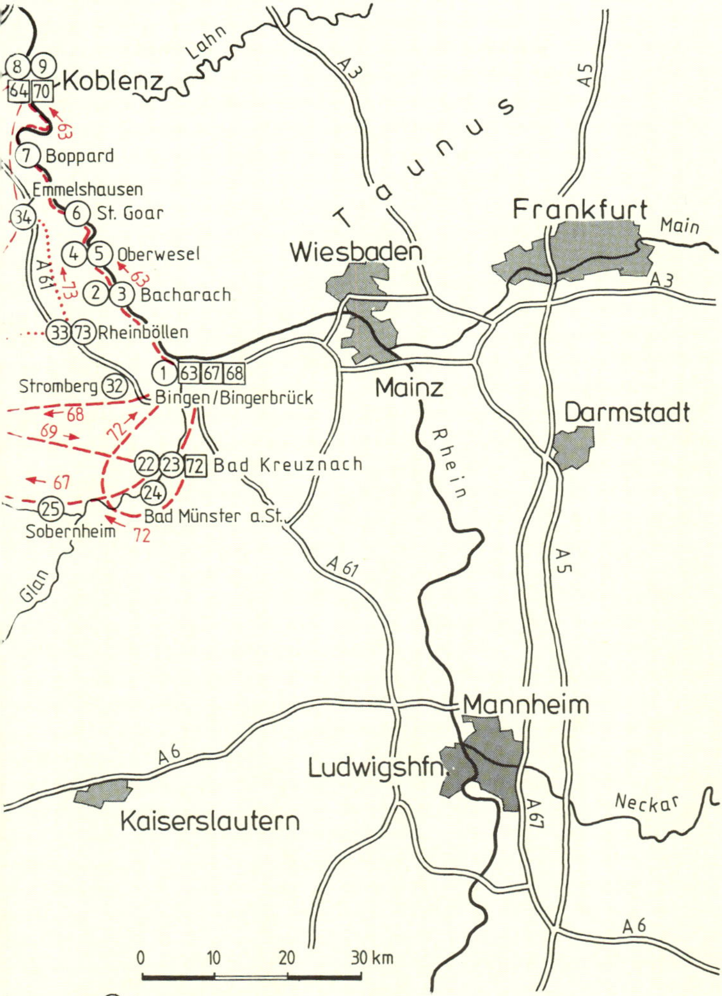

Ausgangspunkte der Rundfahrten

Ausgangspunkte der Streckenfahrten

Vorwort

Es ist eigentlich gar nicht so lange her, da wurde der Wirtschaftsraum *Hunsrück/Saar* durch einen gezielten Ausbau der Verkehrsinfrastruktur für das Auto erschlossen, um Industrie und Tourismus voranzubringen. Vom Fahrrad war da kaum die Rede. Heute, kaum drei Jahrzehnte später, hat das Auto zwar nicht an Stellenwert verloren, aber das Fahrrad hat eine zum damaligen Zeitpunkt nie für möglich gehaltene Entwicklung genommen. Für Millionen Menschen in unserem Lande ist es das Fortbewegungsmittel Nummer eins in der Freizeit und im Urlaub geworden. Jung und alt, groß und klein, schlank und kräftig, jeder hat seinen Drahtesel und jeder tritt kräftig in die Pedale.

Daß Radfahren gesund ist, gesund hält und fit macht, das hat sich herumgesprochen. Aber es sind nicht nur die kleinen *»Altigs«* und *»Thuraus«,* die sich sportlich betätigen wollen. Die Radwanderer sind es, die in immer größerem Umfange das Bild bestimmen. Wer selbst einmal allein, mit Familie oder Freunden seine Tour(en) unternommen hat, der wird sich dieser gesunden und erholsamen Sucht nicht mehr erwehren können. Ohne Sprit und Motorengeknatter, gemütlich, vielleicht mit ein wenig Schweißverlust als Zeichen der Anstrengung, erlebt man die Natur, erlebt man das Land und trifft man die Menschen.

Es ist sicher nicht überraschend, daß der *Bund Deutscher Radfahrer,* obwohl auf der einen Seite der Leistungssportverband, sein zweites ebenso wichtiges Standbein im Bereich des Freizeitradelns hat und daß dieser Verband das Radwandern schon seit Anbeginn seines mehr als hundertjährigen Bestehens betreibt. In vielen Vereinen treten Mitglieder und Gäste Wochenende für Wochenende in die Pedale. Jedes Mal werden es neue Radwanderfreunde, die mitmachen, die mit Freude bei der Sache sind. Und wer dann auch noch ein wenig Kondition – die benötigt man auch als Hobbyradler – mitbringt oder sich aneignet, der achtet kaum noch auf das Streckenprofil, der radelt dort(hin), wo es ihn hinzieht und wo es ihm gefällt.

Mit dem neuen *Radwanderführer Hunsrück/Saar* erschließt sich eine weitere reizvolle Region des Rheinischen Schiefergebirges für den Radwanderer. Im Land des Schinderhannes und seiner *Freunde* können nun noch mehr Radwanderer ihre Streifzüge durchführen und das Land rund um den Erbeskopf, an den Ufern der Nahe und der Saar erkunden. Und wer es bis dato noch nicht wußte, wird schnell feststellen, welch herrliches Fleckchen Erde sich ihm hier eröffnet. Der Radwanderführer des *Deutschen Wanderverlags* ist hier sicher, wie schon viele andere Ausgaben auch, ein hilfreicher, wenn nicht sogar ein unverzichtbarer Ratgeber. Der *Bund Deutscher Radfahrer* weiß die Zusammenarbeit mit dem Deutschen Wanderverlag zu schätzen. Wir freuen uns, daß immer wieder neue Radwanderfreunde ihre Erfahrungen und Erkenntnisse zu Papier bringen, um sie einer größeren Zahl von Gleichgesinnten weiter zu vermitteln.

Ich bin sicher, daß viele Freunde des Drahtesels anhand dieses neuen Radwanderführers die Region Hunsrück/Saar kennen- und liebenlernen werden. Ihnen allen wünsche ich viel Freude und Spaß, viele Erlebnisse und frohe Stunden beim Radwandern. Vielleicht suchen Sie in der einen oder anderen Station Ihrer Radtour auch einmal den Kontakt zum dortigen Radsportverein. Radwanderfreunde werden Ihnen vielleicht noch den einen oder anderen zusätzlichen Tip für Ihre Tour durch den Hunsrück und zur Saar vermitteln können.

Wilfrid Spronk
Vizepräsident
Bund Deutscher Radfahrer

Was versteht man unter Radwandern?

Ähnlich wie das Wandern zu Fuß, ist das *Radwandern* eine Fortbewegung in der Freizeit (Tages-, Wochenend-, Urlaubs-, Ferienfreizeit), wobei man sich des Fahrrades bedient. Radwandern ist keine Sportart im Sinne des *Radsportes*. Es ist nicht wettkampfbezogen und gehört auch nicht zur sogenannten »Radtouristik«, die wettbewerbsmäßig auf Vereins- und Verbandsebene durchgeführt wird. Das *Volksradfahren* (mit Medaillen bzw. Urkundenvergabe) gehört im gewissen Sinne zum Radwandern, weil hierbei der Wettbewerbscharakter einer solchen Veranstaltung nahezu ausgeschlossen bleibt. Das *Radwandern* selbst soll Freude an der Bewegung mit dem Rad vermitteln. Dabei spielen der Zeitfaktor oder gar die Zeitmessung keine Rolle.

Die *Radwanderungen* bestehen aus Rundfahrten oder Streckenfahrten oder thematischen Fahrten (z.B. Burgenfahrt, Kunstfahrt, Blütenfahrt, Fahrt durch ein Weinbaugebiet), Radtouren, die vorwiegend durch landschaftlich schöne Gebiete

(Foto: Ulrich Schnabel, DWV-Archiv)

nach Möglichkeit abseits von verkehrsreichen Straßen führen. Man bevorzugt ruhige Landstraßen, Kreisstraßen, befestigte Land- und Forstwirtschaftswege, Deichwege, Heckenwege, Fahrradwege. Sie können als Halbtags-, Tages-, Mehrtages-, Wochen- und Monatsfahrten durchgeführt werden und sowohl bei kürzeren Fahrten die Umgebung des Wohnortes, des Urlaubs- oder Ferienortes berücksichtigen, als auch durch ein ganzes Land oder mehrere Länder (auch Kontinente) führen. Man wandert mit dem Rad einzeln oder in Gruppen (Jugendgruppen, Familien, Vereinsgruppen, Schülergruppen usw.). Beim Radwandern schiebt man auf größeren Steigungen das Fahrrad, desgleichen bei weniger günstigen Wegverhältnissen. Man wandert dann zu Fuß mit dem Rad. Die Tagesstrecken, die zurückgelegt werden, liegen zwischen 40 und 80 Kilometern, können bei guter Kondition auch bis zu etwa 200 Kilometer reichen. »Kilometerfressen« jedoch ist verpönt!

Vom Nutzen des Radwanderns

Radwandern ist erholsam und anstrengend zugleich. In diesem »Wechsel- und Spannungsverhältnis« liegt seine Wirksamkeit begründet. Man profitiert vom Radwandern für sich persönlich und für andere, mit denen man unterwegs ist. Prinzipiell fördert das Radwandern die Gesundheit. Gemeint ist dabei nicht nur die körperliche Gesundheit, sondern auch die seelische und soziale Gesundheit im Sinne der Definition der UN-Weltgesundheitsorganisation. Das Erlebnis der Natur, die geselligen Formen des Radwanderns tragen ebenso wie die psychisch-motorische Kondition, die durch das Radwandern verbessert werden kann, wesentlich bei zum *ganzheitlichen leiblich-geistig-seelisch-sozialen Wohlbefinden.*

Zum Nutzen des Radwanderns kann man unter anderen folgende Aussagen treffen:

- Die *Gesundheit* wird verbessert, indem das Radwandern den Kreislauf stabilisiert und den Stoffwechsel anregt. *Es hält fit!*
- Es führt zur Verbesserung des *konditionellen Eigenschaftsniveaus,* vornehmlich der Kraft und der Ausdauer, aber auch der Geschicklichkeit. *Es gibt Kondition!*
- *Radwandern regeneriert überstrapazierte seelische Beanspruchung* auf ein normales Maß. *Es baut Streß ab!*
- Es fordert *zur körperlichen Anstrengung heraus,* die sich im Kampf gegen Bewegungsmangel und seine Folgeerscheinun-

gen positiv für das Gesamtbefinden und das persönliche Leistungsvermögen auswirkt. *Es bekämpft den Bewegungsmangel!*

- Der Radwanderer freut sich über seine vollbrachte »Leistung«, wenn er das Ziel seiner Radwanderung erreicht hat. *Es vermittelt Erfolgserlebnisse!*
- Radwandern führt zu einem *intensiveren Erlebnis* der *Umwelt* und der Landschaft, weckt *Freude* an der *Natur* und läßt *Kultur* und *Menschen* miteinander vertrauter werden. *Es sensibilisiert und kultiviert!*
- Neben dem Laufen und Wandern, dem Bergsteigen und Skilauf/Skiwandern, dem Rudern und Segeln ist Radwandern eine *umweltfreundliche Natursportart.* Es stellt einen Beitrag zum Schutze der Umwelt dar. *Es ist umweltfreundlich!*
- Radwandern trägt zum wünschenswerten Zeitvertreib bei. *Es ist erfüllte Freizeitaktivität!*
- *Gemeinsamkeiten* werden gepflegt, wenn man zu zweit oder in der Gruppe unterwegs ist. *Es hält Menschen zusammen!*
- Im zunehmenden *Alter* kann man im Sinne des lifetime-sports noch Fahrradfahren und Radwandern. *Es hält jung!*

So gesehen, lohnt sich Radfahren und Radwandern immer.

18 Punkte für Radfahrer und Radwanderer

1. *Grundregel* beim Radfahren auf der Straße ist das Verhalten des Radfahrers gemäß der *Straßenverkehrsordnung* mit allen Rechten und Pflichten.
2. Das *Rad muß in Ordnung sein:* Bremsen, Licht, Klingel, Rückstrahler, Reflektoren usw. müssen funktionieren. Flickzeug und Luftpumpe nicht vergessen. Das Flicken eines Rades will vorher gelernt sein.
3. Zur *Sicherheit* im Straßenverkehr empfiehlt es sich, knallig bunte Kleidung (gelb, orange, grün, rot) zu tragen. Für Kinder ist ein hochragendes Fähnchen oder eine Warnkelle ein gut sichtbares Schutzzeichen. Für die Dunkelheit eignen sich neben den obligatorischen, möglichst breiten Rückstrahlern auch Speichenreflektoren (Pflicht).
4. Nach Möglichkeit *verkehrsreiche Straßen* in den Städten, Bundesstraßen und stark befahrene Landstraßen *meiden.* Die besten »Fahrzeiten« sind am Samstag und Sonntagvormittag (kein Lkw-Verkehr) und die Zeiten außerhalb der Spitzenverkehrszeiten. Sie liegen werktags zwischen 8.30 und 16 Uhr und nach 18 Uhr.

5. Für *Anfänger* empfehlen sich ruhige Straßen und Wege, auf denen zunächst etwa 10 Kilometer zurückgelegt werden, dann steigern auf 15, 20, 25 usw. Kilometer.
6. *Regenbekleidung* und Handschuhe als Kälteschutz sollten bei ungünstiger Witterung mitgeführt werden.
7. Zum Radwandern werden möglichst gute *Tourenkarten* im Maßstab 1:50000 (wie angegeben) benötigt, um sich unterwegs genau orientieren zu können. Auch örtliche Radwegekarten (Ludwigshafen, Speyer, Mainz oder Landkreise) können gut informieren.
8. *Wetter* und vor allem *Regen* und *Wind* sind Faktoren, die eine Radtour stark beeinflussen können. Deswegen empfiehlt es sich, die *Wettervorhersage* zu beachten und sich entsprechend einzustellen. Der Wind, besonders starker Gegenwind, macht dem Radfahrer zu schaffen, Rückenwind dagegen beflügelt.
9. Als Fahrrad eignet sich ein *stabiles Tourenrad,* nicht zu leicht aber auch nicht zu schwer. Es sollte eine Gangschaltung haben (Mountainbikeschaltung). Sie erleichtert die Bergfahrten und die Fahrten gegen den Wind. Beim Bergabfahren sind dynamische Mountainbikebremsen sehr sicher und (auch für Frauen) leicht zu bedienen.
10. Zum *Transport von Proviant,* Regenbekleidung und Verbandszeug eignet sich ein Korb, der am besten durch einen Gummizug auf dem kräftigen Gepäckträger verankert ist. Bei mehrtägigen Radtouren empfehlen sich Seitentaschen am Hinterrad und ein kleiner Gepäckträger für Karten und Proviant, der am Lenker angebracht wird.
11. Bei *Gruppenfahrten* stets auf den »schwächsten« Teilnehmer achten. Von Zeit zu Zeit sind »Treffpunkte« auszumachen, wenn individuelleres Fahren gewünscht wird.
12. *Ermüdungserscheinungen* oder Schwierigkeiten bei Steigungen, bei Gegen- und Seitenwind, lassen sich leichter bewältigen durch einen kleinen psychologischen Trick, wenn man 5mal rechts, dann 5mal links stärker in die Pedale tritt und dabei leise vor sich hinzählt: 1 – 2 – 3 – 4 usw.
13. Man sollte regelmäßig den *Puls kontrollieren,* ob er sich entsprechend des jeweiligen Alters und der Konstitution in normalen Bahnen bewegt. Radwanderer mit hohem Blutdruck müssen sich vor Überanstrengungen hüten. Für Menschen mit niedrigem Blutdruck ist das Radwandern zur gesundheitlichen Stabilität sehr anregend. Eine regelmäßige (sport)ärztliche Untersuchung ist immer angebracht.

14. Die *Ernährung* beim Radwandern sollte so ausgesucht werden, daß sie sowohl Kohlehydrate als auch genügend Eiweißstoffe im herkömmlichen Maße und vor allem Vitamine enthält. Durch das Schwitzen gehen dem Körper auch Mineralien verloren, die ersetzt werden müssen. Gewürzte Suppen, leichte Fleisch- und Käsespeisen, Haferflockenmüsli, nicht zuviel Gemüse, Salat oder Obst und als Getränke Tee, Kaffee, Mineralwasser, Milch, Säfte, abends Bier oder ein Glas Wein sind zur Ernährung und zur Gaumenfreude geeignet.
15. Während einer längeren Radwandertour sollte man alle zwei bis drei Stunden eine *Rast* einlegen und leichtverdauliche Getränke und Kost zu sich nehmen. Als Rastplatz wähle man eine landschaftlich schöne und ruhige Umgebung, eine kulturhistorische Stätte (Burg, Ruine, Marktplatz usw.) oder ein gemütliches Gasthaus.
16. Der *Transport von Fahrrädern* geschieht auf dem Dach eines Pkw mit entsprechenden Träger- und Haltevorrichtungen, die im Fachgeschäft zu kaufen sind. Besser eignet sich ein Kombi-Wagen oder ein Kleinbus. Auch auf die Möglichkeit des Transportes von Fahrrädern in den Gepäckwagen der Eisenbahnzüge sei hingewiesen. Man besorge sich eine Fahrradkarte am Fahrkartenschalter. Das Verladen des Rades muß selbst durchgeführt werden. Nicht jeder Zug hat einen Gepäckwagen. Daher sollte man vorher das Kursbuch studieren. Außerhalb der Hauptverkehrszeiten nehmen die S-Bahnen auch die Räder mit. So gelangt man schneller aus den gefährlichen Innenstädten in ruhigere Landschaft.
17. Ist einmal die Luft aus dem Reifen heraus und der Reifen hat einen *Platten* bekommen, so kann man ihn selbst flikken, wenn man in dieser Arbeit geübt ist und Flick- und Werkzeug dabei hat. Für viele (besonders Mädchen und Frauen) aber bringt ein platter Reifen Ärger und Verdruß. Man weiß sich nicht zu helfen – besonders beim Hinterrad mit Gangschaltung. Ist eine Tankstelle mit Werkstatt in der Nähe, so sollte man das Fahrrad dorthin schieben und nachfragen, ob dort das Rad geflickt werden kann. Das ist einfacher, weil alle Werkzeuge vorhanden sind und die Reparatur schneller durchgeführt werden kann. (Ersatz-Schlauch mitführen!)
18. Ist man einmal in einer *ausweglosen* Situation und man weiß nicht mehr, wie man weiterfahren soll (vielleicht läßt uns auch der »Rad-Wanderführer« im Stich), dann sollte man unbedingt Ortskundige nach dem Weg fragen.

Umweltfreundliche Politik mit dem Fahrrad

Wer mit dem Fahrrad unterwegs ist, hat heute mehr als zu früheren Zeiten einige Schwierigkeiten zu überwinden. Da sind einmal die Straßen, die vom Autoverkehr überrollt werden. Solche Straßen finden sich in den Ballungsgebieten, in den Städten, aber auch manche Straßen, die über das weite Land ziehen, brodeln über von Verkehr. Hier macht das Fahrradfahren keinen Spaß! Dringende Abhilfe ist daher erforderlich, um in solchen Gebieten das Radfahren ohne Risiko zu ermöglichen. Das kann geschehen durch entsprechende Radwege und Radstreifen, die

(Foto: Ulrich Schnabel, DWV-Archiv)

sich kreuz und quer durch die Städte ziehen und die radial nach draußen führen. Im Hunsrück und im Saarland gibt es Städte, die bereits ein gutes Radwege-Verbundnetz aufzuweisen haben. Trotzdem kommt der Ausbau nur schleppend voran und noch immer fordern radweglose Straßen ihre Opfer unter den Radfahrern. Zwar wird Radfahren immer ein Risiko bleiben, aber es kann erheblich eingedämmt werden, wenn genügend Radwege gebaut werden. Die steigende Zahl der Verkehrsteilnehmer von nahezu 45 Millionen Fahrradbesitzern – vornehmlich Kinder, Jugendliche, Schüler und Studenten, aber auch viele ältere Menschen – haben ein Anrecht auf sichere Wege und Straßen. Bedenkt man, welche ungeheuren Steuersummen in den Autobahn- und Straßenbau fließen, so ist der bisher stiefmütterlich behandelte Radwegebau jetzt mit größter Dringlichkeit voranzutreiben. So steht am Anfang dieses Buches ein dringender Apell an die Ministerien und die Stadt-, Kreis- und Gemeindeverwaltungen:

Es ist eine politische, eine im echten Sinne umweltpolitische Notwendigkeit für die Sicherheit und das Wohlbefinden der Menschen zu sorgen, die mit dem Fahrrad unterwegs sind.

Dieses Buch kann zunächst nur das Vorhandene an Radwegen, befestigten Wirtschaftswegen und Straßen aufnehmen, die sich zum Radfahren mehr oder weniger gut eignen. Es gibt den Ist-Zustand wieder, der zu erstrebende Soll-Zustand wird noch einige Jahre auf sich warten lassen. Trotzdem kann man mit dem bereits vorhandenen Potential an geeigneten Wegen und Straßen etwas anfangen. Bei der einen oder anderen beschriebenen Radtour lassen sich manche »Engpässe« nicht vermeiden, die Vorsicht und Rücksicht vom Radfahrer und eine dynamische Anpassung an den Straßenverkehr gemäß den Verkehrsregeln erfordern.

Das Fahrrad ist also wiederentdeckt. Es hat in gegenwärtiger Gesellschaft eine ganze Reihe von Vorzügen aufzuweisen, die den Menschen zustatten kommen:

- Es ist nicht teuer im Kauf und in der Unterhaltung
- Es spart die enorm gestiegenen Fahrpreise der öffentlichen Verkehrsmittel
- Es entlastet die Innenstädte und Straßen vom überquellenden Verkehr und Berufsverkehr
- Es spart Platz auf den Straßen
- Es beansprucht keine luftverschmutzenden Energiequellen
- Es hält die Luft sauber

Somit ist das Fahrrad das umweltfreundlichste Gefährt, für das es sich lohnt, Politik zu machen.

Radwanderungen im Hunsrück und im Saarland

Die Radwanderungen beziehen sich auf die beiden Regionen:
1. Hunsrück, zwischen dem Rhein, der Mosel und der Nahe gelegen, gekennzeichnet durch seine langgestreckten Höhenzüge zwischen 500 und 800 Meter Meereshöhe mit den Teilhöhenzügen, dem *Binger Wald* mit Salzkopf (628 m), dem *Soonwald* (Ellerspring 658 m), dem *Lützelsoon* (Womrather Höhe 597 m), dem *Idarwald* (Idarkopf, 745 m, Usarkopf 724 m), dem *Schwarzwälder Hochwald* (Erbeskopf 816m – höchster Berg in Rheinland-Pfalz –, Teufelskopf 695 m) und dem *Osburger Hochwald* (Rösterkopf 708 m). Die Landschaft gehört zum Rheinischen Schiefergebirge. Die Seitentäler zu den größeren Flüssen (Steeger Tal, Gründelbachtal, Mühltal zum Rhein; – Kondertal, Aspelerbachtal, Ehrbachtal, Baybachtal, Lützbachtal, Flaumbachtal, Altlayerbachtal, Kautenbachtal, Dhrontal, Ruwertal, Olewiger Bachtal zur Mosel; – Guldenbachtal, Ellerund Gräfenbachtal, Simmerbachtal, Hahnenbachtal, Idarbachtal zur Nahe) sind tief eingeschnitten und landschaftlich sehr reizvoll. Hochflächen und Hochmulden prägen auf der Höhe des Hunsrücks die Landschaft und geben ihr eine eindrucksvolle Weiträumigkeit.

Im Westen – zwischen Saar und Mosel – schließt sich der niedrigere *Saargau* (Höhen zwischen 300 und 420 m) an. Er liegt teils auf rheinland-pfälzischem, teils auf saarländischem Gebiet.

Die Radwanderungen gehen aus von bekannten Fremdenverkehrsorten und Städten an Rhein, Mosel und Nahe und führen durch Täler zumeist auf die Hunsrückhöhen. Andere Radtouren haben ihren Ausgangspunkt von den Ortschaften auf den Hunsrückhöhen. Diese Radwanderungen sind, wie die Fahrten im Rhein-, Mosel- und Nahetal, in der Regel leichter zu bewältigen, als die von den Tallagen auf die Hunsrückhöhen führenden Routen.

2. Saarland. Der kleinste Flächenstaat der Bundesrepublik Deutschland ist landschaftlich nicht so eindeutig darzustellen. Ausläufer des Hunsrücks und des Nordpfälzer Berglandes, das *Saar-Nahe-Bergland,* begegnen sich hier mit dem als *Saargau* bezeichneten, westlich der Saar gelegenen Lothringischen Stufenland, dem *Warndt,* und dem im südlichen Landesteil gelegenen *Bliesgau,* der von den Höhen um die sich dahinschlängelnde Blies und dem Mandelbachtal geprägt wird. Die Talniederungen der Saar, der Blies und der Prims durchqueren diese vielseitigen Landschaften, deren höchste Erhebung der Schaumberg (569 m) ist, ein typischer »Aussichtsberg«, bei der in die Zeit der Christianisierung zurückreichenden Benediktinerabtei Tholey gelegen.

Das von zahlreichen ehemaligen und noch intakten Kohlengruben durchzogene, stark industrialisierte Saarland besitzt in den erwähnten Gebirgslandschaften und teilweise in den Tälern, vor allem aber in dem im nördlichen Saarland gelegenen *Naturpark Saar-Hunsrück,* vorzügliche Erholungs- und Fremdenverkehrsregionen. Das trifft besonders im Gebiet der Stauseen *Primstalstausee* bei Nonnweiler, *Bostalsee* bei Bosen und Türkismühle und den *Losheimer Stausee* bei Losheim zu. In diesen Regionen bereitet das Radwandern – wenn auch mitunter etwas beschwerlich – viel Freude.

Schwierigkeitsstufen (siehe Übersichtskarte). Die Schwierigkeitsstufen sind hier im Mittelgebirgsbereich in vier Grade eingeteilt, die dem Radwanderer eine Hilfe bei der Planung geben sollen, sein Leistungsvermögen auf die Erfordernisse der Radtouren einzurichten.

Schwierigkeitsstufen	Landschaft	Anforderungen beim Radwandern
I	Täler von Rhein, Mosel, Saar, Nahe und Blies	keine, mitunter leichte Hügelwellen
II	Bliesgau, Warndt	kurze Anstiege zwischen 40 und 120 m Höhenunterschied, mitunter Absteigen je nach Kondition
III	Hunsrückvorland, Hochflächen des Hunsrücks, Saar-Nahe-Bergland	Anstiege bis zu 300 m Höhenunterschied auf kürzeren oder längeren Strecken, öfteres Absteigen je nach Kondition
IV	Höhenzüge des Hunsrücks	Steigungen bis zu 500 m Höhenunterschied bei direktem Anstieg aus den Tälern, für Radwanderer längeres Schieben

Zur Bewältigung der Höhen im Hunsrück und im Saarland bietet sich jetzt auch das *Mountain-Bike* an. Man kann mit 18 Gängen ohne große Schwierigkeiten die Anstiege schaffen, vorausgesetzt, man kommt mit der Gangschaltung zurecht. Aber die Schaltungssystematik ist durchaus erlernbar. Bei den zum Teil auch steileren Abfahrten von den Höhen in die Täler bieten die Bremsen des Mountain-Bikes eine größere Sicherheit als die sonst üblichen. Nur sollte man kein Mountain-Bike mit breiten Rädern wählen, denn es gibt heute auch solche mit schmalen, aber gut griffigen Fahrradmänteln. Auf keinen Fall sollte man auf Wanderpfaden und auf Wiesen das Mountain-Bike benützen, denn es zerstört wertvolle Pflanzen- und Humusschichten und führt zu unnötigen Konflikten mit Wanderern, die ebenfalls einen Anspruch auf freie, sichere, natur- und umweltverbundene Bewegung haben.

Die *Systematik* des Radwanderbuches »Hunsrück – Saarland« umfaßt 75 Radtouren, davon sind

Rundfahrten im Hunsrück = 41 Radtouren und im Saarland = 21 Radtouren;

dazu werden 9 *Streckenfahrten* in den großen Tälern von Rhein, Mosel, Nahe und Saar sowie über die Hunsrückhöhen, und 4 *Besondere Fahrten* (Fahrt im Nahe-Weinland, Saargaurundfahrt, große Hunsrück- und große Saarland-Rundfahrt) als Mehrtagesfahrten angeboten.

Die *Ausgangsorte* der Rund- und Streckenfahrten sind größere Orte, zumeist auch Bahnstationen, so daß man das Fahrrad auch im Gepäckwagen des Zuges transportieren kann. Die Rundfahrten sind zwischen 18 und 70 Kilometer lang, die Streckenfahrten bis zu 160 Kilometer (die nicht unbedingt an einem Tag bewältigt werden sollen).

Es ist bei der Zusammenstellung der Fahrtrouten gelungen, möglichst viele interessante kulturelle und landschaftliche *Sehenswürdigkeiten* und Ausblicke anzuführen, wie Burgen, Ruinen, Schlösser, Kastelle und Türme, Städte- und Ortsbilder, Marktplätze, Fachwerkhäuser, Kirchen, Klöster und Dome, Naturdenkmäler und Naturschutzgebiete, Felsen, Aussichtspunkte, Parkanlagen, Seen usw., sowie auf historische Ereignisse einzugehen. Sie sind bei den jeweiligen Touren unter »Wissenswertes« kurz aufgeführt oder im Text der Tourenbeschreibung erwähnt.

Zur *Übernachtung* eignen sich bei Radtouren im Sinne des Radwanderns die Jugendherbergen, die in diesen landschaftlich schönen Gebieten zahlreich vorhanden sind. Sie werden – auch verbunden mit speziellen Radwanderführern von Jugendherberge zu Jugendherberge – am Ende des Buches aufgeführt. Schulklassen und Jugendgruppen sollten bei den immer beliebter werdenden Radwanderungen davon regen Gebrauch machen (rechtzeitige Voranmeldung erforderlich).

Vorbemerkungen zum Radtouren-Raster

Das Radtouren-Raster ist folgendermaßen aufgebaut:

1. **Nummer der Radwanderung mit Ortsangaben**
2. **Schwierigkeitsstufe** entsprechend der Übersichtstabelle »Schwierigkeitsstufen« und der Übersichtskarte
3. **Tourenlänge** mit Angabe in Kilometern, leichte Abweichungen möglich
4. **Fahrzeit,** wobei es sich um die reine Fahrzeit (ohne Pausen, Rast, Besichtigungen usw.) handelt, gedacht für Radfahrer mit durchschnittlichem Leistungsvermögen
5. **Höhenunterschiede** werden im Verhältnis von Höhenmetern zu Längenmetern (Kilometern) ungefähr angegeben.
6. **Karten** sind in der Regel die der Landesvermessungsämter im Maßstab 1:50000 oder 1:100000. Sie sind am besten von dort zu beziehen oder in guten Buch- und Schreibwarenhandlungen zu erhalten. Als weiteren Kartenhinweis: 1:100000 Radwandern in Rheinland-Pfalz, 3 Karten und ein Begleitbuch, 167 S. bearbeitet von Heinz-Egon Rösch, 2. Aufl. 1986, Deutscher Wanderverlag und Mairs Generalkarte 1:200000 Blatt 12 und 15.
7. **Wissenswertes** in Kurzform: historische, landschaftliche und kulturelle Daten zur Erstinformation
8. **Tourenbeschreibung,** die die Verlaufsdarstellung der Radwanderung enthält, wobei in der Regel die Entfernungen zwischen den einzelnen Orten, die Steigungen und die Abfahrten und die Kursänderungen angegeben und auf Gefahrenpunkte aufmerksam gemacht werden
9. **Rundwanderskizze,** die die ganze Radwanderung in einer Übersicht darstellt, wobei mit roter Farbe die empfohlene Strecke eingezeichnet ist.

Hinweis: Im Laufe der Zeit gibt es mitunter Änderungen von Straßen und Wegen, die aufgegeben oder abgeschnitten oder aber auch neu angelegt werden. Für die Angabe von Änderungen und generell für begründete Verbesserungsvorschläge sind Verfasser und Verlag dankbar.

Viele Radwanderwege/-empfehlungen sind in Rheinland-Pfalz einheitlich mit einem grünen Schild (Symbol Fahrrad, Pfeil und Ortsangabe) versehen. Sie dienen einer guten Orientierung!

1 Bingen/Bingerbrück – Weiler – Bergwerk – Wald-Erbach – Waldlaubersheim – Münster-Sarmsheim – Bingerbrück

Schwierigkeitsstufe II.
Tourenlänge 20 Kilometer. **Fahrzeit** 2 Stunden.
Höhenunterschiede 150 Meter auf 2 Kilometer von Bingerbrück durch das Mühbachtal nach Weiler. 80 Meter auf 1 Kilometer hinter Weiler.
Karten 1:50000 L 6112 Bad Kreuznach; 1:100000 Radwanderkarte Rheinland-Pfalz, Blatt Südost; 1:200000 Generalkarte Blatt 15.
Wissenswertes *Bingen/Bingerbrück* liegt an der Mündung der Nahe in den Rhein am Anfang des markanten Durchbruchtales des Rheins, »Binger Loch«, zwischen Hunsrück und Taunus. Im Rhein der »Mäuse-Turm« (Maut = Zoll-Turm) aus dem Mittelalter. In Bingen eine gotische Basilika und schmucke Bürgerhäuser in der Fußgängerzone. Bingen ist durch die »Drususbrücke« und ihren Fundamenten aus der Römerzeit mit dem Stadtteil Bingerbrück verbunden. In Bingerbrück befand sich früher die von der hl. Hildegard gegründete Abtei Rupertsberg (1152). – *Bergwerk Grube Amalienhöhe,* stillgelegtes Braunstein-Bergwerk mit weithin sichtbarem Förderturm. – *Wald-Erbach,* Kapelle St. Pankratius, 15. Jahrhundert; Renaissanceschlößchen. – *Burglayen* Burgruine, teilweise restauriert. – *Münster Sarmsheim* gotische Kirche mit schönen Maßwerkfen-

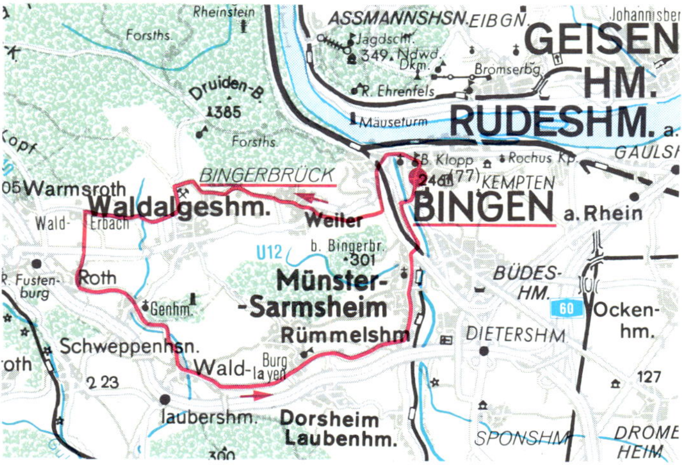

Zu Tour 1 **Felsenformationen im Trollbachtal** (Foto: Heinz-Egon Rösch)

stern und romanischem Turm. Im Ortsteil Sarmsheim Kirche teilweise aus dem Jahre 1445.

Tourenbeschreibung Vom Ortsteil *Bingerbrück* kurz die Hauptstraße B 50 Richtung Weiler, dann links einbiegen in die Heinrich-Becker-Straße, durch die man in das »Mühbachtal« gelangt. Zwischen Weinbergen und Talgrund auf ansteigendem gutem Weinbergweg – fern von allem Straßenverkehr – nach *Weiler* (3 km). Dort durch den Rupertusweg und den Binger Weg zur Hauptstraße, die man überquert, um durch »das Gässel« zum Ortsmittelpunkt zu gelangen. Weiter in westlicher Richtung zur stillgelegten *Grube Amalienhöhe* (2 km). Von dort dem asphaltierten Weg nach zur Talstraße, dann links und nach 500 Metern rechts auf gleichmäßiger Höhe zu der kleinen Siedlung *Wald-Erbach* (3 km). Links abbiegen, an Kapelle und Gaststätte Heinrich vorbei, über die Kuppe und Abfahrt zur B 50, die man vorsichtig überquert, und nach *Roth* (2 km). Von Roth in östlicher Richtung nach *Genheim* (2 km). Auf der »Naheweinstraße« nach *Waldlaubersheim* (2 km) und durch das *Trollbachtal* mit Weinbergen mit Blick auf Burglayen (3 km), vorbei (etwa parallel zur Autobahn) an unter Naturschutz stehenden Felspartien nach *Münster-Sarmsheim* (3 km), das man bei der Trollmühle im Nahetal erreicht. Ortsdurchfahrt durch Münster-Sarmsheim (auch entlang der Bahn möglich) und zwischen B 48 und Bahnlinie (am besten auf dem Bürgersteig, weil sonst kein Platz vorhanden) zur Drususbrücke und *Bingerbrück/Bingen* (2 km).

2 Bacharach – Rheindiebach – Oberdiebach – Manubach – Dichtelbach – Rheinböllen – Erbach/Hunsrück – Breitscheid – Steeg – Bacharach

Schwierigkeitsstufe III.
Tourenlänge 28 Kilometer.
Fahrzeit 3 Stunden.
Höhenunterschiede 350 Meter auf 6 Kilometer von Rheindiebach über Manubach bis zum Wanderparkplatz »Römerstraße«.
Karten 1:50000 L 5912 Kaub; 1:100000 Radwanderkarte Rheinland-Pfalz, Blatt Nordost; 1:200000 Generalkarte Blatt 12.
Wissenswertes *Bacharach* von Mauern und Türmen umgebene historische Stadt am Rhein. Seit der Römerzeit besiedelt, wechseln wegen des bedeutenden Rheinzolls die Herrschaftsverhältnisse häufig (Erzbistum Köln, Pfalzgrafen, Kurfürst von Trier, Kurpfalz), 1689 von den Franzosen im Brand gesteckt. Die Burg Stahleck aus dem Mittelalter ist eine der ältesten Jugendburgen des Jugendherbergwerkes. Spätromanische Peterskirche, gotische Wernerskapelle, die nie vollendet wurde und eindrucksvolle Fachwerkgebäude, so das »Alte Haus« (1568) und der »Posthof« (1558). – *Rheindiebach* ehemals befestigter Ort mit einem Hospital, oberhalb die Burg Fürstenberg. – *Oberdiebach* befestigter Ort mit Fachwerkhäusern und romanisch-gotischer St. Moritzkirche. – *Manubach* Fachwerkhäuser, geschnitzte Kir-

Zu Tour 2, 3, 63 **Bacharach, »Alte Münze«** (Foto: Heinz-Egon Rösch)

chenbänke um 1525 in der Kirche St. Oswald. – *Rheinböllen* ehemaliges »altes Gericht« der Pfalzgrafen. – Bei *Erbach* erlebenswerter Hochwildpark. – *Steeg,* bekannter Weinort, ehemals befestigt (Talsperren) im eng eingeschnittenen V-förmigen Tal, Kontrolle der Talstraße zum Hunsrück. Die »Trinkstubengesellschaft« wird bereits 1417 erwähnt. Gotische St.-Anna-Kirche mit Wandmalereien, zahlreiche Fachwerkhäuser.

Tourenbeschreibung Von *Bacharach* auf dem Radweg der B 9 rheinaufwärts nach *Rheindiebach* (3 km), dort rechts einbiegen in das Gailsbachtal nach *Oberdiebach* (1 km) und weiter nach *Manubach* (2 km). Von dort steigt die Straße steiler an durch das ruhige Tal bis zur Höhe (Wanderparkplatz). Hier verläßt man – links abbiegend – die Straße und fährt auf der »Römerstraße«, dem Europäischen Fernwanderweg folgend (blaues Andreaskreuz), geradeaus durch die Wald- und Wiesenlandschaft nach *Dichtelbach* (6 km). Von hier unter der Autobahn A 61 hindurch nach *Rheinböllen* (2 km). Von Rheinböllen nördlich an der Hollersmühle vorbei und unter der A 61 hindurch nach *Erbach* (2 km), dort geradeaus durch den »Breitscheider Weg« am Wochenendhausgebiet vorbei, in einer Linkskurve in den Wald und weiter auf asphaltiertem Waldweg bis zum Waldende. Dort links am Waldrand entlang bis zur »Rheingoldstraße« und auf dieser Abfahrt nach *Breitscheid* (4 km). Von Breitscheid in steilen Serpentinen Abfahrt ins Steeger Tal nach *Steeg* (4 km) und zurück nach *Bacharach* (2 km).

3 Bacharach – Henschhausen – Langscheid – Breitscheid – Steeg – Bacharach

Schwierigkeitsstufe III.
Tourenlänge 18 Kilometer.
Fahrzeit 2 Stunden.
Höhenunterschiede Nach Bacharach vom Rheintal durch ein Seitental hinauf nach Henschhausen steilerer Anstieg (260 Meter auf 2 Kilometer, hinter Langscheid 50 Meter auf 1 Kilometer und 60 Meter auf 800 Meter vor Perscheid).
Karten 1:50000 L 5912 Kaub; 1:100000 Radwanderkarte Rheinland-Pfalz, Nordost; 1:200000 Generalkarte Blatt 12.
Wissenswertes *Bacharach* siehe Tour 2. – *Langscheid,* spätbarocke Saalkirche. – *Perscheid,* Kirche um 1850. – *Steeg* siehe Tour 2.
Tourenbeschreibung Von *Bacharach* auf der alten B 9 (teilweise Kopfsteinpflaster) links der Bahnlinie bis zum Seitental,

das an den Weinlagen »Bacharacher Hahn« in Kurven aufwärts (bis zu 12%) nach *Henschhausen* (4 km) und dann weniger ansteigend nach *Langscheid* (1 km) hinaufführt. Sodann leicht ansteigend bis zum Höhenzug hinter Langscheid und weiter nach *Perscheid* (4 km). In Perscheid zunächst westlich, Richtung Wiebelsheim, nach etwa 1 Kilometer links abbiegen nach *Breitscheid* (4 km). Dann in Kurven durch ein liebliches Tälchen steiler abfallend nach *Steeg* (4 km) und weiter nach *Bacharach* (1 km), das beim engen Stadttor unterhalb der Burg Stahleck und der Wernerskapelle erreicht wird.

4 Oberwesel – Schönburg – Perscheid – Wiebelsheim – Damscheid – Oberwesel

Schwierigkeitsstufe III.
Tourenlänge 22 Kilometer. **Fahrzeit** 2 bis 3 Stunden.
Höhenunterschiede 400 Meter auf 6 Kilometer von Oberwesel bis hinter Perscheid (größte Steigung gleich hinter Oberwesel); 50 Meter auf 1 Kilometer vom Oberbachtal nach Damscheid.
Karten 1:50000 L 5912 Kaub; L 5910 Kastellaun; 1:100000 Radwanderkarte Rheinland-Pfalz, Blatt Nordost; 1:200000 Generalkarte Blatt 12.
Wissenswertes *Oberwesel* in der Römerzeit Herbergsstation, entfaltet sich Oberwesel im Mittelalter zur mauerbewehrten Stadt, die im 13. Jahrhundert dem Rheinischen Städtebund an-

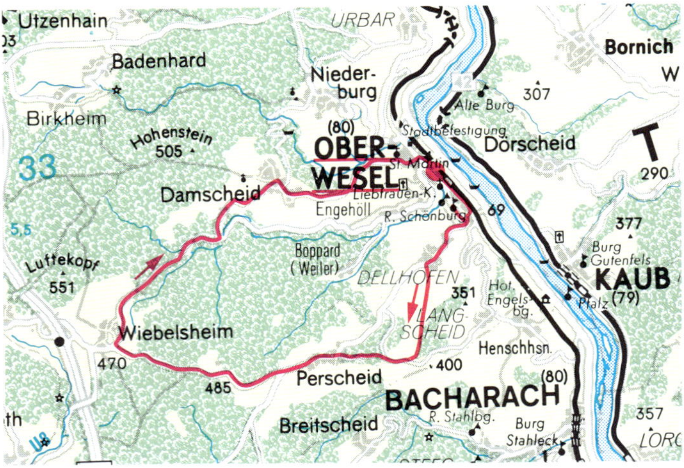

Zu Tour 4 **Schönburg bei Oberwesel** (Foto: Heinz-Egon Rösch)

gehörte. Später gehörte es zur Grafschaft Jülich und zum Kurfürstentum Trier. Im pfälzischen Erbfolgekrieg wurde die Stadt zum Teil zerstört. Die Kirchen »Unsere Lieben Frauen« mit Wandmalereien und gotischem »Schönen Altar« und »St. Martin«, ebenfalls Wandmalereien sind gotisch und geben der Stadt ihr reizvolles kulturgeschichtliches Gepräge, überragt von der *Schönburg* (12./13. Jh.) mit einer gewaltigen Schildmauer, heute neben einem Hotel eine internationale Jugendburg.

Tourenbeschreibung Die Fahrt beginnt am Bahnhof und der Liebfrauenkirche von *Oberwesel* mit dem steilen Anstieg zur *Schönburg* (2 km) mit Blick auf das herrlich gelegene Oberwesel, den man beim Abstecher zum Jugendgästehaus und zur *Schönburg* (2 km) ebenfalls genießen kann. Zurück zur Straße – aufwärts – nach *Dellhofen* (1 km). Kurz nach dem Ortsausgang links auf einen asphaltierten Weg einbiegen, der anmutig durch Wiesen und Weiden schlängelt. Nach etwa 2 Kilometern erreicht man die Straße Langscheid – Perscheid, der man rechts nach *Perscheid* (4 km) folgt. In westlicher Richtung auf ruhiger Straße, später durch Wald, nach *Wiebelsheim* (4 km), das auf 500 Metern Höhe liegt. Dort biegt man rechts ab in das Ballerbachtal/Oberbachtal auf abfallender breiter Straße bis zur Abzweigung, links, dann – leicht ansteigend – nach *Damscheid* (5 km). In der Ortsmitte, rechts, fährt man zunächst auf ebener, dann auf stärker abfallender Straße nach *Oberwesel* (4 km), das man bei der Kirche St. Martin erreicht.

5 Oberwesel – Niederbachtal – Niederburg – Urbar – Loreleyblick – Oberwesel

Schwierigkeitsstufe III.
Tourenlänge 17 Kilometer.
Fahrzeit 1½ bis 2 Stunden.
Höhenunterschiede 200 Meter auf 2,5 Kilometer vom Niederbachtal nach Niederburg. 50 Meter auf 1,2 Kilometer vom Loreleyblick Rückfahrt nach Urbar.
Karten 1:50000 L 5912 Kaub, 1:100000 Radwanderkarte Rheinland-Pfalz, Blatt Nordost; 1:200000 Generalkarte Blatt 12.
Wissenswertes *Oberwesel* siehe Tour 4. – *Niederburg,* das »Backes«, altes Backhaus, in dem heute noch Hunsrücker Bauernbrot gebacken wird.
Tourenbeschreibung Vom historischen Marktplatz entlang der Stadtmauer und unter der gotisch-barocken Wernerskapelle hindurch zum Gasthaus »Zum goldenen Pfropfenzieher« in das *Niederbachtal.* Durch das tief eingeschnittene v-förmige Tal fährt man am rauschenden Bach entlang, an ehemaligen Mühlen und Felsabhängen vorbei bis zum Schwimmbad (4 km). Von dort Anstieg auf steiler, aber guter Straße nach *Niederburg* (2 km). In Niederburg durch die Ortsmitte am »Backes« vorbei, dann links Richtung St. Goar auf der Straße zum Sportplatz (mit Aussicht über Hunsrück, Rheintal und Taunus) bis zur Abzweigung (rechts) Richtung Urbar. Auf dieser Waldstraße gelangt man un-

terhalb des »Spitzensteins« (412 m) – ein kurzer Gang zum Felsen lohnt sich der Aussicht wegen – und weiter, leicht abfahrend, nach *Urbar* (4 km). Durch den Ort dem Schild »Maria Ruh« folgend zu dieser Ausflugsgaststätte und zum *Loreleyblick* (1,5 km) mit herrlicher Aussicht auf das um den gegenüberliegenden sagenumwogenen, romantischen Felsen sich windende Rheintal mit den Schiffen auf dem Strom und den Eisenbahnzügen auf beiden Seiten des Rheins. Auf dem gleichen Weg – leicht ansteigend – wieder zurück nach *Urbar* (1,5 km) und von dort in östlicher Richtung, zunächst noch auf der Höhe, dann in steiler Abfahrt oberhalb des Niederbachtals hinunter durch die Weinberge nach *Oberwesel* (4 km).

6 St. Goar – Hirzenach – Rheinbay – Karbach – Werlau – St. Goar

Schwierigkeitsstufe III.
Tourenlänge 22 Kilometer.
Fahrzeit 2 Stunden.
Höhenunterschiede 200 Meter auf 2,5 Kilometer von Hirzenach bis zur Straße Holzfeld-Rheinbay; 100 Meter auf 2 Kilometer von Rheinbay (Ortsdurchfahrt) in Richtung Karbach.
Karten 1:50000 L 5912 Kaub, L 5910 Kastellaun; 1:100000 Radwanderkarte Rheinland-Pfalz, Blatt Nordost; 1:200000 Generalkarte Blatt 12.

Wissenswertes *St. Goar.* Der Mönch Goar gründete Mitte des 6. Jahrhunderts eine Cella, um sich der Wanderer und Bedürftigen anzunehmen. Burg »Rheinfels« (1245), größte Burgruine im Rheintal. Die Stiftskirche St. Goar ist romanisch-gotisch und besitzt Wandmalereien. Bemerkenswerte Krypta mit Darstellungen aus dem Leben Goars. – *Hirzenach* romanisch-gotische Kirche und ehemalige Benediktiner-Propstei.
Tourenbeschreibung Von *St. Goar* führt zunächst der Weg rheinabwärts auf schmalem Radstreifen nach *Hirzenach* (6 km), wo man die Eisenbahnlinie Mainz – Koblenz auf einer Brücke überquert. Von der Ortsmitte aus, an der alten Kirche vorbei, windet sich die Straße in Serpentinen zum Teil recht steil nach oben bis zur Straße Holzfeld-Rheinbay. Dieser Straße folgt man rechts nach *Rheinbay* (3 km), das auf einer Rheinterrasse liegt. Man fährt an der ehemaligen Schule vorbei – ansteigend – durch den Ort und weiter ansteigend durch ein schönes Waldgebiet auf einer schmalen Straße zum hochgelegenen Ort *Karbach* (3 km) mit weitem Ausblick über Hunsrück und Taunus. Vor dem Ort links abbiegen und zunächst eben, dann in Kurven abfahrend nach *Holzfeld* (3 km), das auf der »Rheingoldstraße« tangiert wird, zum nächsten Ort *Werlau* (3 km). Von hier aus folgt man im großen Bogen der Hauptstraße in das tiefeingeschnittene, waldreiche *Gründelbachtal* (2 km). Nach einer Linkskurve erreicht man talabwärts fahrend wieder *St. Goar* (2 km).

7 Boppard – Buchenau – Weiler – Fleckertshöhe – Mermicherhof – Boppard

Schwierigkeitsstufe IV.
Tourenlänge 20 Kilometer.
Fahrzeit 2½ bis 3 Stunden.
Höhenunterschiede 50 Meter auf 1 Kilometer in Boppard Richtung Buchenau; 100 Meter auf 2 Kilometer von Buchenau nach Weiler; 250 Meter auf 3 Kilometer von Buchenau bis zum Ort Fleckertshöhe.
Karten 1:50000 L 5710 Koblenz; L 5910 Kastellaun; 1:100000 Radwanderkarte Rheinland-Pfalz, Blatt Nordost; 1:200000 Generalkarte Blatt 12.
Wissenswertes *Boppard* Kneipp-Heilbad mit anmutiger Rheinfront. Das römische »Bodobriga« geht auf eine keltische Siedlung und ein römisches Kastell zurück, die auf dem Gelände der romanischen Basilika St. Severus lagen. Die Emporen-Basi-

lika ist auf den Fundamenten eines römischen Bades (50×35 m) erbaut. Bei Ausgrabungen fand man die Reste eines frühchristlichen Baptisteriums und eines Ambos, die im Kircheninneren aufgezeichnet sind. Ehemalige Karmeliterkirche aus dem 13. Jahrhundert mit Wandmalereien aus der Zeit um 1410. Die gotische, lichtoffene Hallenkirche hat wertvolle Altäre und ein um 1460 geschaffenes Chorgestühl. Fachwerkhäuser. Sessellift zum »Vierseenblick«. – *Fleckertshöhe* Höhenluftkurort.

Tourenbeschreibung Von der Stadtmitte Boppard aus folgt man dem weißen Ortshinweisschild »Buchenau«, das man nach 2 Kilometern erreicht. Am Schwimmbad vorbei in östlicher Richtung nach *Weiler* (5 km). Am Ortsrand von Weiler entlang steigt dann die Straße ständig an bis zur *Fleckertshöhe* (3 km). Der Höhenluftkurort liegt auf 500 Meter Höhe. Man hat hier eine weite Rundsicht auf das Rheintal und die Berge des Hunsrücks und Taunus. Gegenüber dem Hotel »Fleckertshöhe« links abbiegen, auf einem Landwirtschaftsweg nach Überquerung der Autobahn A 61 nach dem *Mermicherhof* (2 km), dann rechts in das Tal und durch das Eisenbahnviadukt bis kurz vor die Bundesstraße B 327. Dort biegt man rechts ab in den Wald und erreicht – leicht ansteigend – wieder die »Rheingoldstraße«, die über die Fleckertshöhe führt. Auf dieser Straße fährt man nun weiter, kommt am *Haltepunkt Fleckertshöhe* (2 km) der Bahnlinie Boppard-Emmelshausen vorbei, und fährt weiter wieder unter der Autobahn hindurch und in Serpentinen in rasanter Abfahrt durch den Bopparder Wald zurück nach *Boppard* (8 km).

8 Koblenz – Lay – Kondertal – Wirtshaus Kühkopf – Oberwerth – Koblenz

Schwierigkeitsstufe III.
Tourenlänge 24 Kilometer. **Fahrzeit** 2½ Stunden.
Höhenunterschiede 220 Meter auf 3 Kilometer durch das Konder-, Eschbach- und Kleinbornsbachtal bis zur »Eisernen Hand«.
Karten 1:50000, L 5710 Koblenz; 1:100000 Radwanderkarte Rheinland-Pfalz, Nordost; 1:200000 Generalkarte Blatt 12.
Wissenswertes *Koblenz* am Zusammenfluß (römisch »Confluentes«) von Mosel und Rhein am »Deutschen Eck«. Zahlreiche Gebäude romanisch (Kirche St. Kastor, Altes Schloß), gotisch (Kirchen St. Florin, Liebfrauen), Renaissance-Barock (Jesuitenkolleg). Balduinsbrücke (1343), Kürfürstliches Schloß (1780–86). Gegenüber die ehemalige kurtrierische Festung Ehrenbreitstein. In der Altstadt zahlreiche Häuser aus den verschiedenen Stilepochen. Bundesarchiv, seit 1990 Universität. – *Moselweiß* Kirche St. Laurentius aus dem 13. Jahrhundert.
Tourenbeschreibung Von der Mündung der Mosel in den Rhein am »Deutschen Eck« auf dem grünbeschilderten Radweg entlang der Mosel von *Koblenz* zum Stadtteil *Moselweiß* (3 km)

Zu Tour 8, 9, 63, 64, 70 **Koblenz, Schloß** (Foto: Heinz-Egon Rösch)

und weiter entlang auf dem Radstreifen der B 49 nach *Lay* (4 km) bis zur Einmündung des *Kondertals* (2 km) mit dem Ort gleichen Namens. Dort biegt man in das Tal ein, fährt bis zur Kondermühle und dann links in ein Nebental, das *Eschbachtal* bzw. *Kleinbornsbachtal.* Die schmale Straße windet sich durch dieses anmutige Tal allmählich nach oben, bis man zu dem Freizeit- und Erholungsgebiet mit kleinem Tierpark gelangt, an dessen Ende der Parkplatz *»Eiserne Hand«* (4 km) auf 306 Metern Höhe liegt. Dort überquert man die Bundesstraße B 327, um auf der anderen Seite auf der »Römerstraße« (die nicht immer in gutem Zustand ist) abwärts zur Gaststätte und Rastplatz *»Kühkopf«* (3 km) zu gelangen. Auf der Weiterfahrt durch den Koblenzer Stadtwald in Richtung Koblenz gelangt man nach etwa 2 Kilometern an einen sehr schön gelegenen und ideenreich gestalteten Waldspielplatz. Ein Abstecher zum »Rittersturz« (rechts) lohnt sich, mit schönem Ausblick auf das Rheintal und die Lahnmündung. Ein großer Gedenkstein erinnert hier an die Zusammenkünfte des »Parlamentarischen Rates«, der 1948 das Grundgesetz der Bundesrepuplik Deutschland vorbereitet hat. Von dort weiter in Serpentinen Abfahrt durch den Stadtwald nach Koblenz, das man rechts neben der Autobahnbrücke und deren weitverzweigten Zufahrten in Höhe der Rheinuferstraße im Stadtteil *Oberwerth* (6 km) erreicht. Entlang des Rheinufers und seiner breiten Promenade gelangt man dann in die Innenstadt von *Koblenz* (2 km).

Zu Tour 10, 11, 64 **Karden, Stiftskirche St. Kastor** (Foto: Heinz-Egon Rösch)

9 Koblenz – Rhens – Boppard – Mühltal – Pfaffenheck/Udenhausen – Alken – Kobern – Winningen – Güls – Moselweiß – Koblenz

Schwierigkeitsstufe III.
Tourenlänge 55 Kilometer.
Fahrzeit 4 Stunden.
Höhenunterschiede 300 Meter auf 4 Kilometer durch das Mühlbachtal.
Karten 1:50000 L 5710 Koblenz, 1:100000 Radwanderkarte Rheinland-Pfalz Blatt Nordost; 1:200000 Generalkarte Blatt 12.
Wissenswertes *Koblenz* siehe Tour 8. – *Kapellen-Stolzenfels* auf romanischen Fundamenten einer ehemaligen Burg wurde die Burg Stolzenfels im 19. Jahrhundert romanisierend und nach neuklassischen Gesichtspunkten von Schinkel wieder aufgebaut. – *Rhens* von keltisch »Renson«, stark geprägt von mittelalterlichen Bauten wie das »windschiefe« Fachwerkrathaus mit Markthalle. Auf dem »Königsstuhl« nahmen die Könige Platz zur Inbesitznahme des Reiches. Rhens war beliebter Tagungsort der Kurfürsten. – *Brey,* schöne restaurierte Fachwerkhäuser. – *Boppard* siehe Tour 7. – *Alken* überragt von der Burg »Thurandt« aus der Zeit der Kreuzritter. 1689 von den Franzosen zerstört, 1915/16 gründlich restauriert. Im Weinort Alken, die Kirche St. Michael mit romanischem Turm und Fresken aus dem 14. Jahrhundert. Neben der Kirche das noch mit Knochen und Schädeln gefüllte eindrucksvolle Beinhaus. – *Kobern,* ältestes Fachwerkhaus Deutschlands (1320) Kirchstraße 1. Friedhof mit 160 Grabkreuzen zwischen 1500 und 1800, gotische Friedhofskapelle mit hervorragenden Ausmalungen biblischer Szenen (um 1450). Der Ort wird überragt von den malerischen Ruinen der »Niederburg« und der »Oberburg« mit der sechseckigen spätromanischen »Matthiaskapelle«. Beachtenswerter Kreuzweg beim Aufstieg. – *Güls,* alte Pfarrkirche St. Servatius, eine spätromanische Emporenbasilika. – *Moselweiß* siehe Tour 8.
Tourenbeschreibung Von *Koblenz* rheinaufwärts durch die Rheinanlagen auf dem grünbeschilderten Radweg über die Brücke der Mozartstraße zum Mozartplatz vor der Universität. Dort die Schillerstraße benutzen, geradeaus durch das Viadukt der Bahn und unter den Konstruktionen der Autobahn hindurch, am Stadion Oberwerth vorbei und auf dem Rheinuferweg zur Brauerei *Königsbach* (4 km). Weiter auf dem Rheinuferweg nach *Kapellen-Stolzenfels* (2 km). Durch die Brunnenanlagen des Rhenser Mineralwassergebietes (mit Trinkbrunnen)

WEISSENTHURM
St. Sebastian
Urmitz-Bahnhof
Plaidt
Kettig
Rauschermühle
Mülheim-
-Kärlich
Saffig
Pfaffenbucherhof
BUBENHEIM
Bassenheim
RÜBENACH
METTERNICH
KOBLENZ
Karmelenberg
Sackenheimerhöfe
Künsterhof
GÜLS
KARTHAUSE
Karmelenbergerhof
Wolken
Sürzerhof
BISHOLDER
Belltal
Rittersturtz
Königsbach
St.-Matthias-Kp.
R. Oberburg
Dieblich
Winningen
LAY
Carola-Höhe
Kobern-
Scheidterhof
Dieblich-Berg
Kondertal
KAPELLEN-STOLZENFELS
Weidenhof
Niederburg
Bauhöfe
-Gondorf
Niederfell
Lehmen
Kühr
Mariaroth
Windhäuserhof
Lehmerhöfe
Waldesch
Kalt
Försterhof
Moselsürsch
Oberfell
Arkenwälderhof
Naßheck
Hünenfeld
MÖRZ
Freiheitstempel
Bruder-Tönnes Hügel
Schauren
Kattenes
Kerges-höfe
Burg Thurand
Hugelgräber
Alken
Schiebigeich
Vierseenblick
Mühltal
Hatzenport
Löf
Pfaffenheck
Bauhof
Kalmut
Brodenbach
UDENHSN.
Nörtershsn.
BOPP
Mosel
Jahrsbergerhöfe
Ehrenburgertal
Ohlenfeld
HERSCHWIESEN
BUCHHOLZ
R. Ehrenburg
Forsths.
Kröpplingen
Windhausen
Hünengräber
OPPENHSN.
Morshsn.
Hübingen
R. Schöneck
Hierermühle
Ehrbach-Klamm
Kratzenburg
Ney
Ruine
Dieler

Weitersburg
300
VALLENDAR
(69)
St. Sebastian 64
KESSELHM.
Nieder-
werth
Klost. Schönstatt
Friedrich-T.
Mallendar
ülheim-
Maria Trost
WALLERSHEIM
Simmern
NEUEN
DORF
(60)
BUBENHEIM
Urbar
234
Neuhäus
NIEDERBG.
IMMEN-
DORF
62
D. Eck
Feste Ehrenbreitstn.
ARENBERG
262
RÜBENACH
METTERNICH
St. Florin
Liebfr.-K.
EHRENBREITSTN.
Denzerheide
OBLENZ
MOSEL-
WEISS
(60)
Mühlenbacher-
hof
ARZHEIM
GÜLS
KART-
HAUSE
PFAFFENDORF
Fachba
64
Horchhmr.-H.
360
Nievern
BISHOLDER
201
Rittersturtz
Königsbach
HORCHHEIM
Linden
ingen
Miellen
LAY
Carola-
Höhe
Frücht
Auf
Ahl
69
283
Kondertal
KAPELLEN-
STOLZENFELS
Burg
Lahneck
Friedrichssegen
(60) Schl.
Stolzenfels
Kurthermen Rhein
Lahnstein a. d. Höhe
Lahn
306
LAHNSTEIN
Im Einmuth
397
Mariaroth
Königsstuhl
Waldesch
RHENS
BRAUBACH
(71)
(66)
Brey
Marksburg
Martins-K.
Naßheck
Hünenfeld
HINTERW
Bruder-Tönnes
Hügel
Jakobs-
berg
Waldburg
365
Schauren
Sieben-
born
Spay
Hügelgräber
Dinkholder
Mühlen
302
Osterspai
Vierseenblick
Mühltal
463
Filsen
Rhein
215
Schl. Liebeneck
320
Kalmut
St. Severus
Marienberg
397
Hünengrab
Kloster
Marienbg.
Kamp-
Bornhofen
(72)
61
BOPPARD
(70)
Klost. Bornhofen
R. Sterrenberg
R. Liebenstn.
66
BUCHHOLZ
Dahlheim
374
Forsths.
(406)
Hünengräber
401
BAD SALZIG
Lykershsn.
Hierermühle
Prath
Kratzenburg
WEILER
Kestert
(74)
Ney
Fleckerts-
höhe
315
Prohl

gelangt man nach *Rhens* (3 km), dicht dabei *Brey* (1 km) und weiter am Campingplatz vorbei nach *Spay* (2 km). Vor der Schiffswerft Schottel muß man rechts zur Ortsstraße abbiegen und gelangt zum gut ausgebauten Radweg entlang der Bundesstraße 9 nach *Boppard* (7 km). Am Ortseingang verläßt man das Rheintal, fährt rechts unter der Eisenbahnbrücke hindurch, in das romantische und waldreiche Mühltal. Eine schmale Straße windet sich nach oben auf den Hunsrückhöhenzug, wo man unter der Autobahn A 61 hindurch fährt und kurz danach die Bundesstraße B 327 kreuzt (Vorsicht!). Zwischen den beiden Orten *Pfaffenheck* und *Udenhausen* (7 km) fährt man weiter über die Hunsrückhochfläche, die hier bei 400 Meter liegt in Richtung Mosel, die man dann in einer langandauernden Serpentinenabfahrt bei *Alken* (7 km) unterhalb der Burg Thurand erreicht. Moselabwärts, an vielen Weinbergen vorbei, erreicht man auf dem Radstreifen der Bundesstraße B 49 *Oberfell* (1 km) und *Niederfell* (3 km). Dort Überqueren der Moselbrücke nach *Kobern* (2 km). Nach der Besichtigung von Kobern auf dem Moselradweg unter der hochaufragenden Autobahnbrücke der A 61 hindurch an steilen Weinberghängen vorbei nach *Winningen* (5 km). (Man kann auch den guten Weinbergweg von Kobern nach Winningen zwischen Bahn und Berghang nehmen.) Weiter auf dem Radstreifen der B 416 oder am Moselufer (Campingplatz) entlang nach *Güls* (3 km). In Güls wechselt man die Moselseite über die Eisenbahnbrücke mit Rad-/Gehweg (Fahrrad schieben!) nach *Moselweiß* (1 km), geradeaus zum Bahnhof Moselweiß. Dort auf dem Radweg der Beatusstraße zum Hauptbahnhof Koblenz. (Die Treppen abwärts in den Bahnsteigtunnel, der zur Empfangshalle und zum Bahnhofsvorplatz führt.)

10 Treis-Karden – Mörsdorf – Lahr – Lütz – Treis-Karden

Schwierigkeitsstufe III.
Tourenlänge 31 Kilometer. **Fahrzeit** 3 Stunden.
Höhenunterschiede 200 Meter auf 3 Kilometer von der Pulgersmühle im Flaumbachtal bis zur Höhe vor Mörsdorf; 100 Meter auf 1,2 Kilometer vom Dünnbachtal hinter Mörsdorf bis zur Höhe bei Lahr, vor Lahr 50 Meter auf 1,5 Kilometer bis Lahr.
Karten 1:50000 L 5908 Cochem; L 5910 Kastellaun; 1:100000 Radwanderkarte Rheinland-Pfalz Blatt Nordost; 1:200000 Generalkarte Blatt 12.

Wissenswertes *Treis-Karden* im Ortsteil Karden (andere Moseluferseite) ehemaliger römischer »Vicus Cardena«; frühchristliche Verehrung des hl. Castor. Die heutige Stiftskirche St. Kastor ist in ihren Fundamenten karolingisch. Der Flügelaltar mit einer Auferstehung Christi stammt aus dem 16. Jahrhundert. Wandmalereien. Ort mit mittelalterlichem Gepräge (Propstei, Stiftsschule). – *Lütz* Fachwerkhäuser, gotische Kirche.

Tourenbeschreibung Von *Karden* über die Moselbrücke nach *Treis* geht die Fahrt durch das kurvenreiche, tief eingeschnittene romantische Waldtal des Flaumbaches, an Wiesen und Felsen vorbei zum *Kloster Maria-Engelport* (8 km). Nach 1 Kilometer erreicht man bei der Dietrichsbrücke die Pulgersmühle, etwas seitlich an der Straße nach Altstrimmig gelegen. Wir nehmen die Straße Richtung Mörsdorf-Kastellaun, die auch bald steiler zur Höhe hin ansteigt. Auf der Hochfläche liegt *Mörsdorf* (6 km). In Mörsdorf biegt man links ab auf die K 38 in Richtung Lahr, durchquert aber zunächst mit 12 Prozent Abfahrt und entsprechendem Aufstieg in Serpentinen das Dünnbachtal, um auf der Höhe *Lahr* (4 km) zu erreichen. In Lahr trifft man die L 108, die als Hochstraße von Kastellaun nach Treis-Karden verläuft. Man benutzt diese Straße in Richtung Treis-Karden bis zum Ort *Lieg* (2 km), fährt durch den Ort weiter bis nach weiteren 2 Kilometern die Abzweigung rechts auf die K 37 kommt, die in einer schönen Abfahrt nach *Lütz* (4 km) führt. Im malerischen Lützbachtal, der »Lützer Schweiz«, und an ehemaligen Schiefergruben vorbei führt der Weg im Waldtal mit Felsvorsprüngen in Richtung Mosel, die man beim Wirtshaus/Hotel *Lützbach* (3 km) erreicht. Weiter geht die Fahrt auf dem Radstreifen der Moseluferstraße nach dem Brückenort *Treis-Karden* (4 km) zurück.

11 Cochem – Cond – Beilstein – Weißmühle – Pulgersmühle – Treis-Karden – Cochem

Schwierigkeitsstufe II.
Tourenlänge 38 Kilometer.
Fahrzeit 3 Stunden.
Höhenunterschiede 200 Meter auf 3 Kilometer von Beilstein durch das Beilsteiner Tal bis zur Höhe Richtung Liesenich.
Karten 1:50000 L 5908 Cochem; 1:100000 Radwanderkarte Rheinland-Pfalz Blatt Nordost; 1:200000 Generalkarte Blatt 12.
Wissenswertes *Cochem* früher Reichslehen, dann Besitz von Kurtrier, 1689 Stadt und Burg von den Franzosen zerstört. Bekannter Fremdenverkehrsort. Die Burg wurde 1869–1877 restauriert. 4,5 Kilometer langer Kaiser-Wilhelm-Tunnel der Bahnlinie Koblenz – Trier. – *Bruttig* schönes Ortsbild mit alten Fachwerkhäusern und Steinbauten aus spätgotischer Zeit und der Renaissance. – *Fankel* gotische Kirche Mariä Himmelfahrt, Rathaus um 1600. – *Beilstein* malerisch eng am Ausgang des Beilsteiner Tales an der Mosel gelegen, bekrönt von der Ruine der Burg Metternich. Der österreichische Kanzler Metternich war der letzte Inhaber des Besitzes Metternich an der Mosel. Markt mit Amtshaus, Zehnthaus, Fachwerkhäusern, malerische Gassen. Oberhalb die Karmeliterkirche. – *Treis-Karden* siehe Tour 10.
Tourenbeschreibung Durch den Stadtteil *Cond* fährt man auf dem Radweg die Mosel entlang nach *Valwig* (3 km), *Bruttig* (3 km) und *Fankel* (1 km), am besten durch die malerischen Straßen dieser Moselorte, nach *Beilstein* (2 km). Hier verläßt man die Moselstraße, um durch das enge, in Serpentinen sich windende Beilsteiner Tal auf den Höhenrücken in Richtung Liesenich zu fahren. Von dort abwärts in das Flaumbachtal bis zur Brücke und hier dem Schild *Weißmühle* (6 km) folgen. Nach der

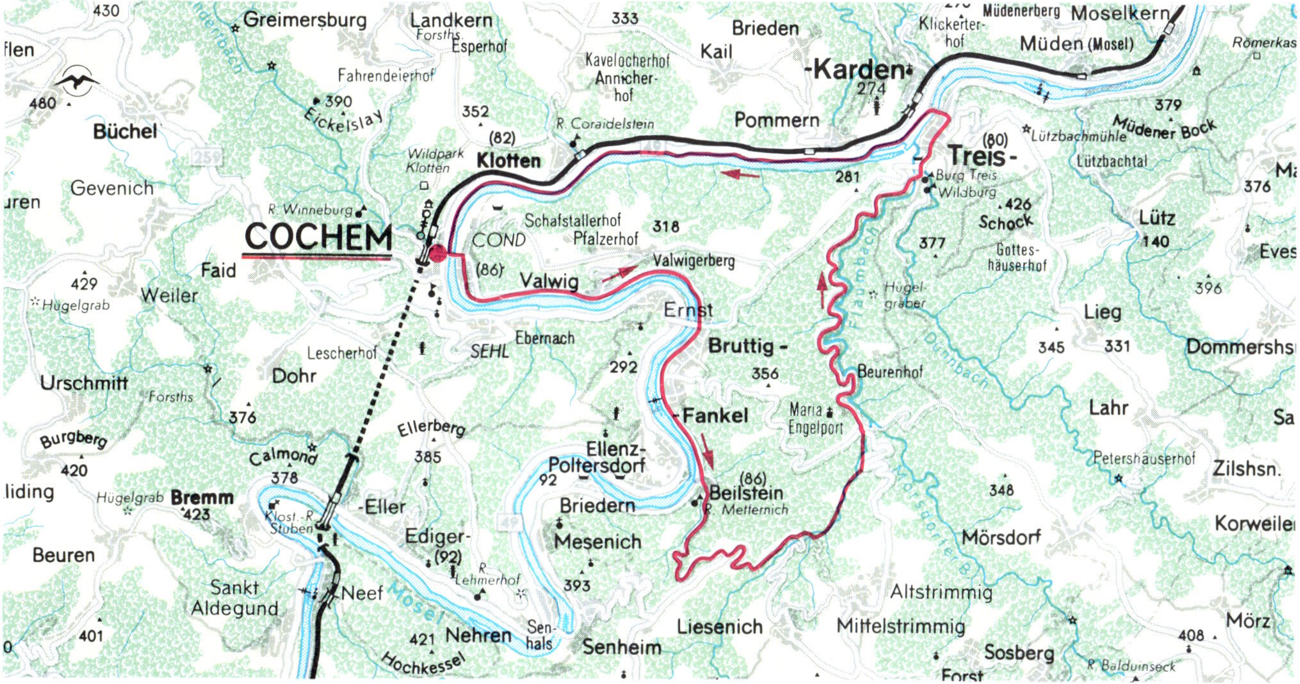
COCHEM
Klotten
Treis-
-Karden
Müden (Mosel)
Moselkern
Müdenerberg
Klickerter-hof
Brieden
Kail
Pommern
Landkern
Esperhof
Greimersburg
Fahrendeierhof
Eickelslay
Büchel
Gevenich
Faid
Weiler
Hügelgrab
Urschmitt
Forsths
Burgberg
Calmond
Dohr
Lescherhof
SEHL
Ebernach
Valwig
Valwigerberg
Schafstallerhof
Pfalzerhof
COND
Kavelocherhof
Annicher-hof
R. Coraidelstein
Wildpark Klotten
R. Winneburg
Ernst
Bruttig-
-Fankel
Ellenz-
Poltersdorf
Briedern
Mesenich
Beilstein
R. Metternich
Maria Engelport
Beurenhof
Hügel-gräber
Flaumbach
Dünnbach
Burg Treis
Wildburg
Schock
Gottes-häuserhof
Lützbachmühle
Lützbachtal
Müdener Bock
Römerkas
Lütz
Lieg
Lahr
Dommershs
Petershäuserhof
Zilshsn.
Korweiler
Mörsdorf
Mörsdorfer B.
Altstrimmig
Mittelstrimmig
Sosberg
Forst
R. Balduinseck
Mörz
Liesenich
Senheim
Sen-hals
Nehren
Hochkessel
Mosel
R. Lehmerhof
Ediger-
Eller
Ellerberg
Klost.-R. Stuben
Neef
Bremm
Sankt Aldegund
Beuren
Eves
Sa
(86)
(80)
(82)
(92)
430
480
390
352
333
274
281
318
379
376
426
377
140
396
345
331
356
292
385
378
376
429
420
423
92
393
421
401
348
408

Mühle wird der Weg zwar schlechter (er sollte als Radweg ausgebaut werden!), aber dafür ist das Tal sehr reizvoll, auch wenn man das Rad mitunter zur ebenen Erde schieben muß. Man erspart sich auf dem Talweg den langen Umweg über die Höhe durch die Ortschaften Liesenich, Mittel- und Altstrimmig. Bei der *Pulgersmühle* (3 km) erreicht man wieder die Landstraße, um auf ihr nach *Kloster Maria-Engelport* (1 km) talabwärts in zahlreichen Windungen durch das tief eingeschnittene Flaumbachtal mit seinen steilen Wald- und Felsenhängen nach *Treis-Karden* (8 km) zu fahren. In Treis-Karden muß man über die Brücke auf das andere Moselufer wechseln, denn die steile rechte Moseluferseite läßt keinen Weg zu. Auf dem Radstreifen der linken Moseluferstraße erreicht man über *Pommern* (3 km) und *Klotten* (5 km) wieder *Cochem* (2 km).

12 Bullay – Merl – Grenderich – Beilstein – Senheim – Ediger-Eller – Bremm – Neef – Bullay

Schwierigkeitsstufe III.
Tourenlänge 45 Kilometer.
Fahrzeit 4 Stunden.
Höhenunterschiede Von Merl bis zur Höhe vor Grenderich im Tal des Merler Baches zuerst allmählich, dann steiler (in Kurven) 370 Meter auf 5 Kilometer.
Karten 1:50000 L 5908 Cochem; 1:100000 Radwanderkarte Rheinland-Pfalz Blatt Nordost; 1:200000 Generalkarte Blatt 12.
Wissenswertes *Bullay,* die Doppelbrücke über die Mosel, eine einzigartige gigantische Stahl- und Eisenkonstruktion, dient auf der oberen Etage der Bahn und unten dem Straßenverkehr. – *Merl,* bereits in einer Schenkungsurkunde an das Kloster Lorsch 782 genannt, war der Ort im Mittelalter befestigt. Die jetzige Pfarrkirche St. Michael ist eine ehemalige Klosterkirche (gotisch) mit einem holzgeschnitzten Hochaltar aus Flandern (1525). Im Friedhof steht ein schlanker, fünfgeschossiger Chorturm einer abgerissenen Kirche. Zahlreiche schmucke Fachwerkhäuser. – *Beilstein* siehe Tour 11. – *Senheim,* Turm der Pfarrkirche St. Katharina spätromanisch. Mittelalterlicher vierstöckiger Wohnturm. – *Ediger,* spätgotische Kirche St. Martin, Taufstein um 1100, reiche Innenausstattung. Gut erhaltenes Ortsbild. – *Eller,* Kirche St. Hilarius mit romanischem Turm, Stumm'sche Orgel. – *Bremm,* Pfarrkirche St. Laurentius male-

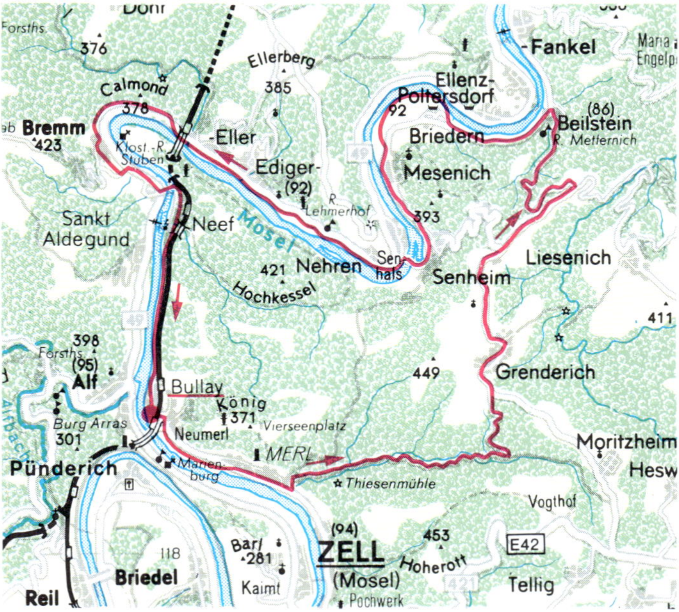

risch über dem Ort gelegen. Auf der anderen Seite in der großen Moselschleife die von Weinbergen umgebene Ruine des ehemaligen Augustiner-Nonnenklosters Stuben (1137 gegründet, 1794 aufgehoben). Die Weinberge am Calmont bei Bremm sind die steilsten an der Mosel. – *Neef,* spätromanisches Burghaus, ehemals im Besitz der Grafen von Sponheim.

Tourenbeschreibung Vom Bahnhof (D-Zug-Station) in Bullay zum Ufer der Mosel mit der markanten Moselbrücke. Auf dem Radwanderweg moselaufwärts bis *Merl* (3 km). Hinter der Kirche links in das enge, romantische Tal des Merler Baches einbiegen, das am lieblichen Bächlein – vorbei an der Thiesenmühle – später in Kurven hinauf bis zur Höhe vor *Grenderich* (7 km) führt. Weiter durch den Ort auf der Höhe, mit weitem Blick in die Mosellandschaft, bis zur Abfahrt – Schild »Beilstein« – und von dort in das ebenso romantische Tal des »Beilsteiner Flüßchens« hinunter nach dem anheimelnden *Beilstein* (9 km).

Von Beilstein auf dem Radstreifen der Straße nach *Briedern* (3 km), wo die Straße verlassen wird, um entlang der Mosel durch den Ort zu fahren. Auf dem Wirtschaftsweg durch die Weinlagen, zunächst im Verlauf der Mosel, dann etwas abgesetzt nach *Mesenich* (3 km). Wieder entlang der Straße nach *Senheim* (2 km). Eine Weiterfahrt auf dieser Seite der Mosel ist nicht möglich, daher über die Brücke auf die andere Moselseite. Gleich hinter der Brücke rechts hinunter zur Mosel, um auf dem angenehmen Radwanderweg entlang der Uferböschung moselaufwärts – vorbei an *Nehren* (2 km) nach *Ediger-Eller* (4 km) zu fahren. In Ediger und Eller radelt man weiter die Mosel entlang. Man kann aber auch die eindrucksvolle Ortsdurchfahrt benutzen, dann aber wieder rechtzeitig zum Radweg an der Mosel wechseln. Dieser führt unter der Eisenbahnbrücke hindurch bis zur Straße. Dann wird es 1 Kilometer eng, bedingt durch die Hangwände des Calmont, der steilsten Weinberge des Moseltals (vorsichtig fahren, B 49!). In der Moselschleife gegenüber sieht man die Ruine des Klosters Stuben. Auch in *Bremm* (4 km) kann man die malerische Ortsdurchfahrt benutzen, dann – ausgeschildert – durch die Weinberge zur Moselbrücke, aber auch entlang des Radweges am Moselufer, ebenfalls zur Brücke und auf dieser zur anderen Moselseite nach *Neef* (3 km) fahren. Von Neef auf der schmalen, weniger befahrenen Landstraße zwischen der Bahn und der Mosel zurück nach *Bullay* (5 km).

Zu Tour 11, 64 **Cochem mit Burg** (Foto: Heinz-Egon Rösch)

13 Zell/Mosel – Peterswald – Löffelscheid – Haserich – Blankenrath – Hesweiler – Petryhof – Grenderich – Merl – Zell/Mosel

Schwierigkeitsstufe IV.
Tourenlänge 36 Kilometer.
Fahrzeit 3 Stunden.
Höhenunterschiede 350 Meter auf 5 Kilometer vom Altlayer Bachtal zur Hochfläche Peterswald/Löffelscheid; 50 Meter auf 1,5 Kilometer von Hesweiler zum Petryhof (B 421).
Karten 1:50000 L 5908 Cochem; L 6108 Bernkastel-Kues; 1:100000 Radwanderkarte Rheinland-Pfalz Blatt Nordost; 1:200000 Generalkarte Blatt 12.
Wissenswertes *Zell* bekannter Weinort an der Mosel mit der Weinlage »Zeller Schwarze Katz«. Kurtrierische Amtsstadt mit ehemaligem gotisch-barockem Schloß der Trierer Erzbischöfe. – *Blankenrath,* Eifelmuseum mit Gemälden des Eifel-Malers Fritz von Wille (1860–1941), Skulpturenhof. – *Merl* siehe Tour 12.
Tourenbeschreibung Wer mit dem Zug anreist, benutzt die E/D-Zug-Station Bullay/Mosel und fährt über Merl vier Kilometer nach Zell. Dort beginnt die, wenn auch anstrengende, doch recht reizvolle Zwei-Täler-Fahrt zunächst durch das *Altlayer Bachtal* mit seinen verträumten Mühlen bis zur Abzweigung und dann stärker ansteigend hinauf auf die Hunsrückhöhen nach *Peterswald* (12 km) und weiter auf der Hochfläche mit schöner Aussicht auf die Hunsrück- und Eifelberge (Vulkaneifel) nach *Löffelscheid* (2 km), wo man hinter dem Ort auf die B 421 trifft. Man folgt der Straße mit scharfer Linkskurve Richtung Zell etwa 400 Meter bis zur Markierung »B 421 0,0« und biegt dort rechts auf einen befestigten, aber nicht asphaltierten Feldweg ein, der am bald auftauchenden Wald entlang nach *Haserich* (3 km) führt. Von hier an einem der schönsten Fachwerkhäuser des Hunsrück vorbei zum Fremdenverkehrsort *Blankenrath* (2 km) und weiter in westlicher Richtung durch die abwechslungsreiche Landschaft nach *Hesweiler* (2 km). Vom Ortsmittelpunkt in südlicher Richtung wieder zurück zur B 421, die man – leicht ansteigend – beim *Petryhof* (2 km) erreicht. Nach etwa 600 Meter – zur Linken der Ferienpark Schauren – auf ebener Straße, biegt man dann wieder von der Bundesstraße ab (Richtungsschild »Beilstein, Grenderich«) nach *Moritzheim* (3 km), das rechts liegen bleibt, und weiter geht die Fahrt über die Hunsrückhöhenfläche bis kurz vor *Grenderich* (3 km), um dann in der großen Kurve links auf schmaler Straße in steiler Abfahrt

Bad Bertrich
Falkenlay
Sankt Aldegund
Neef
Mosel
Lehmerhof
Nehren
Sen-hals
Senheim
Liesenich
Mittelstrimmig
Altstrimmig
Sosberg
Forst (Hunsrück)
R. Balduinseck
Hochkessel
Grenderich
Mastershsn.
Uebbach
Forsths.
Alf
Bullay
König
Vierseenplatz
Neumerl
Burg Arras
MERL
Marienburg
Pünderich
Alfbach
Bonsbeuren
Moritzheim
Hesweiler
Reidenhsn.
Blankenrath
Thiesenmühle
Vogthof
E42
Keller-B.
Springiersbach
Engelsberg
Bengel
Neidhof
Briedel
Bar
Kaimt
ZELL (Mosel)
Hoherott
Pochwerk
Tellig
Haserich
Gassenhof
Leidenecker
Wal-hausen
Schauren
Panzweiler
Reil
Heißer Stein
Fieber-B.
Geis-B.
Althaus
Brühlhof
Burg (Mosel)
Bummkopf
Peterswald-Löffelscheid
Rödelhsn.
Kappel
Enkirch
Kövenig
Kröv
Kinheim
WOLF
Lösnich
Altlayer Bach
Altlay
Belg
Kludenbach
Würrich
Sdlg. Briedeler Heck

in das Merler Bachtal hinabzufahren. Durch dieses landschaftlich reizvolle Waldbachtal erreicht man – an einem kleinen Stausee und später an Mühlen vorbeifahrend – *Merl* (6 km) an der Mosel. Auf der Moseluferstraße gelangt man dann wieder nach *Zell* (1 km).

14 Traben-Trarbach – Enkirch – Starkenburg – Irmenach – Beuren – Kleinich – Fronhofen – Traben-Trarbach

Schwierigkeitsstufe III.
Tourenlänge 30 Kilometer.
Fahrzeit 3 Stunden.
Höhenunterschiede 300 Meter auf 4 Kilometer von Enkirch nach Starkenburg; 50 Meter auf 500 Meter zwischen Thalkenleinich und Kleinich.
Karten 1:50000 L 6108 Bernkastel-Kues; 1:100000 Radwanderkarte Rheinland-Pfalz Blätter Nordost und West; 1:200000 Generalkarte Blätter 12 und 15.
Wissenswertes *Traben-Trarbach* liegt im Scheitelpunkt der Moselschleife und ist bekannt durch seine Rehabilitationsstätten für Erholungssuchende sowie durch Motorbootrennen auf der Mosel. Die beiden evangelischen Kirchen sind romanisch-gotisch. 1857 brannte die Stadt nieder und wurde dann im Zuge des zunehmenden Fremdenverkehrs romantisierend aufgebaut. Im Mittelalter war Trarbach Sitz der »Hinteren Grafschaft Sponheim«, später einer berühmten Lateinschule. – *Enkirch* bedeutende Weinbaugemeinde mit Rebflächen in Steilhanglagen, romanisch-gotische Kirche, Fachwerkhöfe. – *Starkenburg* ist ein auf der Moselhöhe gelegener malerischer Ort, von dem man eine herrliche Sicht auf das Moseltal und die Moselschleife bei Traben-Trarbach hat. Im Jahre 1328 ließ die junge Gräfin Loretta, Witwe des Grafen Heinrich II. von Sponheim, den Trierer Erzbischof und Kurfürsten Balduin wegen ihrer Erbansprüche dort gefangensetzen.
Tourenbeschreibung Von Traben-Trarbach fährt man zunächst moselabwärts entlang den Steilhängen der Weinberge nach *Enkirch* (5 km). Im Ortsmittelpunkt der Straße Richtung Starkenburg folgen, die – ansteigend – hinter dem langgestreckten Moselhöhenzug durch schattigen Wald nach *Starkenburg* (4 km) führt. Dort hat man eine beeindruckende Sicht auf das Moseltal. Die Straße steigt im Ort und nach der Ortsdurchfahrt bis zur

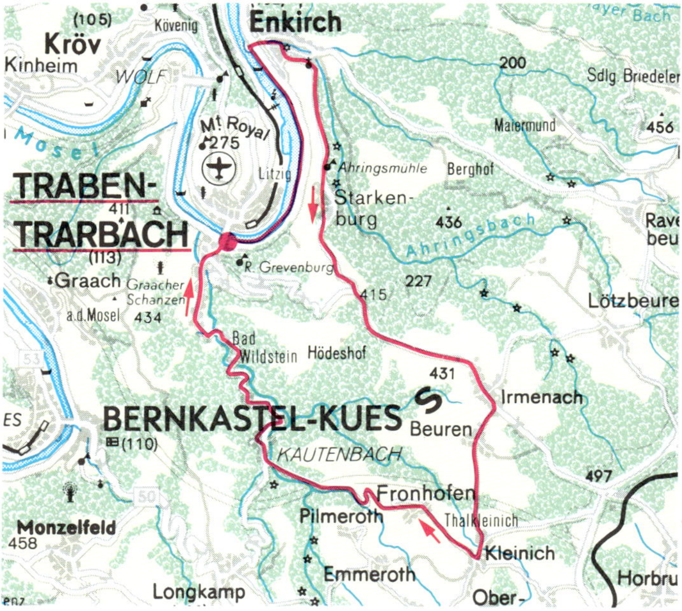

Hunsrückhöhe an, und trifft dann, wieder leicht abfallend, auf die Straße Traben-Trarbach – Irmenach. Man folgt dieser etwas verkehrsreicheren Straße – wieder leicht ansteigend – nach *Irmenach* (5 km). Dort biegt man am Ortsende rechts ab auf ruhiger Straße nach *Beuren* (1 km) und fährt dann weiter auf leicht abfallender Straße zunächst nach *Thalkleinich* (3 km), durchquert das Kleinicher Bachtal und bewältigt dann den steilen, aber kurzen Anstieg nach *Kleinich* (0,5 km) mit seiner markanten Saalkirche. Im Ortsmittelpunkt nach rechts abbiegen und auf der baumbestandenen Landstraße nach *Fronhofen* (2 km). In Fronhofen gleich am Ortseingang nicht in die Dorfmitte einbiegen, sondern geradeaus weiterfahren. Man gelangt dann auf eine Landstraße mit großem Seltenheitswert. Es handelt sich um die L 186, die in ihrem ursprünglichen Zustand belassen wurde, also eine festgefahrene Schotterdecke besitzt. Man kann diese mit Kilometeranzeige versehene L 186 mit dem Rad befahren, aber es empfiehlt sich eher, eine Wanderpause einzulegen und das Fahrrad zu schieben, um so mehr entdeckt man den Liebreiz dieser Waldlandschaft. Die Straße führt in Serpentinen bergab, an Felsvorsprüngen vorbei und ist gesichert durch Geländer. Man gelangt dann in das tief eingeschnittene Wildbachtal, das bei *Kautenbach* (5 km) wieder auf einer richtigen Straße zu befahren ist. Von hier aus schlängelt sich die Straße entlang der Talsohle nach *Bad Wildstein* (2 km) mit Badehaus und Kuranlagen, um dann beim Thermalbad *Traben-Trarbach* (2 km) wieder zu erreichen.

15 Bernkastel-Kues – Monzelfeld – Blockhaus – Gonzerath – Veldenz – Mülheim – Lieser – Kues – Bernkastel

Schwierigkeitsstufe III/IV.
Tourenlänge 31 Kilometer. **Fahrzeit** 3½ Stunden.
Höhenunterschiede 320 Meter auf 4 Kilometer von Bernkastel nach Monzelfeld; 60 Meter auf 3 Kilometer von Monzelfeld bis »Blockhaus«; 50 Meter auf 1 Kilometer von Gonzerath bis zum kleinen Sportplatz an der »Römerstraße«; 60 Meter auf 2 Kilometer vor dem Höhenzug beim »Grauen Kreuz«.
Karten 1:50000 L 6108 Bernkastel-Kues; 1:100000 Radwanderkarte Rheinland-Pfalz Blatt West; 1:200000 Generalkarte Blatt 15.
Wissenswertes *Bernkastel-Kues* Doppelgemeinde auf beiden Seiten der Mosel mit historischen Stadtkernen und imposanten Fachwerkhäusern. Bekrönt von den Ruinen der Burg Landshut.

Zu Tour 15, 64 **Nikolaus-von-Kues-Museum in Bernkastel-Kues**
(Foto: Heinz-Egon Rösch)

Der Marktplatz in Bernkastel gilt als einer der schönsten in Mitteleuropa. Am Rathaus aus dem Jahre 1608 ist noch ein Pranger angebracht. Auf dem anderen Moselufer sind das Geburtshaus und das »Hospital« des weltberühmten Humanisten, Philosophen, Naturwissenschaftlers und Theologen, des Kardinals Nikolaus von Kues (1401–1464) zu sehen. Das gotische Hospital ist eine Stiftung des Kardinals, seines Bruders und seiner Schwester und besteht mit seinen Liegenschaften als Grundlage für ein Altersheim bis zum heutigen Tage. Das Geburtshaus am Moselufer ist 1980 vollkommen renoviert worden und dient jetzt als Cusanus-Museum. – *Veldenz* Ort und Burgruine des weitverbreiteten moselanischen Grafengeschlechtes der Veldenzer.

Tourenbeschreibung Vom Ortsteil Bernkastel aus zunächst kurz auf der B 50, dann aber an der ersten Kurve der weitgezogenen Serpentine geradeaus von der B 50 herunter. Die kleine Waldstraße kürzt die stärker befahrene Bundesstraße ab, ist aber steil und sollte daher besser »erwandert« werden. Später erreicht man wieder die B 50, fährt dort bis zur Abzweigung auf die ruhige Straße – ansteigend – nach *Monzelfeld* (5 km). In Monzelfeld links auf die Hauptstraße abbiegen und auf der langsam ansteigenden Höhenstraße gelangt man zum Gasthaus *»Blockhütte«* (3 km). Dort rechts abwärts nach *Gonzerath*

(3 km), das in einer Talmulde liegt. Von Gonzerath wieder aufwärts zum Sportplatz an der »Römerstraße«, wo man die B 269 verläßt, um dann rechts – leicht ansteigend – über die ruhige Landstraße Richtung Veldenz zu fahren. Bei etwa 600 Meter Meereshöhe geht die Fahrt durch ein ruhiges Waldgebiet allmählich bergab, bis in steiler Abfahrt mit acht Serpentinenkurven *Veldenz* (12 km) erreicht wird. Im Hintergrund ist auf dem Berg die Ruine Veldenz oberhalb von Thalveldenz zu sehen. Von Veldenz auf gradliniger, ebener Straße nach *Mülheim* (3 km). Dort kann man zwar die mit einem Radstreifen versehene B 53 auf der rechten Moselseite nach Bernkastel benutzen, jedoch empfiehlt es sich, über die Brücke zu fahren und dort über *Lieser* (1 km) entlang der Mosel nach *Kues* (3 km) zu fahren, wo man am Ortseingang das Geburtshaus von Nikolaus von Kues und im Ortsmittelpunkt an der Moselbrücke das St.-Nikolaus-Hospital besuchen kann.

16 Neumagen-Dhron – Berglicht – Thalfang – Dhronecken – Büdlicherbrück – Trittenheim – Neumagen-Dhron

Schwierigkeitsstufe III.
Tourenlänge 43 Kilometer. **Fahrzeit** 4 Stunden.
Höhenunterschiede Von Papiermühle im Tal der Dhron bzw. dessen Nebental nach Berglicht 250 Meter auf 5 Kilometer, dann bis zur Höhe des Haardtwaldes (551 m) 200 Meter auf 2 Kilometer. Vom Tal der Kleinen Dhron einen halben Kilometer nach der Leiwener Mühle zur Höhe vor Trittenheim 80 Meter auf 1 Kilometer.
Karten 1:50000 L 6106 Wittlich, L 6306 Trier-Pfalzel; 1:100000 Radwanderkarte Rheinland-Pfalz Blatt West; 1:200000 Generalkarte Blatt 15.
Wissenswertes *Neumagen* ist römischen Ursprungs »Noviomagus«, wo wahrscheinlich unter Kaiser Konstantin, der unter anderem auch in Trier residierte, ein Kastell zum Schutz der Römerstraße errichtet wurde. In den Mauern dieser Burg wurden 1885 und später wertvolle (Grab)Denkmäler geborgen (etwa 1000 Fundstücke), unter anderem das berühmte »Weinschiff« und die »Römische Schule«, deren Originale im Trierer Landesmuseum zu besichtigen sind. Abgüsse davon an verschiedenen Stellen von Neumagen. 882 wurde Neumagen von den Normannen heimgesucht. Später war es luxemburgisches und kurtriererisches Lehen, danach Sitz der Herren von Neumagen und Vogtei derer von Hunolstein, Isenburg und Sayn-Wittgenstein. Pe-

terskapelle 13. Jahrhundert an der Hauptstraße. Schmucke Fachwerkhäuser. – *Thalfang,* ehemals Mittelpunkt der ausgedehnten Mark »Talevangero marca« im 10. Jahrhundert, heute Zentralort der Hunsrücker Milchverwertung. – *Dhronecken,* ehemalige Burg der Wild- und Rheingrafen in landschaftlich reizvoller Umgebung. Markanter Wasserturm an der ehemaligen Bahnlinie der Hunsrückbahn Simmern – Hermeskeil. – *Trittenheim* ist Geburtsort des humanistischen Gelehrten Johannes Trithemius (1462–1516), Benediktinerabt der Klöster Sponheim und Würzburg. Berühmte Weinlagen: »Altärchen« und »Apotheke«.

Tourenbeschreibung Die Radtour führt durch die Täler der Dhron und der Kleinen Dhron und tangiert den Hunsrückhöhenzug. – Von *Neumagen* (Ortsmitte) zunächst auf dem ausgeschilderten Radweg (grün-weiß) in nördlicher Richtung zum Mündungsgebiet der Dhron, dann rechts zum Ortsteil *Dhron* (2 km). Am Ortsende über die Dhronbrücke auf dem ausgewiesenen Radweg rechts der Dhron (teilweise Schotterdecke) landschaftlich schön bis *Papiermühle* (5 km). Jetzt auf der wenig befahrenen Straße durch das enge Tal der Dhron, nach 2 Kilometern rechts in einem Seitentälchen hinauf nach *Berglicht* (6 km). In Berglicht 200 Meter nach dem Ortsausgang den asphaltierten Weg zum Sportplatz einschlagen, um den Sportplatz herumfahren und hinauf zum Waldrand. Geradeaus durch den Wald bis zur Höhe (551 m), dann ebenso geradeaus abwärts bis zum Rastplatz an der Hunsrückhöhenstraße mit schönem Ausblick auf den Hunsrückhöhenzug (u.a. Idarkopf 746 m, Usarkopf 724 m, Erbeskopf 816 m, Sandkopf 757 m). Nach Überquerung der Hunsrückhöhenstraße (Vorsicht!) Abfahrt nach *Thalfang* (5 km).

In Thalfang (Ortsmitte) Schild Dhronecken folgen und im oberen Tal der Kleinen Dhron auf der Chaussee mit alten Bäumen – leicht abfallend – nach *Dhronecken* (4 km), das man bei der Burg erreicht. In Dhronecken die Straße Richtung Beuren (Hochwald) einschlagen, aber nur bis zur Brücke an der Kleinen Dhron fahren. Dort in das Tal einbiegen und auf dem relativ gut

Zu Tour 16, 64 **Neumagen, römisches Weinschiff** (Foto: Heinz-Egon Rösch)

zu befahrenden Talweg dem Verlauf des Baches folgen. Es bereitet Freude, durch dieses anmutige Tal etwa 5 Kilometer zu fahren. Bei den *Bescheider Mühlen* (7 km) wird wieder die Landstraße erreicht, die nach *Büdlicherbrück* (1 km) führt, wo die Schnellstraße Trier – Simmern (Vorsicht!) überquert wird. Im Tal der Kleinen Dhron geht die Fahrt weiter, an Büdlich und dem kleinen Dhrontalstausee vorbei, bis zur Gabelung der Straße Richtung Trittenheim. Auf dem Höhenzug angelangt, bietet sich ein großartiger Anblick auf das Moseltal und die Weinberge von Trittenheim dar. Die Abfahrt durch die Weinlagen führt zur Moselbrücke, über die man nach *Trittenheim* (8 km) gelangt. In Trittenheim radelt man entweder auf dem Radstreifen der Bundesstraße zur Brücke über die Mosel bis *Neumagen-Dhron* (5 km) oder zurück zur Brücke von Trittenheim, dann moselabwärts unterhalb der Weinlage »Apotheke« nach *Neumagen* (3 km).

17 Trier – Ruwer – Mertesdorf – Waldrach – Korlingen – Universität (Tarforst) – Trier

Schwierigkeitsstufe II.
Tourenlänge 22 Kilometer. **Fahrzeit** 2½ Stunden.
Höhenunterschiede Zwischen Ruwertal und der Höhe nach Korlingen 250 Meter auf 3 Kilometer.
Karten 1:50000 L 6304 Trier, L 6306 Trier-Pfalzel; 1:100000 Radwanderkarte Rheinland-Pfalz Blatt West; 1:200000 Generalkarte Blatt 15.
Wissenswertes *Trier* ist die älteste Stadt Deutschlands, sie hat seit 15 vor Christus durch die Römer Stadtrechte. Die römischen Kaiser residierten hier, unter anderen Konstantin der Große und die Kaiserin Helena. Erste Bischofsstadt diesseits der Alpen und Hauptstadt des Geistlichen Kurfürstentums Trier. Aus der römischen Zeit stammen das Amphitheater (20000 Zuschauer), die Barbara-Thermen aus dem 2. Jahrhundert, die Basilika, um 310 unter Konstantin erbaut, die Römerbrücke und die »Porta Nigra« aus dem 4. Jahrhundert. Kaiserthermen. Der Dom ist die älteste Bischofskirche Deutschlands und große Teile seines Mauerwerkes stammen aus der römischen Zeit. Neben dem Dom die gotische Liebfrauenkirche, ein Zentralbau. Im Süden von Trier Benediktinerkloster St. Matthias (romanisch, gotisch, barock mit Grab des Apostels Matthias). Die Barockkirche Sankt Paulinus wurde von Balthasar

Neumann erbaut. Der Marktplatz und die Fußgängerzone in Richtung Porta Nigra werden flankiert von gotischen und barocken Bürgerhäusern, am markantesten die »Steipe«, ein gotisches Stadthaus. Zahlreiche weitere Kirchen und Klöster weisen auf das »heilige Trier« hin. 1818 wurde in Trier Karl Marx geboren (Geburtshaus Museum). Nach der Gründung des Landes Rheinland-Pfalz hat im Rahmen der Europa-Bewegung Trier wieder eine europäische Mittelpunktsfunktion. Landesmuseum mit vielen römischen Kunstwerken. Universität. – Bei *Waldrach* im Ruwertal Reste einer römischen Wasserleitung.

Tourenbeschreibung Aus der Stadtmitte *Trier* folgt man in nordöstlicher Richtung dem weißen Ortsschild »Tarforst« – »Universität«. Man fährt unter der Bahnlinie Richtung Koblenz hindurch, dann in einem Bogen, leicht ansteigend, bis zum Scheitelpunkt dieser Straße und biegt dort links in den Weg »Am Grüneberg« ein, folgt diesem Weg entlang der Bahnlinie und den Rebhängen, bis man nach etwa 2,5 Kilometern bei dem Bahnwärterhäuschen die Straße in Richtung *Ruwer* (5 km) erreicht. In Ruwer biegt man an der Post rechts ab in die Straße »Im Paulines Garten« Richtung *Eitelsbach* (2 km) und fährt dort weiter an der Nordseite des Ruwertales auf der Straße nach *Mertesdorf* (1 km), das man an dessen Südausgang erreicht. Man fährt dort zum Bahnhof, überquert die Bahnlinie und biegt links in die Ruwertalstraße nach *Kasel* (2 km) ein. Nächster Zielort in *Waldrach* (2 km), wo die stärker befahrene Straße zu den Hunsrückenhöhen abbiegt. Wir bleiben zunächst bis zur Korlinger Mühle im *Ruwertal,* um dann steiler aufwärts in südlicher Richtung *Korlingen* (3 km) zu erreichen. Von dort steigt die Straße im Bogen noch weiter an bis zur Höhe, wo man auf die Straße in Richtung Trier trifft. Von hier aus geht die Fahrt auf einem Radweg entlang der Straße mit Fernsicht nach *Filsch* (3 km) und weiter zur neuen Siedlung *Tarforst* (1 km), wo sich auf der Hochebene die neue Trierer Universität markant und eigenwillig in ihrer modernen Bauweise abhebt. In Tarforst in die Tarforster Straße rechts abbiegen. Nach etwa 150 Metern links zum Sportplatz (Radweg) und abwärts durch das rebenbestandene *Avelsbachtal* – vorbei an den Gebäuden der Weinbaudomäne – zurück nach *Trier* (3 km).

18 Trier – Olewig – Franzenheim – Pellingen – Oberemmel – Wiltingen – Kanzem – Konz – Trier

Schwierigkeitsstufe II/III.
Tourenlänge 40 Kilometer. **Fahrzeit** 4 Stunden.
Höhenunterschiede 100 Meter auf 2,5 Kilometer vom Grundbachtal bis zur Höhe hinter Kernscheid; 200 Meter auf 3 Kilometer von Franzenheim bis zur Höhe vor Pellingen.
Karten 1:50000 L 6304 Trier; L 6306 Trier-Pfalzel; 1:100000 Radwanderkarte Rheinland-Pfalz Blatt West.
Wissenswertes *Trier* siehe Tour 17. – *Oberemmel* romanisch-gotisches Kirchlein, Überreste einer Wasserburg. – *Hamm,* ma-

Zu Tour 17, 18, 64, 65, 69, 70, 74 **Trier, Kaiserthermen** (Foto: Heinz-Egon Rösch)

lerisches Kirchlein mit romanischem Turm am Saarufer. – *Konz* Mündung der Saar in die Mosel, ehemalige Villa des römischen Kaisers Valentinian (364 – 375), Hypokaustum in der katholischen Kirche. – *Karthaus,* ehemaliges Karthäuserkloster mit prachtvoller Barockfassade. In der Nähe das Freilichtmuseum »Roscheider Hof«.

Tourenbeschreibung Von der Stadtmitte *Trier,* vorbei an den Kaiserthermen, dem Ortsteilschild »Olewig« folgen. Vor dem Ort links das imposante Amphitheater aus der Römerzeit, daneben ein Weinberglehrpfad. Bis zum Ortseingang *Olewig* (3 km) und dort auf einem Rad- und Fußgängerweg entlang des kleinen Baches, der nach 1,5 Kilometern endet, so daß man wieder die Straße bis zur Irscher Mühle benutzen muß. Von hier rechts aufwärts nach *Kernscheid* (3 km). In Ortskern links – noch weiter aufwärts – bis zur halben Höhe, dann in längerer Abfahrt auf schmalem asphaltiertem Waldweg nach *Franzenheim* (6 km), das in dem anmutigen Franzenheimer Bachtal liegt. Im Ort rechts die Straße in mehreren Windungen hoch bis zur Höhenstraße, der B 268, die man kurz vor *Pellingen* (3 km) erreicht. Durch Pellingen in östlicher Richtung, um am Ortsende rechts auf den asphaltierten Landwirtschaftsweg einzubiegen. Von hier aus hat man eine sehr schöne Aussicht über die Landschaft in Richtung Luxemburger Grenze. Abfahrt in Serpentinen durch die Weinberge (bremsen!) in das niedliche *Ottersbachtal* und weiter durch das *Oberemmeler Bachtal* nach *Oberemmel* (5 km). In Oberemmel zunächst rechts durch die Ortsstraße, dann an der zweiten Kirche links einbiegen in die Straße »Am Rosenberg« mit Radwegbeschilderung und geradeaus zwischen Weinbergen und Wiesen talwärts nach *Wiltingen* (2 km) an der Saar, die man südlich des Ortes auf einer Brücke überquert, um auf dem ausgeschilderten Radweg auf das andere Saarufer nach *Kanzem* (3 km) zu fahren. Hier überquert man wiederum die Saar und fährt scharf links abbiegend am Ufer der Saar auf dem Radweg nach dem kleinen Ort *Hamm* (2 km), der gegenüber dem einmündenden Saar-Kanal in einer Flußschleife liegt. Weiter radelt man an *Filzen* (2 km) vorbei parallel zur Bahnlinie Saarbrücken – Trier und der Saar auf einem ausgebauten Radweg nach *Konz* (2 km). Man kann diesem Radweg folgen bis zur Mündung der Saar in die Mosel und dann entlang der Mosel zwischen Fluß und Bahnlinie auf dem Rad- und Wanderweg nach *Trier* (7 km) wieder zurückkehren.

Zu Tour 17, 18, 64, 65, 69, 70, 74 **Trier, römische Arena**
(Foto: Heinz-Egon Rösch)

19 Konz – Temmels – Tawern – Wawern – Kanzem – Konz

Schwierigkeitsstufe II.
Tourenlänge 31 Kilometer.
Fahrzeit 2½ Stunden.
Höhenunterschiede Von Temmels (Mosel) in Richtung Fellerich 200 Meter auf 2,5 Kilometer.
Karten 1:50000 L 6304 Trier; 1:100000 Radwanderkarte Rheinland-Pfalz Blatt West; 1:200000 Generalkarte Blatt 15.
Wissenswertes *Konz* siehe Tour 18. – *Temmels,* ehemalige Deutschordenskommende im St. Georgshof. – *Tawern* (von lat. »Taberna« = Gasthaus) romanischer Chorturm der ehemaligen Kirche St. Peter und Paul. – *Hamm* siehe Tour 18.
Tourenbeschreibung Von Konz über die neue Saarbrücke auf dem gut ausgeschilderten Radweg zum Ufer der Mosel und der Mosel entlang nach *Wasserliesch* (3 km) und weiter nach *Oberbillig* (3 km), wo die Fähre nach Luxemburg abgeht. Auf dem Moselradwanderweg moselaufwärts – zwischen Bahn, Straße und Mosel – nach *Temmels* (5 km). Man fährt nun durch den Ortskern von Temmels steil bergauf über die waldbestandene

Höhe und hinab nach *Fellerich* (3 km), im Tal des Albachs nach *Tawern* (2 km), zwischen dem Rosen-Berg und dem Pfau-Berg (beide 357 m hoch) gelegen. Weiter geht die Fahrt zur *Siedlung Tawern* (1 km) und über einen kleinen »Paß« rechts – für etwa 600 Meter auf der B 51 – in die Talmulde des Griesborn. Von der Hauptstraße biegt man links nach *Wawern* (4 km) ab. Entlang des Südhanges der Weinberge führt die Tour dann über die hoch und weit gespannte Brücke des neuen Saarkanals – dem Radweg folgend – nach *Kanzem* (3 km). Hier überquert man die natürliche Saar und fährt scharf links abbiegend am Ufer der Saar auf dem Radweg nach dem kleinen Ort *Hamm* (2 km), der gegenüber dem einmündenden Saar-Kanal in einer idyllischen Saarschleife liegt. Weiter radelt man an *Filzen* (2 km) vorbei parallel zur Bahnlinie Saarbrücken – Trier und der Saar auf einem ausgebauten guten Radweg zurück nach *Konz* (2 km).

20 Nittel – Wincheringen – Bilzingen – Merzkirchen – Kahren – Tawern – Onsdorf – Nittel

Schwierigkeitsstufe II/III.
Tourenlänge 38 Kilometer.
Fahrzeit 3½ Stunden.
Höhenunterschiede Vom Bahnhof Wincheringen und durch Wincheringen bis vor Bilzingen 220 Meter auf 3 Kilometer. Von Tawern durch das Mausbachtal bis zur Höhe bei Onsdorf und Söst 220 Meter auf 5 Kilometer.
Karten 1:50000 L 6304 Trier; 1:100000 Radwanderkarte Rheinland-Pfalz Blatt West; 1:200000 Generalkarte Blatt 15.
Wissenswertes *Nittel* malerischer Winzerort an der oberen Mosel im Weinbaugebiet des Elbling, einer alten, rustikalen Rebsorte, die hier auf Kalkstein- und Keuperböden beheimatet ist. In den Weinbergen oberhalb von Nittel die Rochuskapelle (14.–18. Jh.), harmonisch in die umgebende Landschaft eingebettet. – *Wincheringen* ehemalige Wasserburg, Rundturm noch erhalten. – *Rehlinger Hof, Rehlinger Kirche* gehörte zu der untergegangenen Siedlung Littdorf, jetzt einsam im Mannebachtal inmitten des Friedhofs gelegen, romanischer Westturm, Chor 17. Jahrhundert, Schiff 18. Jahrhundert. – *Tawern* siehe Tour 19.
Tourenbeschreibung Die Radtour führt zunächst auf dem ausgeschilderten Radwanderweg durch eine reizvolle Landschaft entlang der Mosel unterhalb von *Rehlingen* (4 km) vorbei bis

zum *Bahnhof Wincheringen* (2 km). Vom Bahnhof aufwärts in Kurven durch die Weinberge nach *Wincheringen* (2 km), über dem Moseltal gelegen. Weiter steigt die Straße bis vor *Bilzingen* (3 km). Auf der ruhigen Landstraße geht es dann auf der Hochfläche des Saargaus in östlicher Richtung nach *Merzkirchen* (3 km). Dort die Richtung *Kahren* einschlagen, das man nach einer kurzen Abfahrt erreicht (3 km). Am Ortsende links – leicht ansteigend – um den Hostenberg herum, mit markantem Aussichtsturm und mit 436 Metern der höchste Berg im rheinland-pfälzischen Teil des Saargaus, wird bei *Fisch-Rehlinger Hof* (2 km) das *Mannebachtal* erreicht, wobei man in Kurven abwärts fährt. Dort, rechts, entlang der Talsohle, dann – nach 500 Metern – links zur *Rehlinger Kirche* (2 km). Nach einer eventuellen Pause weiter durch das liebliche Mannebachtal, an *Mannebach* (2 km) vorbei, nach *Tawern* (4 km). Dort links, durch die Ortsmitte, dann wieder links, durch das Tal des Mausbachs wieder hinauf zur Hochfläche, nach *Onsdorf* (4 km) und durch den Ort nach *Söst* (3 km). Dort die Straße nach Nittel einschlagen bis zur Höhe, dann Abfahrt zur Rochuskapelle mit schöner Aussicht auf das Moseltal durch die Weinberge des Elbling nach *Nittel* (4 km).

21 Nennig – Tettingen-Butzdorf – Sinz – Merzkirchen – Wincheringen – Wormeldange (Luxemburg) – Remich (Luxemburg) – Nennig

Schwierigkeitsstufe II.
Tourenlänge 33 Kilometer.
Fahrzeit 3 Stunden.
Höhenunterschiede Von Nennig nach Tettingen-Butzdorf 200 Meter auf 4 Kilometer, zunächst steiler, dann allmählicher ansteigend.
Karten 1:50000 L 6304 Trier, L 6504 Merzig; 1:100000 Radwanderkarte Rheinland-Pfalz Blatt West; 1:200000 Generalkarte Blatt 15.
Wissenswertes *Nennig,* 1852 fand man hier die Fundamente einer römischen Villa aus dem 2. oder 3. Jahrhundert nach Christus von beträchtlichen Ausmaßen (120 m Länge). Beachtliches Fußbodenmosaik (16×10 m) als Mittelsaal dieser Villa, zeigt Motive aus der Arena (Fechter, kämpfende Raubtiere, Instrumentenspieler). Kleines Museum. Oberhalb von Nennig »Schloß Berg«, Portal- und Gebäudeschmuck aus der Renaissancezeit. – *Wormeldange* und *Remich,* bekannte Weinorte auf der luxemburgischen Seite der Mosel, Genossenschaftskellereien (Caves Coopératives des Vignerons). Remich hat eine schöne Uferpromenade entlang der Mosel.
Tourenbeschreibung Obwohl Nennig, der Ausgangsort der Radtour, (politisch) im Saarland liegt, ist seine Lage geographisch der Mosel bzw. dem Moseltal zuzuordnen. Der größte Teil der Tour wird im rheinland-pfälzischen Teil des Saargaus und auf der anderen Seite der Mosel in Luxemburg durchgeführt. Nennig ist als Ausgangsort gewählt worden, weil der Ort seit der Römerzeit besiedelt ist und zudem mit dem Mosaikfußboden aus römischer Zeit ein Kulturdenkmal ersten Ranges besitzt. Nach der Besichtigung der römischen Villa fährt man durch die Ortsstraße in südlicher Richtung bis zur Straße – ansteigend – nach *Tettingen* (5 km) (R 11 des Saarland-Radwegesystems), wo man auf die Straße Perl – Sinz trifft. Links erreicht man den Ortsteil *Butzdorf,* dann weiter in nördlicher Richtung mit allmählicher Steigung nach *Sinz* (3 km), wo man die stark befahrene B 406 (Vorsicht!) überquert. Weiter nordwärts auf ruhiger Straße mit leichten Geländewellen auf der Hochfläche nach *Beuren* (4 km), vor dessen Ortsanfang man rechts abbiegt und weiterfährt durch den Saargau nach *Dittlingen* (3 km). Von

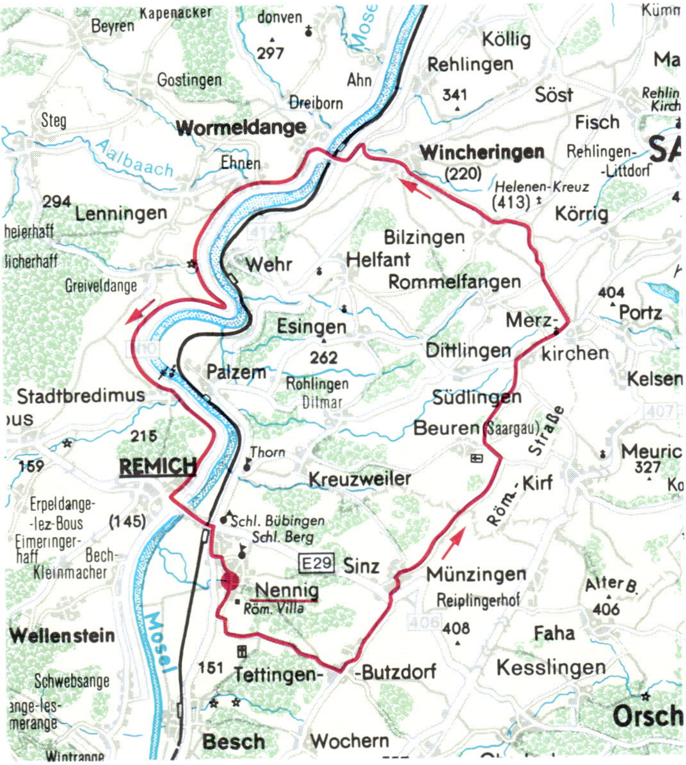

Dittlingen nach *Merzkirchen* (1 km), dann in nordwestlicher Richtung über *Bilzingen* (3 km), bald danach – abfahrend – nach *Wincheringen* (3 km). Von dort in großen Kurven – rechts und links von Weinbergen umstanden – zur Brücke über die Mosel, die den Radwanderer hinüber nach Luxemburg, nach *Wormeldange* (2 km) bringt.

Entlang der N 10 gibt es einen Radweg, der durch die liebliche Mosellandschaft an den Hängen der Elbling-Weinberge mit Blick auf die Mosel zunächst nach *Ehnen* (1 km), dann nach *Stadtbredimus* (7 km), das etwas versteckt in einem Seitental der Mosel liegt. Bald erreicht man *Remich* (3 km), doch vorher taucht das renovierte Schloß Thorn auf der anderen Moselseite auf. Über die Brücke von Remich (Europastraße E 42) erreicht man wieder Wies bzw. *Nennig* (1 km).

22 Bad Kreuznach – Kauzenburg – Traisen – Norheim – Bad Münster am Stein – Salinental – Bad Kreuznach

Schwierigkeitsstufe II.
Tourenlänge 16 Kilometer. **Fahrzeit** 1½ Stunden.
Höhenunterschiede 100 Meter auf 1,2 Kilometer bei der Auffahrt zur Kauzenburg.
Karten 1:50000 L 6112 Bad Kreuznach, L 6312 Rockenhausen; 1:100000 Radwanderkarte Rheinland-Pfalz Blatt Südost; 1:200000 Generalkarte Blatt 15.
Wissenswertes *Bad Kreuznach,* »Cruciniacum«, war über 450 Jahre Römersiedlung, zwei wertvolle große Mosaikfußböden (Gladiatorenszenen, Meerestiere) von römischen Bädern sind im Museum »Römerhalle« mit Ausgrabungen römischer Villen in der Hüffelsheimer Straße bei der Auffahrt zur Kauzenburg zu besichtigen. Altstadt, imposante Brückenhäuser auf der Nahebrücke, zum Teil aus dem 15. Jahrhundert. Heute bedeutender Badeort (Kurhaus, Radonstollen). *Kauzenburg* oberhalb der Stadt von den Schweden 1632 erobert, von den Franzosen 1689 zerstört, heute architektonisch moderner Neubau (Restaurant). – *Hüffelsheim,* altes Rathaus, in der Evangelischen Pfarrkirche Wandmalereien und eine Stumm'sche Orgel aus dem Jahre 1803. – *Traisen,* Kirche teilweise gotisch. – *Bad Münster am Stein* umgeben von hochragenden Porphyrfelsen (Rheingrafenstein, Rotenfels, Gans) liegt in einer Schleife der Nahe. Das schon den Römern bekannte Bad Münster, heute ein weithin gerühmtes Thermal-, Sole- und Radiumbad in reizvoller Landschaft. Kurpark, Salinen, Bäderhaus. Der 120 Meter über der Nahe aufragende Rheingrafenstein trägt die Ruine der Stammburg der Rheingrafen. Der Rotenfels ist die höchste Felswand (220 m) nördlich der Alpen. Im Ortsteil *Ebernburg* romanisch-gotische Kirche und oberhalb die Ebernburg, einst Sitz der Sickinger, Begegnungsstätte der Reformatoren (Franz von Sickingen, Ulrich von Hutten) »Herberge der Gerechtigkeit« 1697 zerstört, jetzt wieder aufgebaut (Restaurant, Bildungsstätte, Künstlerbahnhof). – *Salinental* anmutig gelegen zwischen Bad Münster am Stein und Bad Kreuznach mit den ältesten Gradierwerken (Salinen) Karlshalle 1729, großen Park- und Freizeitsportstätten des Radiumheilbades Bad Kreuznach.
Tourenbeschreibung In *Bad Kreuznach* über die Nahebrücke mit den Brückenhäusern das Rad schieben (Einbahnstraße!), dann links durch die Lauergasse westlich der Nahe dem Schild »Kauzenburg« nachfahren mit einem Anstieg zur *Kauzenburg*

(2 km) und Aussicht von der Terrasse auf Bad Kreuznach und die Nahe. Von dort zunächst wieder etwa 400 Meter auf dem Ankunftsweg zurück, dann geradeaus zum *Lohrerhof* (2 km) und weiter zur Straße Rüdesheim – Hüffelsheim nach *Hüffelsheim* (2 km). Von Hüffelsheim auf der Straße Richtung Traisen, das man über eine kleine Anhöhe erreicht. Kurze Fahrt durch das Dorf und am südlichen Ortsrand wieder zurück zur Straße, die beim Anblick des Nahetales in Kurven abwärts nach *Norheim* (2 km) führt. Dort über die Bahnlinie und links zum Ortsausgang, wo man rechts über die neue Fußgänger- und Radbrücke auf das andere Naheufer fährt. Man folgt dem ausgeschilderten Radweg angesichts der massiven Porphyrsteilwand des Rotenfelsens mit seinen bizarren Gesteinsformationen nach *Ebernburg* (2 km) und über die Eisenbahnbrücke oder nach der Ortsdurchfahrt von Ebernburg über die Straßenbrücke nach *Bad Münster am Stein* (1 km). In Bad Münster den ausgezeichneten Radweg entlang der Nahe wählen zum *Salinental* (2 km) und unter Umgehung des Schwimmbades zur Nahebrücke, die man rechts liegen läßt. Man fährt geradeaus weiter entlang des westlichen Naheufers zum »Quellenhof« und dort rechts über die Hängebrücke in das Kurviertel zum Kurhaus und weiter entlang der Nahe zu den Brückenhäusern und dem Marktplatz von *Bad Kreuznach* (4 km). Man kann auch beim Schwimmbad im Salinental über die Fußgängerbrücke auf das östliche Naheufer gelangen und dort weiter an der Saline Theodorshalle vorbei und unter der Brücke hindurch geradeaus durch die Parkanlagen in das Kurviertel von Bad Kreuznach radeln.

Zu Tour 22, 24 **Rotenfels bei Bad Münster am Stein** (Foto: Heinz-Egon Rösch)

23 Bad Kreuznach – Hargesheim – Gutenberg – Wallhausen – Dalberg – Argenschwang – Münchwald – Winterbach – Bockenau – Sponheim – Bad Kreuznach

Schwierigkeitsstufe II/III.
Tourenlänge 45 Kilometer. **Fahrzeit** 4½ Stunden.
Höhenunterschiede 120 Meter auf 3 Kilometer zwischen Argenschwang und Münchwald; 50 Meter auf 1 Kilometer hinter Bockenau.
Karten 1:50000 L 6112 Bad Kreuznach, L 6110 Simmern; 1:100000 Radwanderkarte Rheinland-Pfalz Blatt Südost; 1:200000 Generalkarte Blatt 15.
Wissenswertes Diese Radtour führt an drei romantischen Burgruinen im Gräfenbachtal und Ellerbachtal vorbei, in der Reihenfolge an *Gutenberg, Dalberg, Argenschwang.* Sie stammen aus dem Mittelalter und waren zum Teil Besitz der in dieser Gegend heimischen Grafen von Sponheim. – *Wallhausen* besitzt ein Schloß der Freiherrn von Dalberg, jetzt Salm, mit Renaissanceteilen. – *Dalberg,* im Chor der kleinen Kirche Wandmalereien um 1500. – *Winterburg,* ehemals badisch, barocke Kirche mit Stumm-Orgel. – *Sponheim* 1044 gegründetes Benediktinerkloster, dessen berühmtester Abt der Humanist Trithemius (aus Trittenheim/Mosel, 1462–1516) war. Von der Kirche sind Chor und Vierung in romanischem Stil mit gotischen Ergänzungen er-

BAD KREUZNACH
BAD MÜNSTER-EBERN-
Schöneberg
Hergenfeld
Windesheim
Langenlonshm.
Guldental
Dorsheim
Laubenhm.
Grolshm.
Gensingen
Spabrücken
Dalberg
Oberhub
Gräfenbacher Hütte
Ellerspring
Steineberg
Struthof
Kreers-häuschen
Karchrech
Münchwald
Winterbach
Spall
Gebroth
Argenschwang
Wallhausen
Sommerloch
Gutenberg
Waldhilbershm.
Heddesheim
Eremitage
Kloningers-mühle
Bretzenhm.
IPPESHEIM
WINZENHEIM
Hungr. Wolf
Hargesheim
Roxheim
St. Katharinen
Braunweiler
Gauchsberg
Allenfeld
Winterburg
Ippenschied
Rehbach
ECKWEILER
Daubach
Wingerts-B.
Sponheim
Mandel
Bockenau
Burgsponheim
Ellerbach
Weinsheim
Rüdeshm.
Nahebrücke
Schl. Kauzenburg
Kurhs.
Lohrerhof
Schanzen-K.
Gradier-
Rotenfels werke
THEODORSHALLE
Hackenheim
Schl. Rheingrafenstein
Hüffelsheim
Traisen
Waldböckelheim
Jagdschloß
Schloß-böckelhm.
Steinhardt
Niederhsn.
Norheim
Dörndich
Nußbaum
Biebelshm.
PLANIG
Bosenberg
Pfaffen
Schwabenhm.
BOSENHEIM
Pleitersheim
Volxheim
SPONSHM.
E31
U93
U14

halten. – *Mandel,* Renaissance-Schloß der Freiherrn von Koppenstein. – *Bad Kreuznach* siehe Tour 22.

Tourenbeschreibung In *Bad Kreuznach* durch die Rüdesheimer Straße am Ortsausgang links auf den Radweg und bei der Ampel die Bundesstraße 41 überqueren, dann auf dem Radweg nach *Hargesheim* (3 km). Am Ortseingang links über die Brücke auf der als Radweg ausgewiesenen Trasse einer ehemaligen Kleinbahn durch das Gräfenbachtal mit Weinbergen, Burgruinen und freundlichen Ortschaften nach *Gutenberg* (3 km) und *Wallhausen* (2 km). Weiter auf der Landstraße nach *Dalberg* (3 km) und *Argenschwang* (3 km), wo Straße und Tal eine scharfe Rechtskurve machen. Im enger werdenden Felsen- und Waldtal bis zur Höhe der Rothmühle, dann links – ansteigend – über freies Wiesen- und Ackerland nach *Münchwald* (4 km).

In Münchwald rechts zum Waldrand des Forstes Neupfalz. Dort links dem Waldrand entlang zum *Struthof* (1 km) mit einer sehenswerten Töpferei. Weiter durch den Wald zum Forsthaus Gebroth, dann wieder am Waldrand entlang in westlicher Richtung zum *Kreershäuschen* (4 km) mit seinem Rast-, Spiel- und Freizeitplatz und weiter Aussicht über den vorderen Hunsrück. Von dort Abfahrt in südlicher Richtung nach *Winterbach* (2 km), durch das idyllische Ellerbachtal nach *Winterburg* (3 km) und durch die »Bockenauer Schweiz« nach *Bockenau* (4 km).

Von Bockenau – ansteigend – über die Höhe, dann – gemächlich abfallend – mit Blick auf die hochgelegene Abteikirche und vorbei an einer alten Quellenfassung am Ortseingang nach *Sponheim* (4 km). Am Ortseingang links hinauf zur Abtei. Dann von Sponheim auf ruhiger, welliger Landstraße nach *Mandel* (4 km) und weiter nach *Rüdesheim* (3 km). Am Ortseingang die B 41 überqueren und durch die Ortsstraßen »Im Wiesengrunde« und »Vor der Lohr«, dem Ellerbachtal folgend, zurück nach *Bad Kreuznach* (3 km).

Hinweis Das Salinental zwischen Bad Kreuznach und Bad Münster am Stein-Ebernburg bietet durch Radfahren gute Voraussetzungen zur Rehabilitation für Kurgäste. Die Radwege sind ohne Steigungen in reizvoller Landschaft zwischen rot-gelben Porphyrfelsen eingebettet, belebt durch die sauerstoffreiche Luft der Gradierwerke der Salinen.

Von einigen Orten des Nahetales gehen Radwandertouren aus, die im Rad-Wanderführer »Rheinhessen – Pfalz« vom gleichen Autor im Deutschen Wanderverlag Dr. Mair & Schnabel & Co. beschrieben sind: Bad Kreuznach Tour 25, Bad Münster am Stein-Ebernburg Tour 58, Staudernheim bzw. Sobernheim siehe Meisenheim Tour Nr. 59, Kirn Tour 63.

Zu Tour 23, 69, 72 **Wallhausen Schloß Salm** (Foto: Heinz-Egon Rösch)

24 Bad Münster am Stein-Ebernburg – Norheim – Staatsweingut Niederhausen – Schloßböckelheim – Hüffelsheim – Bad Münster am Stein-Ebernburg

Schwierigkeitsstufe II.
Tourenlänge 23 Kilometer. **Fahrzeit** 2¼ Stunden.
Höhenunterschiede Zwischen Nahestausee hinter Niederhausen zum Staatsweingut Niederhausen 60 Meter auf 1,2 Kilometer. Vom Niederthäler Hof nach Schloßböckelheim 100 Meter auf 1,2 Kilometer.
Karten 1:50000 L 6112 Bad Kreuznach, L 6312 Rockenhausen; 1:100000 Radwanderkarte Rheinland-Pfalz Blatt Südost; 1:200000 Generalkarte Blatt 15.
Wissenswertes *Bad Münster am Stein-Ebernburg* siehe Tour 22. – *Niederhausen/Nahe* in der Kirche gotische Wandmalereien (u.a. St. Nikolaus) und Rebenmotive sowie über den Bergbau (St. Barbara) im Turm. – *Staatsweingut Niederhausen-Schloßböckelheim* Anfang des 20. Jahrhunderts von Strafgefangenen errichtet. In den ausgedehnten Kellern lagern hervorragende Spitzenweine des Naheweinlandes. – *Schloßböckelheim* Burg(ruine) malerisch über dem Tal der Nahe gelegen. Die Burg stammt aus dem frühen Mittelalter. Weihnachten 1105 saß Kaiser Heinrich IV. auf der Burg gefangen. 1688 wurde die Burg

BAD KREUZNACH
BAD MÜNSTER a. Stein
EBERNBURG
SOBERNHM.
Waldböckelheim
Allenfeld
Gauchsberg 437
Winterburg
Braunweiler
Roxheim
St. Katharinen
Hungr. Wolf 223
Hargesheim
Biebelshm.
PLANIG
Sprendlgn.
Bosenberg 226
Pfaffen-
Stifts-Kirche
Schwabenhm.
BOSENHEIM
Pleitersheim
Badenhm.
Rehbach
Daubach
Wingerts-B. 380
Sponheim
Mandel
Nahebrücke
Schl. Kurhs
Kanzenburg
Lohrerhof
Rüdeshm.
Weinsheim
Bockenau
Ellerbach
Burgsponheim
Hüffelsheim
Schanzen-K.
Gradier-
Rotenfels werke
THEODORSHALLE
Hacken-heim
Volxheim
Gumbsheim
Wöllstein
Appel-B.
Traisen
Jagdschloß
Dörndich
Schloß-böckelhm.
Niederhsn.
Norheim
Schl. Rheingrafenstein
Forsths. Spreitel
Frei-Laubershm.
Neu-Bamberg
Siefershm.
Galgen-B.
Ekelshm
Steinhardt
Oberstreit
Boos
Duchroth
Seehof
Oberhausen a. d. Nahe
Bingert
Altenbamberg
R. Altenbaumburg
Steigerhof
Fürfeld
Wonshm.
Staudernheim
R Disibodenberg
Odernheim a.Gl.
Lemberg
Feil-bingert
Feil
Hof Iben
Stein-Bockenheim
Wendelsheim
Heddarterhof
R. Monfort
Hallgarten
Hochstätten
Tiefenthal
Hühnerhof
Dreiweiherhof

von den Franzosen bis auf die Grundmauern zerstört. – *Hüffelsheim, Traisen* siehe Tour 22.

Tourenbeschreibung Von *Bad Münster* zunächst Richtung Norheim, dann am Ortsende vor dem Bahnübergang links auf dem Fußgängersteg der alten Eisenbahnbrücke über die Nahe nach *Ebernburg* (1 km). Dort folgt man dem Radwegeschild am Sportplatz vorbei und im Angesicht der gigantischen und bizarren Felswände des Rotenfels bis zur kleinen Nahebrücke vor *Norheim* (2 km). In Norheim durch die Ortsmitte, dann den Bahnübergang passieren und weiter auf der Landstraße an vielen Weinbergen und Felsen vorbei nach *Niederhausen/Nahe* (3 km). Am Ortsende erreicht man den schilfbestandenen *Nahestausee,* dem man bis zur Bahnunterführung folgt. Dort rechts unter der Bahn hindurch und links durch die Weinberge hinauf zum *Staatsweingut Niederhausen* (2 km), wo man eine sehr schöne Aussicht hat auf das Nahetal, die Brücke von Oberhausen und auf den »König der Naheberge«, den Lemberg (422 m). Danach wieder Abfahrt ins Tal zum *Niederthäler Hof* (2 km) und dort rechts über die Eisenbahnbrücke in steilen Windungen (die meisten Radfahrer müssen hier das Rad schieben), aber sehr abwechslungsreich, durch die Weinberge hinauf nach *Schloßböckelheim* (2 km), wo man von den Ruinen der Burg einen reizvollen Ausblick auf die Nahe und das Naturschutzgebiet mit seltenen Pflanzen hat. Von Schloßböckelheim in nördlicher Richtung zur Straße Waldböckelheim – Hüffelsheim, die man beim Rotherhof errreicht. Dort rechts nach *Traisen* (2 km) und von hier abwärts wieder ins Nahetal nach *Norheim* (2 km). Dort – wie gekommen – zurück nach *Bad Münster am Stein-Ebernburg* (2 km).

25 Sobernheim – Meddersheim – Monzingen – Auen – Waldböckelheim – Boos – Sobernheim

Schwierigkeitsstufe II/III.
Tourenlänge 38 Kilometer. **Fahrzeit** 3½ Stunden.
Höhenunterschiede 200 Meter auf 3 Kilometer hinter Auen bis vor Daubach.
Karten 1:50000 L 6310 Kirn, L 6110 Simmern; 1:100000 Radwanderkarte Rheinland-Pfalz Blatt Südost; 1:200000 Generalkarte Blatt 15.
Wissenswertes *Sobernheim,* ehemals zu Kurmainz, später zur Kurpfalz gehöriges Städtchen mit romanisch-gotischer Matthias-

Kirche (Stumm'sche Orgel, Fenster von Georg Meistermann, † 1990). Fachwerkhäuser, Pastor Felke machte den Ort berühmt durch seine heilkräftigen Lehmkuren und Diätvorschriften. Freilichtmuseum Rheinland-Pfalz mit Gebäuden aus allen Landesteilen. – *Meddersheim,* Kirche St. Martin, romanischer Turm, gotischer Chor, barockes Schiff, Stumm'sche Orgel aus dem Jahre 1757. Bilder auf der Emporenbrüstung aus dem Alten und dem Neuen Testament, 18. Jahrhundert. – *Monzingen,* 778 im Lorscher Codex urkundlich erwähnt. Gotische Kirche. Überreste der Stadtbefestigung. Schmucke Fachwerkhäuser aus dem 17. Jahrhundert. – *Auen,* talaufwärts rechts die Willigis-Kapelle mit Bauelementen aus romanischer und gotischer Zeit. Grab des »Jägers aus Churpfalz«. – *Boos,* Fundamentreste einer römischen »villa rustica« neben der Kirche mit romanischem Turm.

Tourenbeschreibung Von *Sobernheim* auf dem Radweg der ruhigen, ebenen Straße über die Nahebrücke nach *Meddersheim* (3 km) und weiter zum Felke-Kurbad Menschel in Richtung Merxheim. Einen Kilometer vor dem Ort rechts abbiegen auf der neuen Straße über die Nahe und die Bahn nach *Monzingen* (5 km). In Monzingen verläßt man das Nahetal, um in das

Gauslbachtal zu fahren. Auf der ruhigen Landstraße erreicht man in einem Seitental den staatlich anerkannten Erholungsort *Auen* (5 km). Von dort steigt in der Höhe der Willigis-Kapelle die Straße Richtung *Daubach* (4 km) an. Kurz vor dem Ort fährt man durch die Unterführung der Schnellstraße, danach scharf rechts auf dem Land-, später Waldwirtschaftsweg mit dem grünen Kennzeichen KH 41 entlang der Schnellstraße – leicht ansteigend – bis zum freien Waldplatz auf der Höhe. Dort links – dem Radweg KH 5 folgend – auf breitem Waldwirtschaftsweg durch den Waldböckelheimer Wald zur Straße Bockenau – Steinhardt, die man überquert, um zur Straße und dann nach *Waldböckelheim* (8 km) zu gelangen. Vor Waldböckelheim wird die B 41 überquert (Vorsicht!).

In der Ortsmitte von Waldböckelheim dem Schild »Boos« nachfahren und im ruhigen *Seibersbachtal* erreicht man das Nahetal. Dort rechts abbiegen auf der Straße entlang der Bahnlinie nach *Boos* (4 km). Im Ort sollte man die Ausgrabungen aus der Römerzeit besichtigen. Dann zurück zur Bahnlinie, die man nun überquert, um zunächst parallel zur Bahn, später um den Distelberg herum im Talgrund auf dem Radweg KH 3 zur Nahe zu fahren, die an dieser Stelle zwischen dem Distelberg und dem Disibodenberg (ehemalige Abtei der heiligen Hildegard) sehr romantisch ist. Bald erreicht man den *Bahnhof Staudernheim* (4 km). An dem Gasthaus links führt der Radweg KH 44 in den Wiesengrund rechts der Nahe, und in einem Bogen erreicht man

Blumen und Kirschen am Radweg (Foto: Heinz-Egon Rösch)

wieder die Bahnlinie, durch deren Unterführung man nach *Sobernheim* (3 km) gelangt.
Bemerkung Verbunden mit einem Radweg sollte man etwa 1,5 Kilometer südlich von Sobernheim auch das *Freilichtmuseum Rheinland-Pfalz* besuchen (Gebäude und Höfe aus allen Landschaften von Rheinland-Pfalz, 1990 noch im Aufbau begriffen, sowie Rathaus, Schule, Backhaus, Gasthaus usw.).

26 Kirn – Hennweiler – Schloß Dhaun – St. Johannisberg – Kirn

Schwierigkeitsstufe III.
Tourenlänge 23 Kilometer.
Fahrzeit 2½ Stunden.
Höhenunterschiede Von Hahnenbach im Hahnenbachtal nach Hennweiler 220 Meter auf 2,5 Kilometer.
Karten 1:50000 L 6310 Kirn; 1:100000 Radwanderkarte Rheinland-Pfalz Blatt Südost; 1:200000 Generalkarte Blatt 15.
Wissenswertes *Kirn,* überragt von der Kyrburg (Baubeginn 926), ehemaliger Sitz der Fürsten von Salm-Kyrburg. 1734 zerstört. Spätgotische Hallenkirche mit romanischem Turm und Renaissance-Grabmälern der Wild- und Rheingrafen. Früher gab es in Kirn 166 Handwerksbetriebe, dann Leder- und Steinindustrie. Fachwerkhäuser. – *Kallenfels,* Burgruine auf wuchtigen Quarzitfelsen. Steinkallenfels gehörte den Herren von

Zu Tour 36, 68 **Simmerbachtal im Hunsrück** (Foto: Heinz-Egon Rösch)

Stein, den späteren Freiherren von Steinkallenfels. Die Burg wurde 1682/84 von den Franzosen zerstört. – *Hennweiler,* Kirche mit romanischem Turm und gotischen Wandmalereien und Grabmälern der Schwarzenbergs und Steinkallenfels. – *Schloß Dhaun,* 1215 als Bug der Wildgrafen errichtet, unter Wildgraf Karl 1729 als Residenzschloß ausgebaut, 1804 enteignet und teilweise abgebrochen. Heute restauriert und Heimvolkshochschule. Von der Esplanade schöne Aussicht auf das Kellenbachtal (Tal des Simmerbachs). – *St. Johannisberg* malerisch über der Nahe gelegen, ehemalige kleine Stiftskirche, seit 1561 evangelische Pfarrkirche und Grablege der Wild- und Rheingrafen mit zehn hervorragenden Grabdenkmälern verschiedener Kunstepochen.

Tourenbeschreibung Von *Kirn* im Hahnenbachtal nach *Kallenfels* (2 km) im Angesicht der Burgruine Steinkallenfels, und weiter auf der stärker befahrenen Straße nach *Hahnenbach* (3 km). Von hier in Kurven, aber auf ruhiger Straße nach *Hennweiler* (2,5 km). In Hennweiler Richtung Kellenbach bis zum Rande des Lützel-Soonwaldes. Am Spielplatz (mit schöner Aussicht) rechts in südlicher Richtung auf dem Landwirtschaftsweg durch Wiesen und Felder zurück zur Straße Oberhausen – Hennweiler. Man tangiert die Straße, um, links abbiegend, auf einem gut zu befahrenden Schotterweg leicht bergauf zum Aussiedlerhof »Königshof« zu gelangen. Am Hof vorbei, führt dann ein asphaltierter Weg – angenehm zu befahren – durch Feld und Wald zum »Karlshof«, wo man wieder auf die Landstraße trifft. Dort links Abfahrt nach *Dhaun/Schloß Dhaun* (8 km). Von Dhaun auf der Höhenstraße, dem ehemaligen Kirch- und Begräbnisweg der Wild- und Rheingrafen, nach *St. Johannisberg* (3 km), wo man rechts auf einer Stichstraße zur Kirche fährt. Zurück zur Hauptstraße, in Kurven hinunter nach *Hochstetten* (1 km). In Hochstetten rechts – kurz auf der Bundesstraße – dann wieder rechts abbiegen auf die Straße, die durch die Melaphyr-Steinbrüche nach *Kirn* (3 km) führt.

27 Kirn – Hahnenbach – Bundenbach – Rhaunen – Sulzbach – Hosenbach – Bergen – Kirn

Schwierigkeitsstufe III.
Tourenlänge 37 Kilometer.
Fahrzeit 4 Stunden.
Höhenunterschiede Allmählicher Anstieg im Hahnenbachtal bis zur Serpentine vor Bundenbach, dort 180 Meter auf 3 Kilometer bis Bundenbach; 150 Meter auf 4 Kilometer von Rhaunen bis Sulzbach; 150 Meter auf 4 Kilometer von Niederhosenbach bis zur Höhe vor Bergen.
Karten 1:50000 L 6310 Kirn, L 6110 Simmern, L 6108 Bernkastel-Kues; 1:100000 Radwanderkarte Rheinland-Pfalz Blatt Südost; 1:200000 Generalkarte Blatt 15.
Wissenswertes *Kirn* siehe Tour 26. – *Bundenbach,* früher bekannt durch seinen Schieferbergbau. Viele Häuser im Hunsrück sind mit »Bundenbacher Schiefer« gedeckt. – *Rhaunen,* Heimat der berühmten Orgelbauer Gebrüder Stumm, die nahezu 200 Jahre lang herrlich klingende Barock-Orgeln gebaut haben. Die Orgeln waren und sind zum Teil heute noch in vielen Kirchen Südwestdeutschlands zu finden. In der renovierten gotischen (evangelischen) Kirche zu Rhaunen, eine der ersten Orgeln (1723) des Johann Michael Stumm. – *Sulzbach,* Kirche mit Barockorgel der Gebrüder Stumm aus dem Jahre 1746.
Tourenbeschreibung Von *Kirn* zunächst durch das reizvolle *Hahnenbachtal,* rechts oberhalb die Quarzitfelsen von Steinkallenfels nach *Hahnenbach* (3 km) bis zum Beginn der großen Serpentine, wo die Straße (leider) das Hahnenbachtal verläßt (ein kleiner Fahrweg führt in das Tal weiter hinein, das dann aber erwandert werden muß mit seinen Schiefergruben, den Ruinen Schmidtburg und Altburg. Sollte einmal ein Radwanderweg hier angelegt werden, so empfiehlt sich die Weiterfahrt durch dieses romantische Tal nach Rhaunen.) Die Serpentine windet sich nach *Bundenbach* (7 km). Nach der Ortsdurchfahrt über die Hochfläche mit Wiesen, Feldern und Wald, dann leichte Abfahrt nach *Rhaunen* (5 km), wo man wieder kurz in das Hahnenbachtal gelangt. In Rhaunen an der evangelischen Kirche zunächst steil hoch, dann flacher werdend, nach *Sulzbach* (4 m). Auf der Höhe nach *Oberhosenbach* (3 km), nach *Breitenthal* (2 km) und durch das Tal des Hosenbaches nach *Niederhosenbach* (3 km). Am Ortsende links ein Seitental zunächst allmählich aufwärts, dann – steiler – am Ende dieses Seitentales rechts zur Höhe vor Bergen und durch den Wald, fast immer zur glei-

chen Höhe nach *Bergen* (6 km). Nach Bergen zunächst noch auf der Höhe, dann in einer rasanten Abfahrt durch den Wald in das *Trübenbachtal,* einem Seitental des Hahnenbachs, zurück nach *Kirn* (4 km), das man beim Schwimmbad unterhalb der Kyrburg erreicht.

28 Fischbach(-Weierbach) – Niederhosenbach – Sulzbach – Hottenbach – Herrstein – Fischbach

Schwierigkeitsstufe II.
Tourenlänge 33 Kilometer.
Fahrzeit 3 Stunden.
Höhenunterschiede Im Tal des Hosenbaches von Fischbach bis zur Höhe von Sulzbach 280 Meter auf 14 Kilometer.
Karten 1:50000 L 6310 Kirn, L 6308 Idar-Oberstein, L 6110 Simmern; 1:100000 Radwanderkarte Rheinland-Pfalz Blatt West; 1:200000 Generalkarte Blatt 15.
Wissenswertes *Fischbach,* 2,5 Kilometer entfernt vom Ort ein Kupferbergwerk (seit Ende des Mittelalters Abbau von Kupfer),

heute für Besucher geöffnet, imponierende, in Kupferfarben gleißende Stollen und Höhlen. – *Sulzbach* siehe Tour 27. – *Hottenbach,* mächtiger Kirchturm aus dem 13. Jahrhundert. Im Turm Wandmalereien der Erbauungszeit (Dreifaltigkeit, Christophorus, Engel, Evangelistensymbole). Orgel der Gebrüder Stumm von 1782. – *Herrstein,* malerisches Städtchen (Stadtrechte seit 1428), aus einer Burg der Grafen von Sponheim hervorgegangen. Im Rahmen der Europäischen Denkmalpflege vollkommen renovierter Ort, aufeinander abgestimmte Gebäude, Höfe und Mauern. Markant der Uhrturm, die gotische Kirche, der »Dicke Turm« und der »Schinderhannesturm« der ehemaligen Stadtbefestigung.

Tourenbeschreibung Die Radwanderung ist als eine Zwei-Täler-Fahrt (Hosenbachtal, Fischbachtal) konzipiert. Der Beginn der Radtour ist daher in *Fischbach,* wo Hosenbach und Fischbach zusammenfließen und dann kurz danach in die Nahe münden. Die Radwanderung führt zunächst im *Hosenbachtal* aufwärts zum ehemaligen *Kupferbergwerk* (3 km), das man besichtigen sollte, dann weiter talaufwärts bis zur Abzweigung der Straße nach Berschweiler. Wir bleiben aber im Hosenbachtal, geradeaus, auf einfachem, dennoch gut zu befahrenden Weg

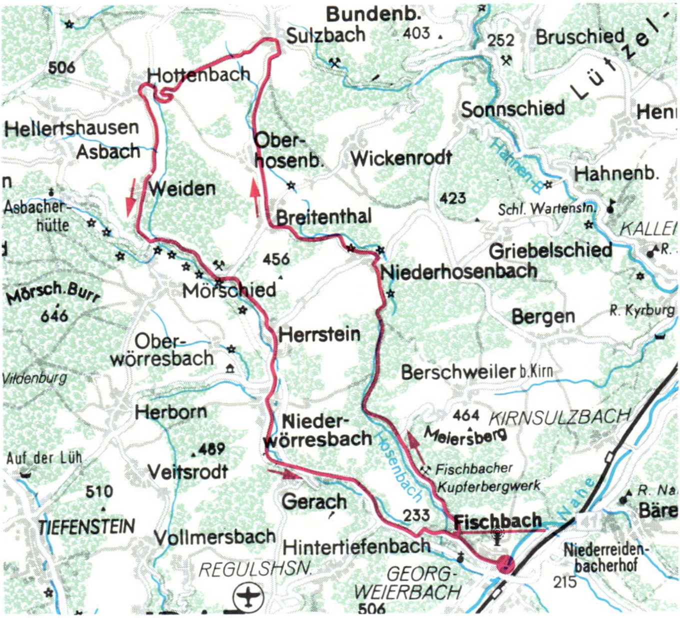

entlang des Baches bis nach *Niederhosenbach* (5 km), wo wieder eine feste Straße erreicht wird. Weiter – ansteigend – nach *Breitenthal* (2 km) und *Oberhosenbach* (2 km) und im breiten Hochtal hinauf nach *Sulzbach* (3 km), wo der höchste Punkt der Radtour erklommen wird.

In der Ortsmitte links durch die Quellmulde des Hosenbachs hinunter nach *Hottenbach* (4 km), das im Quellgebiet des Fischbaches liegt. Jetzt im Tal des Fischbaches abwärts nach *Weiden* (2 km) und an mehreren ehemaligen Mühlen vorbei im enger werdenden Tal zum hunsrückischen Kleinod *Herrstein* (5 km). *Niederwörresbach* (2 km) ist der nächste Ort, und weiter im Fischbachtal mit Steinbrüchen und schönen bewaldeten Berghängen erreicht man wieder *Fischbach* (4 km), wo man beim Ortseingang links die Ortsstraße und nicht die schnelle, gefährliche Durchfahrtsstraße benutzen sollte.

29 Idar-Oberstein – Vollmersbach – Herborn – Mörschied – Herborn – Idar-Oberstein

Schwierigkeitsstufe III.
Tourenlänge 25 Kilometer.
Fahrzeit 3 Stunden.
Höhenunterschiede 200 Meter auf 4 Kilometer von der Talsohle des Vollmersbaches hinter Idar-Oberstein bis Veitsrodt mit dem steileren Anstieg vor Veitsrodt: 150 Meter auf 2 Kilometer von Herborn durch den Königswald bis zum Anstieg vor der Wildenburg. 50 Meter auf 1 Kilometer hinter Morschied in Richtung Herborn.
Karten 1:50000 L 6308 Idar-Oberstein, L 6310 Kirn; 1:100000 Radwanderkarte Rheinland-Pfalz Blatt West; 1:200000 Generalkarte Blatt 15.
Wissenswertes *Idar-Oberstein,* weltbekannter Ort der Schmuckindustrie (Achatschleifereien) zwischen felsigen Steilhängen (Melaphyr mit Drusenbildungen = Achate). Zwei Burgruinen »Altes« und »Neues Schloß«, die gotische »Felsenkirchen, die in einer großen Felsenhöhle oberhalb der Stadt liegt, das »Deutsche Edelsteinmuseum« und besichtigungswerte alte handwerkliche Edelsteinschleifereien. Fachhochschule für Schmuck- und Edelsteindesign.
Tourenbeschreibung Vom Bahnhof Idar-Oberstein zunächst in Richtung Idar, dem Schild »Edelsteinstraße« folgend, rechts in

das Vollmerbachtal einbiegen und talaufwärts an der Fachhochschule und an der Reithalle vorbei, nach *Vollmersbach* (6 km), dann weiter auf der Edelsteinstraße bergauf nach *Veitsrodt* (2 km). Durch den Ort weiter bis kurz vor Herborn (1 km), wo man auf die Straße Tiefenstein – Niederwörresbach trifft. Man überquert diese Straße und fährt geradeaus in den Wirtschaftsweg, der zunächst asphaltiert durch Felder und Wiesen, dann gut befestigt – ansteigend – durch den Wald bis zum Wegweiser »Mörschied« führt. Rechts abbiegend geht die Fahrt auf idealem Waldweg zunächst eben, dann außerhalb des Waldes asphaltiert durch die Fluren abwärts nach *Mörschied* (5 km). Dort – rechts, ansteigend – der »Edelsteinstraße« folgend am Waldrand entlang nach *Herborn* (3 km). Hier trifft man wieder auf die Straße Herrstein – Tiefenbach, der man in Richtung *Tiefenstein* (2 km) bergabwärtsführend folgt. In Tiefenstein erreicht man wieder das Idartal. Talwärts, durch die der B 422 paralell laufenden Seitenstraße von Tiefenstein nach dem Ortsteil *Idar* (3 km) von Idar-Oberstein. Im Ort am besten die der Bundesstraße parallel verlaufenden Seitenstraßen bis *Oberstein* (2 km) benutzen.

30 Idar-Oberstein – Frauenberg – Sonnenberg – Kronweiler – Niederbrombach – Wilzenberg – Leisel – Rötsweiler – Hammerstein – Idar-Oberstein

Schwierigkeitsstufe II.
Tourenlänge 35 Kilometer.
Fahrzeit 3 Stunden.
Höhenunterschiede 90 Meter auf 1,5 Kilometer von der Bahnunterführung in Idar-Oberstein bis zur Höhe über dem ersten Eisenbahntunnel; 40 Meter auf 1 Kilometer vor Hammerstein; 60 Meter auf 1 Kilometer vom Nahetal nach Frauenberg; 100 Meter auf 1 Kilometer vom Nahetal aufwärts nach und durch Sonnenberg; 50 Meter auf 2 Kilometer von Leisel zur Höhe vor Siesbach.
Karten 1:50000 L 6308 Idar-Oberstein; 1:100000 Radwanderkarte Rheinland-Pfalz West; 1:200000 Generalkarte Blatt 15.
Wissenswertes *Idar-Oberstein* siehe Tour 29. – *Ruine Frauenburg,* versteckt in einem Seitental des Nahetals gelegen. Die Burg wurde vermutlich von Gräfin Loretta als Witwensitz erbaut. – *Niederbrombach,* Kirche aus dem 13.–15. Jahrhundert.

Zu Tour 29, 30, 67, 70, 71 **Idar-Oberstein, Museum mit Blick zur Felsenkirche**
(Foto: Heinz-Egon Rösch)

Tourenbeschreibung Die »Dreitälerfahrt« (Nahe, Schwollbach/ Leiselbach, Siesbach) beginnt am besten am Bahnhof von *Idar-Oberstein.* Man folgt der Bahnlinie naheaufwärts 200 Meter, dann links durch die Eisenbahnunterführung in das »Haselbachtal«. Die Straße steigt über den »Hornich« bis zur Höhe des Eisenbahntunnels an, um dann, wieder abfallend, zur Nahe und nach *Hammerstein* (4 km) zu führen. Im Ort steigt die Straße wieder bis zur Nahebrücke leicht an. Man fährt nicht über die Brücke, sondern links entlang der hier recht romantisch wirkenden Nahe etwa 1 Kilometer, dann links – ansteigend – in Kurven nach *Frauenberg* (3 km). Hinter Frauenberg rechts unten auf der kleinen Straße bleiben, um dann kurz danach unter der nach oben ziehenden neuen Straße hindurch links in das Seitental der Nahe mit der *Ruine Frauenburg* (1 km) einzubiegen.

Von der Frauenburg fährt man wieder zurück zur Nahebrücke, überquert diese, um dann – steil ansteigend – nach *Sonnenberg* (1 km) zu fahren. Im Ortsmittelpunkt links abbiegen, sodann Abfahrt in Kurven in das Nahetal, das waldbewachsen nach *Kronweiler* (3 km) führt. In Kronweiler biegt man in das reizvolle ruhige Schwollbachtal ein. In diesem Tal erreicht man zuerst *Niederbrombach* (4 km), wo man die Bundesstraße 41 überquert (Vorsicht!). Weiter geht die Fahrt, durch das Tal langsam ansteigend, nach *Hußweiler* (2 km), *Wilzenberg* (1 km) – von hier aus heißt der Schwollbach nun Leiselbach – nach *Leisel* (2 km). In Leisel rechts abbiegen und über die sanfte Höhe nach

Zu Tour 31 **Bei Birkenfeld** (Foto: Heinz-Egon Rösch)

Siesbach (3 km). Hier folgt man talabwärts dem Siesbach entlang durch das schöne Siesbachtal nach *Rötsweiler* (3 km) und dann weiter im Talgrund bis zur Einmündung in die B 41, der man auf dem schmalen Radstreifen in Richtung Idar-Oberstein, dann aber über die neue hohe Nahebrücke nach *Hammerstein* (4 km) folgt. Nun fährt man wieder, wie gekommen, durch den Ort und entlang der Nahe über den Hornich und durch das kleine »Haselbachtal« nach *Idar-Oberstein* (4 km) zurück.

31 Birkenfeld – Buhlenberg – Hambach – Elchweiler – Schmißberg – Rimsberg – Burgbirkenfeld – Birkenfeld

Verkehrsmöglichkeiten Für Birkenfeld ist Neubrücke die Eisenbahnstation (Eilzugstation), (Linie Bad-Kreuznach – Idar-Oberstein – Neunkirchen – Saarbrücken).
Schwierigkeitsstufe II/III.
Tourenlänge 25 Kilometer.
Fahrzeit 2½ Stunden.
Höhenunterschiede 150 Meter auf 4 Kilometer vor, in und nach Buhlenberg; 120 Meter auf 2 Kilometer vor, in und nach Schmißberg.
Karten 1:50000 L 6308 Idar-Oberstein; 1:100000 Radwanderkarte Rheinland-Pfalz Blatt West; 1:200000 Generalkarte Blatt 15.
Wissenswertes *Birkenfeld,* die erste urkundliche Erwähnung datiert aus dem Jahre 981. Nach wechselvoller Geschichte gelangen Birkenfeld und Umgebung an Pfalz-Zweibrücken. Aus der Linie Pfalz-Zweibrücken-Birkenfeld entstammten die späteren bayerischen Könige. Von 1817 bis 1918 gehörte über 100 Jahre lang das Birkenfelder Land zum weitentfernten Fürstentum Oldenburg. Heute Verwaltungsmittelpunkt des Landkreises Birkenfeld. – *Burgbirkenfeld,* Stammsitz der Grafen der hinteren Grafschaft Sponheim. Heute nur noch das Tor und Turmreste vorhanden. – *Hambach,* großes Feriendorf.
Tourenbeschreibung Vom Amtsstädtchen *Birkenfeld* zunächst zum Schwimmbad (weißes Schild) an der Straße nach Buhlenberg. Leicht ansteigend nach *Buhlenberg* (4 km) und weiter – leicht ansteigend – auf einer ruhigen Straße mit schöner Sicht auf die Felder, Wiesen und Wälder des Birkenfelder Landes sowie auf den langgestreckten Höhenzug des Hunsrücks nach *Rinzenberg* (3 km) und weiter bis zur Bundesstraße 269 (Birkenfeld

– Morbach), die überquert wird. Von hier aus Abfahrt in das Hambachtal mit Blick auf das neue, weiträumige »Feriendorf« *Oberhambach* (3 km), einem Ort mit einem »Sauerbrunnen«. Weiter talabwärts durch das liebliche Hambachtal nach *Heupweiler* (2 km) und *Böschweiler* (1 km), rechts ab nach *Burbach* (1 km). Beide letztgenannten Orte bilden die Gemeinde *Niederhambach*. Durch diese einsamen Dörfer weiter nach *Elchweiler* (2 km). Dem Wegweiser »Schmißberg« am Ortseingang folgend, überquert man auf einer Brücke zunächst die stark befahrene B 41, um dann – ansteigend – nach *Schmißberg* (1 km) zu gelangen. Hier und nach dem Ort gilt es eine kurze Steigung zu überwinden, um dann rasant bis kurz vor *Rimsberg* (2 km) bergab zu fahren. Man folgt der Straße Richtung »Birkenfeld«, um dann aber auf der Höhe links in einen Feldweg einzubiegen, der auf gleichbleibender Höhe mit weitem Ausblick in Richtung Burgbirkenfeld führt. Vor dem Wohngebiet überquert man die Straße Dienstweiler – Birkenfeld und fährt weiter geradeaus nach *Burgbirkenfeld* (5 km). Von hier hat man eine gute Aussicht auf Birkenfeld. Zunächst wieder zurück bis zur Straße Dienstweiler – Birkenfeld, dann links abwärts nach *Birkenfeld* (2 km).

32 Stromberg – Dörrebach – Forsthaus Thiergarten – Spabrücken – Forstamt Neupfalz – Stromberg

Schwierigkeitsstufe IV.
Tourenlänge 32 Kilometer.
Fahrzeit 3 Stunden.
Höhenunterschiede 340 Meter auf 10 Kilometer allmählich ansteigend von Stromberg über Dörrebach, den letzten Kilometer um 100 Meter Höhenunterschied vor dem Forsthaus Thiergarten; 60 Meter auf 1,2 Kilometer von der Rothmühle bis zur Höhe vor Spabrücken; 100 Meter auf 1½ Kilometer von Schöneberg bis zur Höhe vor dem Forsthaus Neupfalz.
Karten 1:50000 L 6112 Kreuznach, L 6110 Simmern; 1:100000 Radwanderkarte Rheinland-Pfalz Blatt Südost; 1:200000 Generalkarte Blatt 15.
Wissenswertes *Stromberg* im Tal des Guldenbachs hat zwei Burgen, die Stromburg, später Fustenburg genannt, und die Burg Gollenfels. Der 33 Meter hohe Bergfried der Fustenburg unterstreicht malerisch die waldreiche Landschaft. Aus Stromberg stammt der »deutsche Michel« Hans Michael von Obentraut, Söldnerführer im 30jährigen Krieg. Kalksteinbrüche. – *Spabrücken* Wallfahrtskirche gotisch und barock renoviert.
Tourenbeschreibung Von *Stromberg* unter der Eisenbahnbrücke hindurch und unterhalb der Burg Gollenfels geht die Fahrt – leicht ansteigend – nach *Dörrebach* (4 km). Im Ort steigt

die Straße steiler an, um dann weniger steil durch die Rodungsinsel Dörrebach-Seibersbach zum Seibersbacher Wald zu führen. Vorbei am Hof *Marienborn* (4 km) steigt dann unterhalb des Schanzerkopfs (643 m) die Straße steiler an bis zum *Forsthaus Thiergarten* (2 km). Vom Forsthaus führt der Weg in das Gräfenbachtal, vorbei an dem 500 Meter langen Freizeitgelände (Grillhütten, Kinderspielplätze, Sportanlagen) der »Opelwiese«, zur *Gräfenbacher Hütte* (6 km). Im engeren Tal zur *Rothmühle* (3 km) und von dort, links, bergauf zur Höhe und weiter nach *Spabrücken* (2 km). Von Spabrücken entlang des Waldrandes über Oberhub mit weitem Ausblick über das Nahebergland nach *Schöneberg* (4 km), das auf der Umgehungsstraße passiert wird. Durch den Wald über die – ansteigend – Höhe weiter zum *Forsthaus Neupfalz* (3 km), dann rechts – Abfahrt – ins Dörrebachtal und wieder zurück nach *Stromberg* (5 km).

33 Rheinböllen – Kisselbach – Laudert – Bubach – Horn – Budenbach – Pleizenhausen – Wahlbach – Mörschbach – Rheinböllen

Schwierigkeitsstufe II.
Tourenlänge 32 Kilometer.
Fahrzeit 2½ bis 3 Stunden.
Höhenunterschiede 80 Meter auf 4 Kilometer zwischen Rheinböllen und Liebshausen; 60 Meter auf 2 Kilometer zwischen Kisselbach und Laudert; 40 Meter auf 2 Kilometer zwischen Laudert und Maisborn; 40 Meter auf 2 Kilometer zwischen Bubach und der Höhe vor Horn; 80 Meter auf 2 Kilometer zwischen Pleizenhausen und Wahlbach; 30 Meter auf 1 Kilometer vor Mörschbach.
Karten 1:50000 L 5910 Kastellaun; L 6110 Simmern; 1:100000 Radwanderkarte Rheinland-Pfalz Blatt Nordost; 1:200000 Generalkarte Blatt 12.
Wissenswertes *Rheinböllen* siehe Tour 2. – *Pleizenhausen,* barocke Kirche St. Wendelin mit barocker Einrichtung. – *Mörschbach,* Saalkirche 1761/62, Turm romanisch-gotisch.
Tourenbeschreibung Die Radtour auf den Hunsrückhöhen führt in einem Rundkurs auf relativ ausgeglichenen Höhenflächen (Höhenunterschiede maximal 80 Meter) auf ruhigen Straßen zur Hälfte durch Wälder, zur anderen Hälfte durch Felder, Wiesen und bescheidene Dörfer mit schönen Fachwerkhäusern.

In *Rheinböllen* dem Richtungsschild »Emmelshausen« folgen, am Friedhof vorbei und allmählich ansteigend, später durch Wald nach *Liebshausen* (4 km) und weiter über einen kleinen Höhenzug – abwärts – nach *Kisselbach* (3 km), das im Quellgrund mehrerer Bäche liegt.

Von hier aus über die Höhe nach *Laudert* (3 km). Erneut über einen Höhenzug Richtung Emmelshausen, auf der Höhe links abbiegend, nach *Maisborn* (2 km) und weiter – abwärts – nach *Bubach* (2 km). Nach Bubach zunächst Richtung Laubach, dann links auf ruhiger Straße wieder über eine kleine Höhe nach *Horn* (3 km). In Horn am Ortsende in der großen Kurve am grünen Haus geradeaus und auf dem asphaltierten Wirtschaftsweg links im Verlauf des Klingelbaches Fahrt – leicht abwärts – nach *Budenbach* (2 km), dann rechts nach *Bergenhausen* (2 km), im oberen Tal des Simmerbaches gelegen. Von hier aus geradeaus weiter nach *Pleizenhausen* (2 km) und nach etwa 800 Metern – wieder ansteigend – nach *Wahlbach* (3 km). Über *Mörschbach* (2 km) erreicht man, teilweise mit weitem Rundblick über die Hunsrückhöhenlandschaft – wieder *Rheinböllen* (4 km).

34 Emmelshausen – Dörth – Pfalzfeld – Thörlingen – Leiningen – Sauerbrunnen – Emmelshausen

Schwierigkeitsstufe II.
Tourenlänge 23 Kilometer.
Fahrzeit 2½ Stunden.
Höhenunterschiede Wellige Hochfläche mit kleinen Steigungen 30 Meter auf je 1 Kilometer vor Pfalzfeld, hinter Hausbay, hinter Bickenbach, vor Leiningen und hinter Sauerbrunnen.
Karten 1:50000 L 5910 Kastellaun; 1:100000 Radwanderkarte Rheinland-Pfalz Blatt Nordost; 1:200000 Generalkarte Blatt 12.
Wissenswertes *Emmelshausen,* Luftkurort in zentraler Lage – *Leiningen-Sauerbrunnen,* Mineralwasserquelle und Kuranlage aus dem Ende des 18. Jahrhunderts.
Tourenbeschreibung Von Emmelshausen in östlicher Richtung, entlang des Zubringers (mit Radweg) zur Autobahn A 61 Mainz – Koblenz, dann vor der Autobahn rechts abbiegen auf asphaltiertem Wirtschaftsweg zum Hunsrückdorf *Dörth* (4 km), weiter ein Stück der Autobahn entlang auf kaum befahrener Straße nach *Norath* (3 km) und Abfahrt in das Weyerbachtal und wieder hinauf nach *Pfalzfeld* (2 km). In Pfalzfeld rechts nach *Hausbay* (1 km), das in einer Quellmulde liegt. Hinter Hausbay Auffahrt in Richtung Hunsrückhöhenstraße bis zur Höhe 479 Meter, wo die Hunsrückhöhenstraße überquert wird und weiter nach *Bickenbach* (4 km). Von Bickenbach rechts –

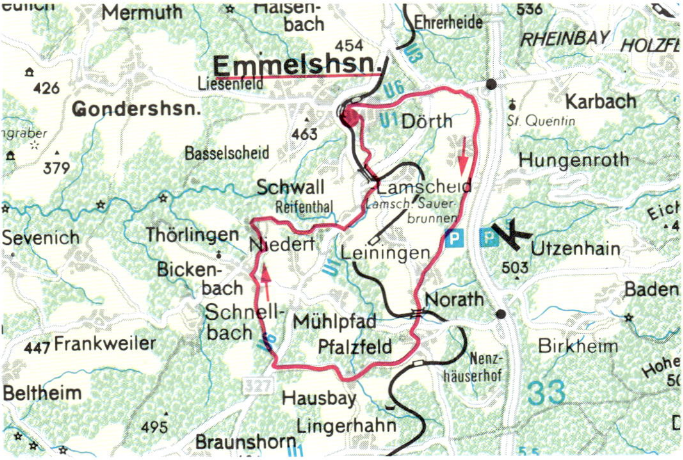

leicht ansteigend – nach *Thörlingen* (1 km) und wieder rechts nach der kleinen Siedlung *Reifenthal* (2 km), wo zum zweiten Male die Hunsrückhöhenstraße überquert wird (Vorsicht!). Jetzt wieder bergauf Richtung *Leiningen* (1 km). Am Ortseingang gleich links Abfahrt in das Tal beim Freizeitpark und weiter zum *Sauerbrunnen,* Ort: *Lamscheid-Sauerbrunnen* (2 km), mit seinen alten Bauten, Koniferen und modernen Mineralwasser-Abfüllanlagen. Rechts vom Quellengebäude führt die Straße zur Höhe, dann folgt man etwa 200 Meter der Hunsrückhöhenstraße, um gleich wieder rechts unter der Bahnunterführung hindurch auf eine ruhige Straße zu gelangen, die an der Reithalle vorbei nach *Emmelshausen* (3 km) zurückführt. (Man kann auch auf der zum Radweg umfunktionierten Trasse der ehemaligen Bahn von Sauerbrunnen direkt nach Emmelshausen fahren.)

35 Kastellaun – Buch – Mörz – Sulzmühle – Korweiler – Sabershausen – Sevenich – Frankweiler – Roth – Kastellaun

Schwierigkeitsstufe II.
Tourenlänge 33 Kilometer. **Fahrzeit** 3 Stunden.
Höhenunterschiede 50 Meter auf 1 Kilometer in Kastellaun Richtung Buch; 80 Meter auf 1,5 Kilometer von Dünnbachtal aufwärts Richtung Korweiler; 60 Meter vom Tal hinter Korweiler Richtung Zilshausen und Sabershausen; 50 Meter auf 1,2 Kilometer vor Heyweiler; 30 Meter auf 1 Kilometer vor Sevenich; 40 Meter auf 1,5 Kilometer hinter Sevenich; 50 Meter auf 1 Kilometer vor Roth; 50 Meter auf 1 Kilometer von Roth Richtung »Auf der Platt«.
Karten 1:50000 L 5910 Kastellaun; 1:100000 Radwanderkarte Rheinland-Pfalz Blatt Nordost; 1:200000 Generalkarte Blatt 12.
Wissenswertes *Kastellaun,* Luftkurort, Burgruine, ehemals Burg der Grafen von Sponheim, 1305 Stadtrechte, Verwaltungsmittelpunkt. Heute große Verbandsgemeinde mit 26 Ortschaften. Gesamtschule. Viehmarkt. Jährlich Wettbewerbe im Tauziehen. Die evangelische Kirche ist spätgotisch und besitzt einen romanischen (Wehr-)Kirchturm, dessen Turmspitze verdreht ist. – *Buch,* typische Hunsrückhäuser. – *Mörz* Wallfahrtskirche »Mariä Himmelfahrt«. – *Sevenich* typisches Hunsrückdorf mit schiefergedeckten und schieferverschindelten Fachwerkhäusern und Dorflinde. – *Frankweiler,* gußeiserner Dorfbrunnen. – *Roth,* gut erhaltenes Gruppendorf mit schönen Fachwerkhäusern des 18. und 19. Jahrhunderts.

Tourenbeschreibung In *Kastellaun* Richtung Mörsdorf zunächst einen kleinen Berg hinauf, dann in leichten Geländewellen nach *Buch* (5 km). Hinter Buch auf der Straße nach Mörsdorf rechts abzweigen nach *Mörz* (2 km). Im Ort rechts durch den »Mühlenweg« über einen asphaltierten Feldweg, dann im Walde Abfahrt in das Dünnbachtal zur *Sulzmühle* (2 km) mit Wirtshaus. Dort überquert man den Bach und folgt ihm etwa 500 Meter talaufwärts durch dieses romantische Gebirgstal bis zur Straße Kastellaun – Uhler – Korweiler. Von hier aus Anstieg der Straße Richtung *Korweiler* (2 km), das über dem Tal liegt. Nach der Ortsdurchfahrt zunächst Straße Richtung Zilshausen, dann auf der Höhe – und noch ein wenig weiter ansteigend – rechts abbiegen nach *Sabershausen* (3 km). Im Ort Straße Richtung Beltheim einschlagen, bis zur Schutzhütte am Waldrand. Man überquert dort die Straße und fährt auf ausgebauter Waldstraße nach *Heyweiler* (5 km). Von Heyweiler – wieder ein kleines Tal durchquerend – nach kurzem Anstieg nach *Sevenich* (3 km). Man fährt nun Richtung Straße Bickenbach – Frankweiler, die man beim Buchenhof erreicht und dort rechts abbiegt nach *Frankweiler* (3 km). Auf der Straße mit schöner Aussicht über die Hunsrückhöhen gelangt man nach *Beltheim* (2 km). Dann in Serpentinen abwärts zum Unterbach und hinauf nach *Roth* (3 km). Am alten Schulhaus in Roth (Inschrift: »Nicht für die Schule, für das Leben«) rechts ab auf einen Landwirtschaftsweg, der über den Hügel nach *Kastellaun* (3 km) führt, das auf den letzten Metern der Hunsrückhöhenstraße wieder erreicht wird.

Zu Tour 35, 70, 73 **Kastellaun, Fenster mit Figuren** (Foto: Heinz-Egon Rösch)

36 Simmern – Riesweiler – Sargenroth – Ravengiersburg – Schönborn – Simmern

Schwierigkeitsstufe II.
Tourenlänge 24 Kilometer. **Fahrzeit** 2½ Stunden.
Höhenunterschiede 120 Meter auf 3 Kilometer von Simmern bis Riesweiler; 75 Meter auf 2 Kilometer von Ravengiersburg bis Oppertshausen.
Karten 1:50000 L 6110 Simmern; 1:100000 Radwanderkarte Rheinland-Pfalz Blatt Nordost; 1:200000 Generalkarte Blatt 15.
Wissenswertes *Simmern* ist Mittelpunkt des östlichen Hunsrücks. Alte Residenz der pfalz-simmernschen Herzöge. Die gotische Stephanskirche mit Renaissance-Grabdenkmälern. – *Sargenroth,* am nördlichen Ortseingang befindet sich die renovierte »Nunkirche« mit einem romanischen Turm, der innen mit frühgotischen Fresken ausgemalt ist. An der Nunkirche findet jährlich ein Bergturnfest statt. Aussichtsturm. – *Ravengiersburg* in idyllischer Lage in einer Schleife des Simmerbachs, 1074 gegründetes Augustiner-Chorherrenstift mit romanischer doppeltürmiger Westfassade und gotisch-barockem Kirchenschiff, der »Hunsrücker Dom«.
Tourenbeschreibung Am Bahnhof *Simmern* links den Bahnübergang (nur für Fußgänger) benutzen und kurz rechts, dann

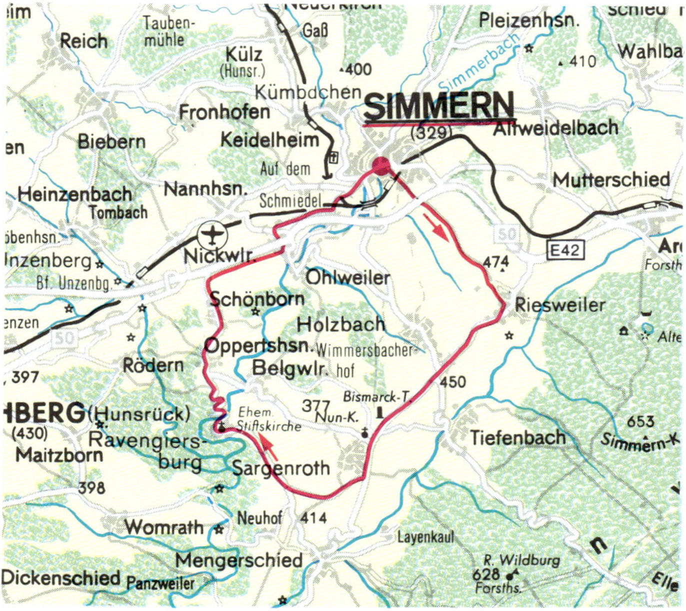

links in die »Riesweilerhohl« einbiegen. Durch einen Hohlweg über einen Kamm erreicht man ein Tälchen. Auf dem asphaltierten Wirtschaftsweg – unter der Umgehungsstraße hindurch – dann durch die Felder, kommt man – ansteigend – nach *Riesweiler* (3 km) und die Höhenstraße Argenthal – Sargenroth rechts nach *Sargenroth* (4 km), das man bei der auf 435 Meter Höhe gelegenen, von Mauern umgebenen »Nunkirche« erreicht. Am Ortsausgang rechts – Abfahrt – , später mit Blick auf den »Hunsrücker Dom« nach dem Erholungsort *Ravengiersburg* (5 km). Dort über den Simmerbach und – ansteigend – in einer Serpentine nach *Oppertshausen* (2 km) und nach *Schönborn* (1 km). Vor der Schnellstraße B 50 erreicht man einen asphaltierten Parallelweg, in den man rechts einbiegt und bis zum Ortseingang *Ohlweiler* (3 km) fährt. Dort links unter der B 50 hindurch und gleich hinter der Auffahrt zur Schnellstraße rechts auf den asphaltierten breiten Landwirtschaftsweg, der direkt nach *Simmern* (3 km) führt.

37 Kirchberg – Dill – Oberkirn – Rhaunen – Woppenroth – Gehlweiler – Gemünden – Womrath – Kirchberg

Schwierigkeitsstufe III.
Tourenlänge 38 Kilometer. **Fahrzeit** 3½ Stunden.
Höhenunterschiede 30 Meter auf 800 Meter nach Dillendorf; 50 Meter auf 1,2 Kilometer zwischen Dill und der Höhe vor Sohrschied; 30 Meter auf 800 Meter nach Sorschied; 50 Meter auf 1 Kilometer nach Oberkirn Richtung Rhaunen; 110 Meter auf 2 Kilometer vor Woppenroth; 50 Meter auf 1 Kilometer nach Gemünden Richtung Panzweiler; 40 Meter auf 1 Kilometer nach Panzweiler; 100 Meter auf 2 Kilometer zwischen Wallenbrück und Womrath; 30 Meter auf 500 Meter vor Maitzborn.
Wissenswertes Diese Radtour findet statt in der Hunsrücklandschaft, in welcher der weltberühmte 11teilige Film »Heimat« von Edgar Reitz in den Jahren 1980–1984 gedreht wurde. Neben Berufsschauspielern waren auch viele Einwohner der Hunsrückdörfer, durch die die Radtour führt, beteiligt. Hauptdrehort ist *Woppenroth* (im Film »Schabbach«), weiter Kirchberg, Rhaunen, Schlierschied, Gehlweiler und Gemünden. – *Kirchberg,* erster erwähnter Ort im Hunsrück im Gedicht »Mosella« von Ausonius (371), später fränkischer Königshof, Mittelpunkt von 51 Dörfern, 1259 von Graf Simon von Sponheim zur

Zu Tour 37, 68, 73 **Hunsrückhaus aus dem Film »Heimat«**
(Foto: Heinz-Egon Rösch)

Stadt erhoben. Nach dem Aussterben der den Hunsrück beherrschenden Sponheimer (1437) an Kurpfalz und Baden. Spätgotische Hallenkirche St. Michael (Vorgängerbauten aus dem 8.–11. Jahrhundert), eindrucksvoller, lindenbestandener Kirchplatz. Marktplatz mit schönen Fachwerkhäusern. – *Dill,* Burg(ruine) der Grafen von Sponheim aus dem 12. Jahrhundert, von Kurfürst Balduin von Trier zerstört, wieder aufgebaut und seit 1697 Ruine. Fachwerkhäuser aus dem 18. Jahrhundert, die sehr eindrucksvoll durch ihre ovalen Oberlichter sind. In der Burgkapelle Bauernmalereien auf der Emporenbrüstung. – *Rhaunen,* gotische Kirche mit der (renovierten) zweitältesten Orgel der berühmten, aus Rhaunen stammenden Orgelbauerfamilie Stumm (Begründer Johann Michael Stumm), 1723 erbaut. Aus dem gleichen Jahr das Fachwerkrathaus. Rhaunen ist Mittelpunkt vieler Hunsrückgemeinden. – *Woppenroth,* typische Hunsrücker Bauernhäuser. – *Gehlweiler,* über den Simmerbach führt eine aus dem 17. Jahrhundert stammende, auf drei Pfeilern ruhende, geschwungene Steinbrücke. Im Ort eine alte Schmiede und ein Backhaus »Backes«. – *Gemünden,* markantes Schloß mit vier runden Ecktürmen, ehemals den Grafen von Sponheim gehörig, dann Pfalz-Simmern, sowie den Schenken von Schmidtburg, heute privat. Geologischer Lehrpfad im Bereich der Kaisergrube (Hunsrücker Schiefer). – *Womrath,* Hunsrücker Fachwerkhäuser.

Tourenbeschreibung Von *Kirchberg* (Ortsmitte) in westlicher Richtung bis zum Wegweiser »Dillendorf – Dill«, links mit Blick auf die weite Hunsrücklandschaft nach *Dillendorf* (2 km) im Kehrbachtal gelegen. Leicht ansteigend, und weiter auf ruhiger Landstraße durch den Wald nach *Dill* (3 km) mit seiner malerischen Burgruine. Im Ort hinunter ins Tal und – ansteigend – bis zur Höhe (Blick zurück auf die Ruine ist lohnenswert), dann kurz abwärts nach *Sohrschied* (3 km). Wieder ansteigend auf ruhiger Straße nach *Schwerbach* (1 km), dann nochmals über einen kleinen Höhenzug und Abfahrt nach *Oberkirn* (2 km). Im Ort rechts, einem Seitentälchen folgend und über eine Anhöhe, dann Abfahrt nach *Rhaunen* (4 km).

In Rhaunen (Ortsmitte) links die Straße Richtung »Gemünden« einschlagen und in der Talniederung des Hahnenbaches, an *Hausen* (2 km) vorbei bis zum Anstieg auf die Hochfläche und weiter in östlicher Richtung nach *Woppenroth* (4 km), dem »Heimat«-Dorf. Rechts der »Lützel-Soon«, überquert man sodann die Straße Kirn – Kirchberg, und weiter Abfahrt nach *Schlierschied* (3 km). Zunächst eben, dann in einer Serpentine hinunter ins Simmerbachtal nach *Gehlweiler* (4 km). Ein Abstecher über die alte Steinbrücke zum Backhaus und zur Schmiede empfiehlt sich. Zurück zur Hauptstraße, dann rechts, erreicht man nach einigen hundert Metern den »Geologischen Lehrpfad« bei der Kaisergrube, sodann *Gemünden* (2 km).

Zu Tour 38 **Krummenau** (Foto: Heinz-Egon Rösch)

In der Ortsmitte links die Straße – ansteigend, dann abfallend – nach *Panzweiler* (2 km), das aus einigen Gehöften besteht. Am letzten Haus rechts in einer Kurve nach oben, dann links zum Wald auf einem asphaltierten Wirtschaftsweg. Im Walde erreicht man die Höhe, sodann kurze, steile Abfahrt ins Tal zum Hof *Wallenbrück* (2 km). Von hier steigt die ruhige Landstraße wieder an bis nach *Womrath* (3 km). Bald erreicht man *Maitzborn* (2 km) und auf ebener Straße *Kirchberg* (2 km), das schon von weitem auf der Hochfläche des Hunsrücks durch seinen Kirchturm grüßt.

38 Rhaunen – Weitersbach – Krummenau – Horbruch – Forsthaus Hochscheid – Idarkopf – Stipshausen – Rhaunen

Schwierigkeitsstufe IV.
Tourenlänge 28 Kilometer (32 km).
Fahrzeit 3 Stunden (3½ Stunden).
Höhenunterschiede 150 Meter auf 2,5 Kilometer vom Talgrund des Idar-Baches bis hinter Weitersbach; 80 Meter auf 2 Kilometer von Krummenau nach Horbruch; 200 Meter auf 5 Kilometer vom Forsthaus Hochscheid zur Höhe des Idarwaldes. Abstecher zum Idarkopf: 50 Meter auf 2 Kilometer.
Karten 1:50000 L 6108 Bernkastel-Kues; 1:100000 Radwanderkarte Rheinland-Pfalz Blatt West; 1:200000 Generalkarte Blatt 15.
Wissenswertes *Rhaunen* siehe Tour 37. – *Weitersbach,* Hunsrücker Gehöfte mit Fachwerkbauten 18./19. Jahrhundert. – *Krummenau,* alte Steinbrücke mit Uhr »Fünf vor Zwölf«. In der Kirche Ausmalung der Emporenbrüstung. – *Horbruch,* südöstlich von Horbruch im Tal die historische »Berg-Mühle«, Fachwerk, zusammengesetzt aus einer Mühle bei Kirn und hierher transportiert, heute Hotel-Restaurant. – *Idarkopf* mit 745 Metern ein markanter Hunsrückberg mit Quarzitkuppe auf Schiefer. Hoher hölzerner Aussichtsturm inmitten ausgedehnter Wälder. Wintersportgebiet (Abfahrt und Langlauf). – *Stipshausen,* barocke evangelische Kirche, im Innern reich bemalt mit eindrucksvollen Bildern aus dem Leben Jesu, Adam und Eva in bäuerlicher Manier, 1955 freigelegt. Die Decke besteht aus einem bemalten Tonnengewölbe.
Tourenbeschreibung Die Radtour führt im »Naturpark Hunsrück« »Rund um den Idarkopf« und – wer möchte – kann auch auf den Gipfel des 745 Meter hohen, runden Idarkopfes fahren.

Die Radwanderung beginnt in *Rhaunen* (Ortsmitte) in Richtung Krummenau, Horbruch. Dem Tal das Idar-Baches folgen bis – links – zur Straße nach Weitersbach. Dort – ansteigend – in drei Kurven nach *Weitersbach* (4 km). Durch den langgestreckten Ort bis zum Ausgang, dann rechts auf sehr ruhiger Straße durch Felder und Wald bis zur Abfahrt in einer großen Kurve hinunter nach *Krummenau* (4 km). Zunächst im Tal, dann – ansteigend –, links die »Berg-Mühle« hinauf nach *Horbruch* (3 km).

In der Ortsmitte von Horbruch, links, Abfahrt zur *Marienmühle* (1 km), im Tal des Alt-Baches gelegen. Dort, rechts, auf dem Wirtschaftsweg am Waldsaum entlang. Der Weg findet seine Fortsetzung auf einem einfachen Randweg bis zur Straße Hochscheid – Stipshausen. Dieser Straße folgt man – ansteigend – bis zum *Forsthaus Hochscheid* (3 km). Nach etwa 300 Metern rechts abbiegen in die »Zolleich-Schneise« bis zum Ende des angenehmen Forstweges, dann links – ansteigend – zum »Stern« (Kreuzungspunkt mehrerer Waldwege). Dort den zweiten Weg links einschlagen und – weiter ansteigend – hinauf, später in einer großen Kurve, zur Straße Hochscheid – Stipshausen. Dort rechts – geradeaus ansteigend – zur Hunsrückhöhe (693 m) (5 km). (Abstecher: links hinauf zum 745 Meter hohen *Idarkopf* mit Aussichtsturm, 2 km.) Von der Hunsrückhöhe Abfahrt zunächst geradeaus, dann – an den Parkplätzen des Wintersportgebietes vorbei – in Kurven hinunter nach *Stipshausen* (4 km) am Fuß des Idarkopfes. Zum Schluß der sportlich-anstrengenden Fahrt benutzt man die Straße Stipshausen, später – steiler abwärts – nach *Rhaunen* (4 km).

39 Morbach – Forsthaus Morbach – Forsthaus Hinzerath – Hinzerath – Ruine Baldenau – Bischofsdhron – Morbach

Schwierigkeitsstufe II.
Tourenlänge 19 Kilometer.
Fahrzeit 1½ Stunden.
Höhenunterschiede 60 Meter auf 1 Kilometer von der Ortsmitte Morbach zum Forsthaus Morbach, danach allmähliche Steigung 50 Meter auf 2 Kilometer.
Karten 1:50000 L 6108 Bernkastel-Kues; 1:100000 Radwanderkarte Rheinland-Pfalz Blatt West; 1:200000 Generalkarte Blatt 15.
Wissenswertes *Morbach* am Westhang des Hunsrückhöhenzuges ist ein Mittelpunktsort mit guten Erholungsmöglichkeiten. – Ruine *Baldenau,* ehemalige, jetzt wieder gut restaurierte Wasserburg, wurde von Kurfürst Balduin von Trier in der ersten Hälfte des 14. Jahrhundert gegründet. – *Bischofsdhron* Kirche St. Paulinus, barock mit sehr schöner Innenausstattung, Hochaltar Krönung Mariä.
Tourenbeschreibung Von der Ortsmitte Straße Richtung Bruchweiler – ansteigend – bis zum *Forsthaus Morbach* (2 km), dort links am Schild »Forsthaus Hinzerath 6,5 km« einbiegen. Zunächst noch allmählich ansteigend, fährt man dann auf asphaltiertem Waldwirtschaftsweg in gleichbleibender Höhe von 550 Metern, gegen Ende wieder etwas ansteigend, durch herr-

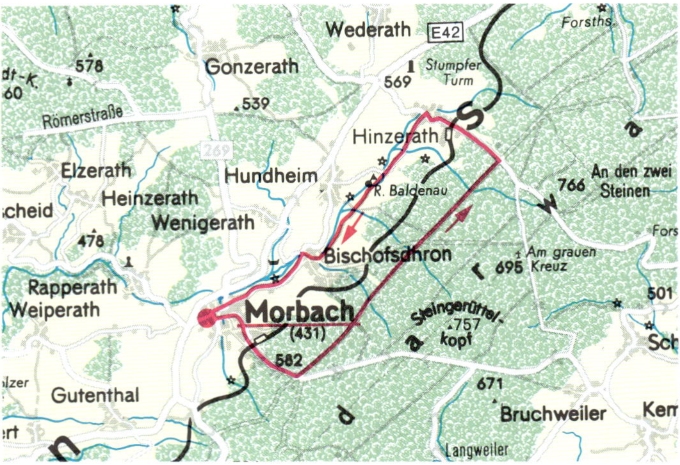

lichen Hochwald zum *Forsthaus Hinzerath* (6,5 km). Nun beginnt die Abfahrt, links, am Forsthaus vorbei und über die ehemalige Bahnlinie der Hunsrückhöhenbahn nach *Hinzerath* 2 km). In der Ortsmitte links abbiegen Richtung Hundheim. Man gelangt durch eine Allee zur *Gipsmühle* (1 km), gleich dabei die *Ruine Baldenau* (0,5 km). Auf gutem Weg geht die Fahrt an der Ruine vorbei direkt nach *Bischofsdhron* (2 km). Auf der linken Seite der Dhron gelangt man wieder zurück nach *Morbach* (2 km).

Bemerkung Die Forstwirtschaftswege des Hunsrückhöhenzuges bei Morbach, zwischen den Wintersport- und Freizeitsportstätten des Idarkopfes (746 m) und Erbeskopfes (813 m), der höchsten Erhebung des Landes Rheinland-Pfalz, und weiter bis nach Hermeskeil und Umgebung, sind zum Teil asphaltiert oder sehr gut befestigt. Sie eignen sich gut für kürzere oder längere Radtouren. Mitunter sind jedoch erhebliche Steigungen zu berücksichtigen. (Karten 1:50000 L 6108 Bernkastel-Kues; L 6308 Idar-Oberstein; L 6306 Trier Pfalzel, örtliche Sonderkarten.)

40 Hermeskeil – Damflos – Züsch – Otzenhausen – Nonnweiler – Sitzerath – Wadrill – Hermeskeil

Schwierigkeitsstufe II/III.
Tourenlänge 36 Kilometer. **Fahrzeit** 4 Stunden.
Höhenunterschiede 80 Meter auf 2 Kilometer von Hermeskeil bis zur Höhe vor Damflos; 80 Meter auf 1,5 Kilometer in Damflos; 50 Meter auf 1,2 Kilometer in Neuhütten (Schmelz); 50 Meter auf 1,2 Kilometer in Nonnweiler; 70 Meter auf 2 Kilometer vor Sitzerath; 90 Meter auf 2 Kilometer vor, in und nach Gusenburg; 70 Meter auf 2 Kilometer vor Hermeskeil.
Karten 1:50000 L 6306 Trier-Pfalzel, L 6308 Idar-Oberstein, L 6506 Lebach; 1:100000 Radwanderkarte Rheinland-Pfalz Blatt West; 1:200000 Generalkarte Blatt 15.
Wissenswertes *Hermeskeil.* Zentraler Ort am Westhang des Hunsrückhöhenzuges. Höhenluftkurort. – *Züsch* spätbarocke Kirche. – Bei *Otzenhausen* auf der Spitze des Dollberges der sogenannte Hunnenring, einer der höchsten und besterhaltensten keltischen Ringwälle bis zu 12 Meter Höhe. – *Nonnweiler* beliebter Fremdenverkehrsort des Saarlandes. Nördlich des Ortes ein großer, dreizipfliger Stausee im Tal der Prims. – *Grimburg,* Burgruine und Dorfbefestigung 14. Jahrhundert.

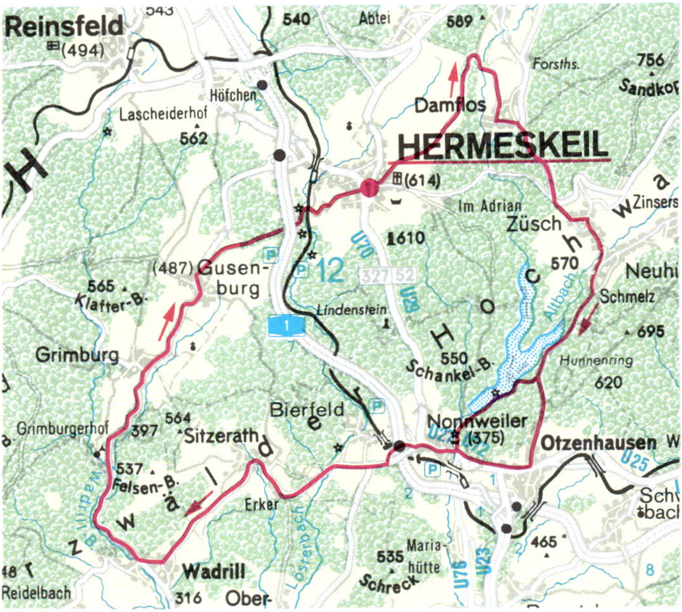

Tourenbeschreibung Vom Ortsmittelpunkt Hermeskeil die Straße durch das Industriegebiet in Richtung Damflos und Abfahrt in das obere Primstal nach *Damflos* (3 km). In Damflos steigt die Straße in mehreren Windungen an, an der Kapelle vorbei, bis zum Gasthaus an der Waldstraße, von dort in südlicher Richtung durch ein größeres Waldgebiet mit Abfahrt nach *Züsch* (4 km). Von der Talsohle Anstieg nach *Neuhütten (Schmelz)* (1 km) und weiter durch den Wald in ruhiger Abfahrt bis zum Parkplatz 2 Kilometer vor Otzenhausen, von wo aus man einen Abstecher (am besten zu Fuß) zum »Hunnenring« einlegen kann. (Vom Parkplatz kann man auch am Gasthaus vorbei hinunter zum *Primstalstausse* fahren [2 km], am Stauwehr vorbei direkt nach *Nonnweiler* [2 km].) Vor *Otzenhausen* (6 km) verläßt man wieder das Waldgebiet und fährt in den Ortsmittelpunkt, biegt dort rechts ab auf die B 52 (mit weiter Fernsicht über das Saarland), der man dann für kurze Zeit, abwärts fahrend, in das Primstal nach *Nonnweiler* (2 km) folgt. Im Tal lohnt sich ein kurzer Abstecher zum Stausee nördlich von Nonnweiler (1 km). Durch den Ort aufwärts, am Ortsende verläßt man die Bundesstraße und überquert beim Gasthaus und Verkehrsverein (schöne Aussicht) die Autobahn Saarbrücken – Trier. In langgezogenen Kurven fährt man auf der »Eichenlaubstraße« zunächst talabwärts, dann wieder – leicht ansteigend – nach *Sitzerath* (5 km). Von hier allmähliche Abfahrt in das Tal des Wadrillbaches nach *Wadrill* (3 km). Im Ort rechts abbiegen und durch das anmutige Tal entlang des Wadrillbaches, unterhalb der Ruine »Grimburg« vorbei, auf sanft ansteigender Straße nach *Grimburg* (5 km), dann steiler aufwärts nach *Gusenburg* (2 km). Nach der Ortsdurchfahrt rechts in die Apfelbaumallee einbiegen und in Richtung Waldspitze zunächst auf asphaltiertem Weg, dann auf befestigtem Weg am Waldrand entlang und in einer Rechtskurve zur Autobahn, unter der man hindurchfährt. Man gelangt auf der anderen Seite zunächst in das Lösterbachtal, um dann nach einem weiteren Anstieg das hochgelegene *Hermeskeil* (5 km) beim Schwimmbad und Schulzentrum zu erreichen.

Hinweis Der neue *Primstalstausee* bei Nonnweiler wird von einem rundumführenden Rad- und Wanderweg begleitet. Er bietet sehr schöne Ausblicke auf den dreizipfeligen See, ist fast eben und 13 Kilometer lang. Zufahrt von Nonnweiler oder vom Parkplatz an der Straße Züsch – Otzenhausen. Hinweisschilder beachten.

41 Kell – Schillingen – Mandern – Zerf – Hentern – Burg Heid – Heddert – Schillingen – Kell

Schwierigkeitsstufe III.

Tourenlänge 38 Kilometer. **Fahrzeit** 3½ bis 4 Stunden.

Höhenunterschiede 50 Meter auf 1 Kilometer zwischen Niederkell und der Höhe vor Mandern; 90 Meter auf 2 Kilometer zwischen Mandern und der Höhe vor Zerf; 50 Meter auf 2 Kilometer nach Hentern Richtung Lampaden; 200 Meter auf 3 Kilometer zwischen Burg Heid und Heddert.

Karten 1:50000 L 6306 Trier-Pfalzel, L 6304 Trier; 1:100000 Radwanderkarte Rheinland-Pfalz Blatt West; 1:200000 Generalkarte Blatt 15.

Wissenswertes *Kell* 1 Kilometer nordwestlich von Kell der Stausee in landschaftlich schöner Lage am Rande des Osburger Hochwaldes (im Gebiet des Röderkopfes, 708 m). – *Burg Heid* neoromantische Burg, 19. Jahrhundert, Privatbesitz.

Tourenbeschreibung Diese Radtour führt durch den Osburger Hochwald, einer vom Tourismus weniger in Anspruch genommenen, jedoch ob ihrer Ruhe und Erholungsfunktionen be-

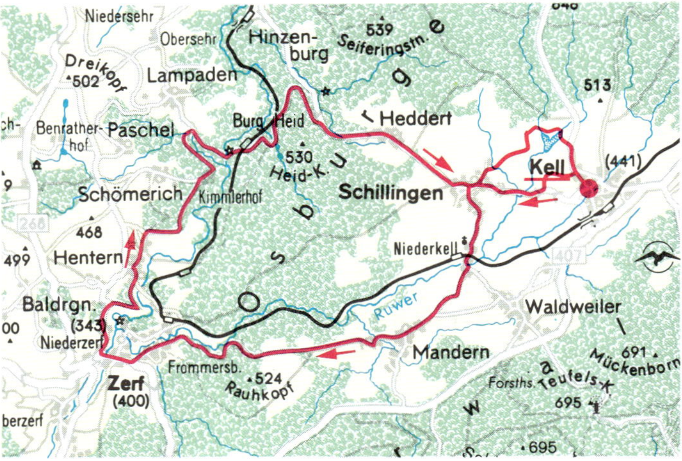

eindruckenden Landschaft. – In *Kell* dem Schild »Freizeitpark« folgen, über eine kleine Anhöhe bis zur Nordspitze des *Stausees* (1,5 km). Man folgt dem Uferweg unterhalb des Feriendorfes, wobei man bei stärkerem Fußgängerverkehr das Rad schieben sollte, bis man zum Kurhotel gelangt. Auf asphaltiertem Weg erreicht man bald die Jugendbildungsstätte, wo man rechts 100 Meter hochfährt, um auf einem Radweg in *Schillingen* (4 km) einzutreffen. In der Ortsmitte schlägt man die Straße abwärts nach *Niederkell* (1 km), dann weiter über eine kleine Höhe nach *Mandern* (2 km). Nach Mandern steigt die Straße zunächst steiler an, dann allmählich – mit schönen Ausblicken – zur Höhe. Abfahrt (mitunter 13%) in das romantische Ruwertal nach *Zerf* (6 km). In der unteren Ortsmitte rechts vor dem Kaufhaus im schönen Wiesengrund nach *Hentern* (2 km). Im Ort Richtung Lampaden – leicht ansteigend – bis zum kleinen Stausee vor Lampaden. Dort rechts (Schild: Schillingen-Kell) wieder hinunter ins Tal der Ruwer, wo man die stillgelegte Bahnlinie Hermeskeil – Trier überquert. Kurz danach gelangt man zur *Burg Heid* (5 km), die in einem Bogen umfahren wird. Dann in einem ruhigen Nebental der Ruwer hinauf zur Straße Trier – Schillingen, die stärker befahren ist. Rechts weiter aufwärts nach *Heddert* (3 km), das auf der Höhe liegt. Zunächst – abfahrend – auf dem Radweg Richtung Kell, im Tal links auf den Zufahrtsweg zum Schwimmbad, das man rechts entlang des Zaunes (Fahrrad schieben) etwa 300 Meter umgeht bis zum asphaltierten Wirtschaftsweg und der Straße, die über eine leichte Höhe nach *Kell* (4 km) zurückführt.

42 Saarbrücken – Güdingen – Kleinblittersdorf – Bad Rilchingen – Sarreguemines (Saargemünd) – Leinpfad entlang der Saar (Sarreguemines, Grosbliederstroff) – Saarbrücken

Vorbemerkung Radwanderung im deutsch-französischen Grenzgebiet, die bei Sarreguemines (Saargemünd) auf die französische Seite der Saar führt. Personalausweis mitnehmen!
Schwierigkeitsstufe I.
Tourenlänge 32 Kilometer.
Fahrzeit 2½ Stunden.
Höhenunterschiede Keine.
Karten 1:50000 L 6708 Saarbrücken-Ost, L 6908 Kleinblittersdorf; 1:200000 Generalkarte Blatt 18.
Wissenswertes *Saarbrücken,* Landeshauptstadt des Bundeslandes Saarland, 200000 Einwohner, Verwaltungs-, Wirtschafts- und Kulturmittelpunkt des Saarlandes. Aus römischer Zeit erge-

Zu Tour 42, 43, 44, 45, 65, 75 **Saarbrücken, Radweg am Saarufer**
(Foto: Heinz-Egon Rösch)

ben sich Funde von einem Römerkastell und der Nachweis eines Mithras-Heiligtums am Halberg. 999 wird eine Burg erwähnt, als Kaiser Otto III. das »castellum Sarabruca« dem Hochstift Metz verlieh. Die Grafen von Saarbrücken beherrschten während des Mittelalters die Gegend und nach ihrem Aussterben gelangte das Land an die weitverbreitete Dynastie von Nassau (Nassau-Saarbrücken). Die Residenzstadt (seit 1321 Stadtrechte) blühte unter dem Patronat der Nassauer auf in Handel und Wirtschaft. Im 19. Jahrhundert entwickelte sich der Kohlenbergbau an der Saar, der die Grundlage für die eisenverarbeitende Industrie wurde. Nach dem 1. Weltkrieg war das Saargebiet bis 1935 vom Deutschen Reich abgetrennt und eine vom Völkerbund eingesetzte Regierungskommission hatte ihren Sitz in Saarbrücken. Im 2. Weltkrieg wurde die Stadt zu zwei Dritteln zerstört. Nach Zeiten der Isolation wurde das Saarland durch Volksentscheid Bundesland (1957). Der wirtschaftliche und kulturelle Aufbau begann wieder (Gründung der Universität 1950), jedoch ist die Krisenabhängigkeit der Eisenindustrie von der Weltmarktlage in jüngster Zeit im Hinblick auf die Arbeitslosenzahl besorgniserregend. Bemerkenswerte restaurierte historische Bauten und Plätze in St. Johann (katholische und evangelische Kirche St. Johann aus der Barockzeit, Fußgängerzone), in St. Arnual (Stiftskirche romanisch-gotisch), das Schloß, teilweise modernisiert, nach den Plänen von Friedrich Joachim Stengel und vor allem der Ludwigsplatz mit den acht Barockbauten und der zentralen Ludwigskirche. – *Brebach* am Fuß des Halberges, 1756 als Schmelz- und Hammerwerk angelegte »Halbergerhütte«. Größte Rohrgießerei. – *Bad Rilchingen* im Saarbogen der südwestlichsten Ecke des Saarlandes gelegener Badeort mit Saline und Kurhaus. – *Sarreguemines (Saargemünd)* an der Einmündung der Blies in die Saar gelegene französische Grenzstadt, gehörte früher den Grafen von Saarbrükken und den Herzögen von Lothringen, von 1871 bis zum 1. Weltkrieg zum ehemaligen Deutschen Reich. Sankt-Nikolaus-Kirche barock-klassizistisch, Keramik- und Fayencefabrikation seit 1780. Museum regional mit prächtigem Fayence-Saal. Eisenindustrie. – *Saar-Kohlen-Kanal* 1862–1866 angelegter Kanal, vorwiegend für den Kohlen- und Eisenerztransport und von Eisenerzeugnissen, mit kleineren Schiffen befahrbar, insgesamt 27 Schleusen auf 64 Kilometer Länge. Das natürliche Ufer der Saar blieb weitgehend erhalten.

Tourenbeschreibung Die Radtour beginnt in Saarbrücken auf dem gut ausgebauten Radweg der westlichen Uferseite der Saar in südlicher Richtung flußaufwärts. Unter der alten Sandstein-

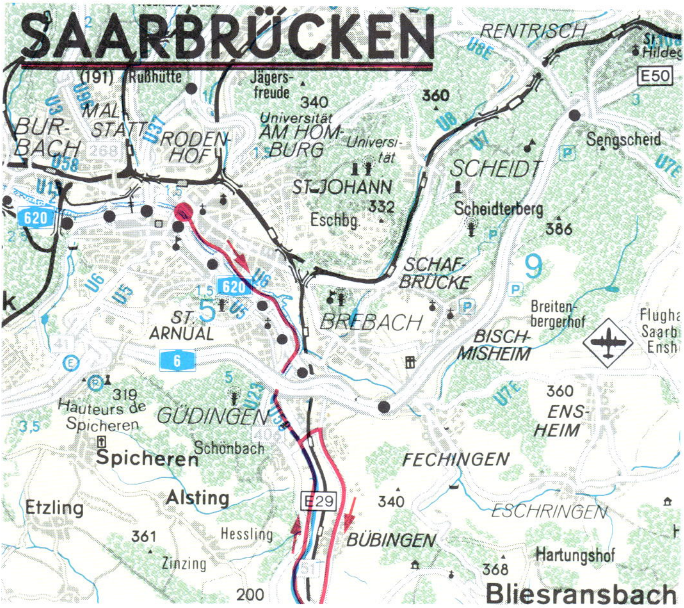
SAARBRÜCKEN
RENTRISCH
E50
(191) Rußhütte
Jägers-
freude
340
360
MAL-
STATT
BUR-
BACH
RODEN-
HOF
Universität
AM HOM-
BURG
Universi-
tät
Sengscheid
SCHEIDT
ST. JOHANN
332
Eschbg.
Scheidterberg
386
620
SCHAF-
BRÜCKE
9
620
Breiten-
bergerhof
ST.
ARNUAL
BREBACH
BISCH-
MISHEIM
6
319
Hauteurs de
Spicheren
GÜDINGEN
360
ENS-
HEIM
Spicheren
Schönbach
FECHINGEN
Etzling
Alsting
E29
340
ESCHRINGEN
361
Hessling
BÜBINGEN
Zinzing
Hartungshof
368
200
Bliesransbach
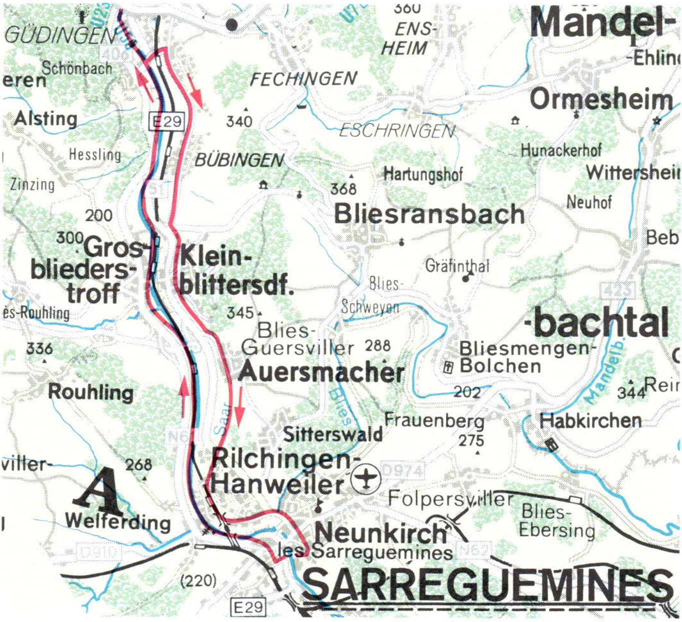
360
ENS-
HEIM
Mandel-
-Ehlin
GÜDINGEN
Schönbach
FECHINGEN
Ormesheim
Alsting
E29
340
ESCHRINGEN
Hunackerhof
Hessling
BÜBINGEN
Hartungshof
Wittershei
Zinzing
368
Neuhof
Bliesransbach
200
300
Gros-
blieders-
troff
Klein-
blittersdf.
Gräfinthal
Blies-
Schweyen
-bachtal
345
Blies-
Guersviller
288
Auersmacher
Bliesmengen-
Bolchen
336
Rouhling
202
344
Habkirchen
Saar
Blies
Sitterswald
Frauenberg
275
268
Rilchingen-
Hanweiler
D974
A
Welferding
Folpersviller
Blies-
Ebersing
Neunkirch
les Sarreguemines
N62
D910
(220)
SARREGUEMINES
E29

Zu Tour 42, 65, 66, 75 **Sarreguimines (Saargemünd), Fayencerie**
(Foto: Heinz-Egon Rösch)

brücke der Saar, später unter den Brücken der Autobahnen hindurch und entlang des Saar-Kohlen-Kanals erreicht man die Brücke, die hinüberführt nach *Güdingen* (6 km). Am Bahnhof von Güdingen folgt man der Ortsverbindungsstraße (Radtour R 5) nach *Bübingen* (2 km), *Kleinblittersdorf* (2 km) nach *Auersmacher* (2 km). Auf dem Wirtschaftsweg rechts beim Ortsausgang gelangt man (R 5 folgend) nach *Bad Rilchingen* (2 km), wo man von der B 51 rechts abbiegt, um durch die Ortsstraßen, zunächst über die Eisenbahnlinie, dann unter der Eisenbahnlinie hindurch nach *Hanweiler* (1 km) zu fahren. Dort erreicht man den Grenzübergang (Ausweis bereithalten, Radfahrer werden aber in der Regel nicht angehalten). Über die Brücke der Blies gelangt man in die französische Stadt *Sarreguemines (Saargemünd)* (1 km). Dort fährt man über die zweite Saarbrücke, dann zum Saarufer, um auf dem »Leinpfad« saarabwärts zu fahren. Malerisch liegen hier an der Einmündung der Blies in die Saar die Saarkähne vor Anker. Entlang des teilweise gut ausgebauten, teilweise etwas holprigen Leinpfades fährt man in nördlicher Richtung auf der französischen Seite der Saar Richtung Saarbrücken. Die Fahrt auf dem Leinpfad gehört zu den schönsten Eindrücken einer Radwanderfahrt mit malerischer Uferböschung, Schleusen aus Buntsandstein und kleineren Transportschiffen. Auf der französischen Seite der Saar berührt man auf dem Leinpfad nur am Rande die Ortschaften *Welferding* (2 km), *Grosbliederstroff* (6 km) und *Unner* (4 km), um bei dem letztgenannten Ort – ohne es zu bemerken – die französisch-deutsche Grenze zu passieren, lediglich die französischen runden Schilder »Interdite a tous véhicules« haben sich in deutsche rechteckige Schilder »Frei für Fußgänger und Radfahrer, keine Mofas« verwandelt. Weiter geht es nun wieder in Deutschland dem Leinpfad der Saar entlang, der beim Stadtteil *St. Arnual* (3 km) direkt in das Zentrum der Landeshauptstadt *Saarbrücken* (1 km) führt.

43 Saarbrücken – Stangenmühle – Klarenthal – Großrosseln – Karlsbrunn – Lauterbach im Warndt – Ludweiler-Warndt – Geislautern – Stangenmühle – Leinpfad am Saarufer – Saarbrücken

Schwierigkeitsstufe II/III.
Tourenlänge 49 Kilometer. **Fahrzeit** 4 bis 5 Stunden.
Höhenunterschiede 40 Meter auf 1 Kilometer vom Leinpfad an der Saar bei »Stangenmühle« nach Klarenthal; 100 Meter auf 2,5 Kilometer hinter Klarenthal durch den Staatsforst Saarbrükken; 50 Meter auf 3 Kilometer von Emmersweiler nach Karlsbrunn; 70 Meter auf 2 Kilometer hinter Karlsbrunn Richtung Lauterbach im Warndt.
Karten 1:50000 L 6706 Saarbrücken-West; L 6906 Lauterbach im Warndt; 1:200000 Generalkarte Blätter 15 und 18.
Anmerkung Diese Radwanderung ist auch von *Völklingen* aus durchführbar. Die Tour führt dann von Völklingen über die Saarbrücke nach den Stadtteilen *Wehrden* und *Geislautern* und auf den Radweg nach *Velsen,* wo der Anschluß an die Tour 64 in Richtung Großrosseln erfolgt. ... In Wehrden dann wieder zurück über die Saar nach Völklingen. Tourenlänge etwa 25 Kilometer.
Wissenswertes *Saarbrücken* siehe Tour 42. – *Karlsbrunn* früher eine Glashütte, gegründet 1717. Fürst Ludwig von Nassau-Saarbrücken ließ hier 1783–1786 sein dreiflügeliges Jagdschloß nach Plänen von Balthasar Wilhelm Stengel bauen, heute Försterei. Wildfreigehege. – *Warndt* Großes Waldgebiet westlich von Saarbrücken-Völklingen mit reichen Steinkohlevorkommen (Fettkohle). Der landschaftlich harmonische Waldcharakter blieb weitgehend erhalten.
Tourenbeschreibung Die Fahrt in das hügelige Waldgebiet Warndt beginnt in *Saarbrücken* auf dem »Leinpfad« (Wasser-

Berus
Bisten
Überherrn
Friedrichweiler
Wadgassen
Schaffhausen
Hostenbach
Werbeln
VÖLKLINGEN
SAARBRÜCK
Differten
GEISLAUTERN
WEHRDEN
FÜRSTENHSN.
FENNE
GERSWEILER
KLARENTHAL
LUDWEILER-WARNDT
Creutzwald
Gr.-Rosseln
Dorf im Warndt
Pite
Rosselle
FORBACH
Stiring-Wendel
Schoeneck
Emmerswlr.
St.Nikolaus
Karlsbrunn
l'Hôpital
Marienau (210)
Spicheren
GÜDINGEN
ST. ARNUAL
Alsting
Etzling
Oeting
Morsbach
Rosbruck
Marhof
Sandhof
Häsfeld
Sand
St. Martin
Linslerhof
Ritterstraße
Jakobshütte
Rußhütte
Herrensohr
Neuhaus (Saar)
HEIDSTOCK
ALTENKESSEL
LUISENTHAL
BURBACH
MALSTATT
RODENHOF
Rockershsn.
Ottenhsn.
GERSWEILER
Krughütte
Vieille Verrerie
St Charles
Hauteurs de Spicheren
Schönbach
Hessling
Zinzing
LAUTERBACH
Mühlen-B.

wirtschaftsweg) entlang der Saar flußabwärts am linken Saarufer. Der Weg ist in guter Verfassung. Wenn die Saar Hochwasser führt, steht der Leinpfad (samt daneben verlaufender Stadtautobahn) unter Wasser. Trotzdem ist bei günstigem Wasserstand der Saar eine Fahrt auf dem Leinpfad interessant, zumal auch hier die Uferlandschaft noch bemerkenswert schöne Flekken zeigt, wenn auch auf dem gegenüberliegenden Saarufer die großen Eisenwerke von Röchling-Burbach massiv in die Landschaft eingreifen. Man biegt kurz vor der Luisenthaler Brücke links ab und unter der Autobahn A 620 hindurch, die fast die ganze Fahrt bisher an der Saar entlang zog, gelangt auf die Landstraße, dann rechts etwa 200 Meter und links abbiegend, über die Bahnlinie, aufwärts nach *Klarenthal* (1 km). In Klarenthal rechts in Richtung »Großrosseln« abbiegen und vom Waldrand hinter dem Ort – ansteigend – durch den Staatsforst Saarbrücken bis zur Höhe 320 Meter, dann abwärts in das Tal der Rossel, das man bei der Grube *Velsen* (7 km) erreicht. Talaufwärts nach *Großrosseln* (2 km) bis *Emmersweiler* (3 km) und dort rechts in das kleine Bachtal abbiegen, das nach *St. Nikolaus* (3 km) und in das idyllisch gelegene *Karlsbrunn* (1 km) führt. Hinter Karlsbrunn steigt die schmale Straße wieder steiler an und in vielen Windungen geht die Fahrt durch den Warndt, vorbei an dem neuen Förderturm der Grube Warndt bis zur Höhe 308 Meter und dann wieder abwärts nach der Rodungsinsel *Lauterbach im Warndt* (6 km). In der Ortsmitte von Lauterbach rechts abbiegen und durch das *Lauterbachtal* in Richtung Völklingen nach *Ludweiler-Warndt* (6 km) und im Tal der Rossel nach *Geislautern* (3 km). (Man kann in Lauterbach im Warndt auch geradeaus fahren Richtung Creutzwald, biegt aber etwa 300 Meter vor der Grenze rechts ab, um auf schönen Waldwegen im Bogen durch den Warndt zu fahren, wobei man am Parkplatz Wolfschneise die Straße überquert. Auf erholsamem Waldwirtschaftsweg dann ebenfalls nach *Ludweiler-Warndt* [8 km].)

Nach Geislautern unter der Autobahn und der Bahnlinie hindurch, nach Wehrden und danach scharf rechts abbiegen in Richtung Klarenthal – Fenne und sofort wieder über die Autobahn und die Bahnlinie nach *Fürstenhausen* (2 km). Weiter in östlicher Richtung am Kraftwerk Fenne vorbei zwischen Autobahn und Eisenbahnlinie nach dem Klarenthaler Ortsteil *Stangenmühle* (3 km) bis zur Luisenthaler Brücke, die man links liegen läßt. Nach einigen Häusern auf der linken Straßenseite einbiegen und durch die kleine Unterführung der Autobahn wieder zum Leinpfad an der Saar. Wie gekommen, so jetzt wieder zurück auf dem Leinpfad nach *Saarbrücken* (6 km).

44 Saarbrücken – Rußhütte – Steinbachweiher – Steinbachtal – Riegelsberg – Von der Heydt – Burbach – Saarbrücken

Schwierigkeitsstufe III.
Tourenlänge 20 Kilometer.
Fahrzeit 2 Stunden.
Höhenunterschiede 180 Meter auf 3 Kilometer von Steinbachweiher bis Riegelsberg.
Karten 1:50000 L 6706 Saarbrücken-West; 1:200000 Generalkarte Blatt 15.
Wissenswertes *Saarbrücken* siehe Tour 42. – *Von der Heydt* Bergwerksmuseum. – *Staatsforst Saarbrücken* (nördlicher Teil) größeres zusammenhängendes Waldgebiet mit ehemaligem Steinkohlenbergbau, stillgelegten Schächten und reizvollen Waldtälern.
Tourenbeschreibung Vom Zentrum von *Saarbrücken* unter der Bahn beim Hauptbahnhof Saarbrücken hindurch in Richtung Fischbach und Quierschied, zunächst nach dem Stadtteil *Rußhütte* (2 km). Weiter im Fischbachtal aufwärts und unter der Bahnlinie hindurch bis, gleich links, zum Parkplatz am *Steinbachweiher* (2 km). Am nördlichen Rande des Weihers entlang zieht der Weg in einer Rechtskurve und dann an weiteren kleineren Weihern vorbei durch das liebliche Steinbachtal. Der Waldweg ist mit einer wassergebundenen Decke versehen, auf

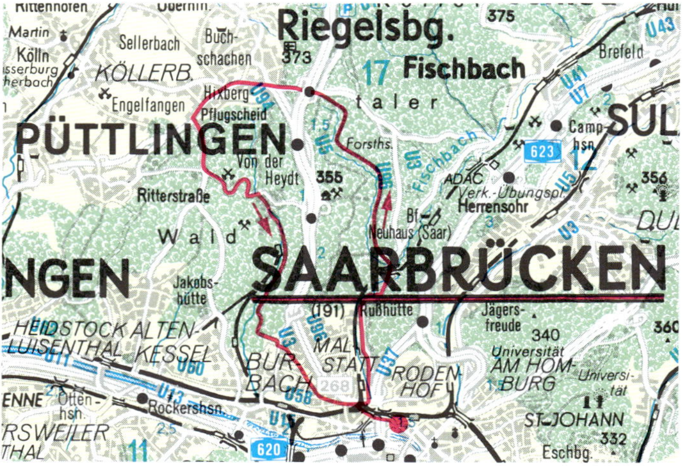

der man durchaus mit einem Tourenrad fahren kann. Er wird jedoch mitunter recht steil, so daß Radfahrer mit weniger Kondition das Rad schieben und wandern sollten. Der Waldweg endet auf der Höhe kurz vor der Autobahn A 1, unter der man hindurchfährt, um bald danach beim Soldatenfriedhof *Riegelsberg* (5 km) zu erreichen. Von hier aus hat man bei günstiger Witterung eine weite Sicht über das Saarland. An der Kirche von Riegelsberg links abbiegen nach dem Ortsteil *Pflugscheid* (1 km), wo man die Straße Richtung Burbach einschlägt. Man folgt dieser Straße – abwärts – durch den Wald, bis zur Abzweigung (links) nach *Von der Heydt* (3 km) im Burbacher Tal. Dort kann auch ein Bergwerkmuseum besichtigt werden mit ausführlichen Erklärungen zum Steinkohlenbergbau. Im Tal dann weiter – abwärts – zum langgezogenen *Burbacher Weiher* (2 km) und nach *Burbach* (2 km). Nördlich der Bahnlinie dann wieder zurück nach dem Zentrum von *Saarbrücken* (3 km).

45 Saarbrücken – Universität – Scheidt – St. Ingbert – Sengscheid – Grumbachtal – Saarbrücken

Schwierigkeitsstufe II.
Tourenlänge 20 Kilometer. **Fahrzeit** 2 Stunden.
Höhenunterschiede 30 Meter auf 1 Kilometer vom Rotenbühl im Saarbrücker Stadtwald Richtung Universität; 40 Meter auf 1,2 Kilometer in St. Ingbert Richtung Autobahn und Sengscheid.
Karten 1:50000 L 6708 Saarbrücken-Ost; 1:200000 Generalkarte Blätter 15 und 18.
Wissenswertes *Saarbrücken* siehe Tour 42. – *Universität* eine Campus-Universität im Stadtwald außerhalb von Saarbrücken gelegen. 1950 gegründet, besonders um die Deutsch-Französische Begegnung und den kulturellen Austausch bemüht. Neben der Universität in Richtung Stadt Saarbrücken befindet sich die Sportschule des Saarlandes mit der Max-Ritter-Schule des Deutschen Schwimmverbandes. – *St. Ingbert* soll im 6. Jahrhundert von dem Missionar Ingobert gegründet worden sein. Kohleabbau seit dem 17. Jahrhundert. 1732 wurde das erste kleinere Eisenwerk gegründet. Gemälde von Max Slevogt und Albert Weißgerber (hier geboren) im Kulturhaus der Stadt.
Tourenbeschreibung Vom Stadtinneren *Saarbrückens* durch die Martin-Luther- und die Scheidter Straße zum Stadtteil *Ro-*

SAARBRÜCKEN
PÜTTLINGEN
SULZBACH
ST. INGBERT
Riegelsbg.
Fischbach
Elversbg.
Spiesen-
DUDWLR.
RENTRISCH
St. Hildegard
SCHEIDT
Scheidterberg
ST. JOHANN
Eschbg.
Universität AM HOMBURG
RODENHOF
MALSTATT
BURBACH
SCHAFBRÜCKE
BREBACH
ST. ARNUAL
GÜDINGEN
BISCHMISHEIM
Flughafen Saarbrücken Ensheim
HASSEL
Reichenbrunn
Sengscheid
OBERWÜRZB.
NIEDERWÜRZBACH
Hecken-dalheim
Ommersheim
Mandel-
BLIESKAS
Schoeneck
Stiring-Wendel
GERSWEILER
Herrensohr
Jägersfreude
Rußhütte
ROHRBACH
Klingerkopf
E50

tenbühl (2 km). An dem Karussell den zum Wald gelegenen Ausgang wählen und scharf links dem asphaltierten Waldweg entlang – leicht ansteigend – bis zur Schutzhütte, dann ein wenig abwärts bis zum ersten Waldweg, der links zur Sportschule des Saarlandes mit den Sportanlagen führt. Durch das Areal der Sportstätten der Sportschule und der Universität hindurch gelangt man sogleich zur *Universität* (2 km) des Saarlandes. (Man kann auch von der Stadt aus dem Schild »Universität« folgen, da inzwischen die Hälfte des Weges eigene Fahrradwege besitzt.) Durch das Gelände der Universität Richtung Mensa und rechts auf der stillgelegten Straße zum »Stuhlsatzenhaus«, dann rechts auf dem Radweg gelangt man zum Ortseingang von *Scheidt* (2 km). Hier folgt man links dem Schilde zum »Friedhof« und am Friedhof vorbei auf einem schmalen Weg zwischen Eisenbahn und Bergansatz nach *Rentrisch* (2 km). In Rentrisch unter der hohen Talbrücke hindurch und kurz danach rechts in eine Straße des Neubaugebietes, die bis zum eingezäunten Gelände einer großen Fabrik führt. Hier biegt man links ein in die Bundesstraße B 40, um dann auf dem schmalen Radweg dieser Straße in östlicher Richtung nach *St. Ingbert* (2 km) zu fahren. Im Ortsmittelpunkt vor der Fußgängerzone rechts in einer spitzen Kurve aufwärts – ansteigend – zur Autobahnauffahrt. An der Autobahn E 12 dem Schild »Sengscheidt« folgen nach dem Ort *Sengscheidt* (2 km) selbst. Hier nach rechts unten in das *Grumbachtal,* das unter der hohen Talbrücke der Autobahn

(Foto: Ulrich Schnabel)

E 12 hindurchführt. Der Radwanderweg zieht zwischen dem letzten Pfeiler und der Brückenwand hindurch, immer dem Talgrund folgend, an kleinen reizvollen Weihern und an Pferdekoppeln und einem Altenheim vorbei, bis man schließlich in *Schafbrücke* (5 km) wieder das Scheidter Bachtal erreicht. Von hier aus am Nordhang des Halbergs vorbei nach St. Johann und *Saarbrücken* (2 km) zurück.

46 Völklingen – Geislautern – Ludweiler-Warndt – Weiherdamm – Warndtweiher – Friedrichsweiler – Werbeln – Völklingen

Schwierigkeitsstufe II.
Tourenlänge 24 Kilometer. **Fahrzeit** 2 Stunden.
Höhenunterschiede Hügeliges Waldgelände mit leichten Höhenunterschieden von 25 Meter im Warndt zwischen Weiherdamm, Warndtweiher und Friedrichsweiler; 50 Meter auf 1,5 Kilometer zwischen Werbeln und Wehrden.
Karten 1:50000 L 6706 Saarbrücken-West; 1:200000 Generalkarte Blatt 15.
Anmerkung In Verbindung mit Radwanderung Nr. 43 Saarbrücken – Karlsbrunn – Lauterbach im Warndt läßt sich auch diese Radwanderung kombinieren, dann: Lauterbachtal bis

Zu Tour 48 **Saarwellingen, Wildpark** (Foto: Heinz-Egon Rösch)

Lauterbach, links nach Karlsbrunn und durch das Tal der Rossel zurück nach Völklingen, aber auch umgekehrt von Völklingen durch das Tal der Rossel nach Karlsbrunn und Lauterbach, dann Anschluß an Radwanderung Nr. 46 und über Warndtweiher, Friedrichweiler usw. zurück nach Vöklingen.

Wissenswertes *Völklingen* war bis in das 19. Jahrhundert hinein ein kleines Bauerndorf. Durch die Eisenindustrie wuchs es schnell zu einer mittleren Industriestadt heran. – *Warndt* siehe Tour 43.

Tourenbeschreibung Vom Zentrum von *Völklingen* über die Brücke der Saar zu den westlichen Stadtteilen *Wehrden* (1 km) und *Geislautern* (1 km) und vom Tal der Rossel in das Lauterbachtal nach *Ludweiler-Warndt* (3 km). Dort nimmt man in der Ortsdurchfahrt den Radweg entlang des Lauterbaches links abseits von der Hauptstraße. Von hier Richtung Lauterbach bis zum Waldbeginn am *Weiherdamm* (3 km). Hier rechts in den Wald einbiegen und auf einer kurvenreichen und welligen aber landschaftlich reizvollen Waldstraße zum *Warndtweiher* (3 km) inmitten des Waldes. Weiter geht die Fahrt auf nun breiterer Straße bis zum Ausgang des Waldes, wo man rechts abbiegt nach *Friedrichsweiler* (4 km). Weiter in östlicher Richtung nach

Differten (2 km). Entlang des Baches Bist erreicht man *Werbeln* (2 km), um am Ortsausgang rechts auf der neuen Straße über einen Hügel hinweg nach *Hostenbach* (2 km), dort auf der Hauptstraße rechts nach *Wehrden* (1 km) zu fahren. Von Wehrden wieder über die Brücke der Saar nach *Vöklingen* (2 km) zurück.

47 Saarlouis – Neuforweiler – Berus – Europäerdenkmal – Ittersdorf – Leidingen – Ihn – Rammelfangen – St. Barbara – Wallerfangen – Saarlouis

Schwierigkeitsstufe III.
Tourenlänge 33 Kilometer.
Fahrzeit 4 Stunden.
Höhenunterschiede 160 Meter auf 2 Kilometer von Sand nach Berus bis zum »Europäerdenkmal«; 150 Meter auf 3 Kilometer von Ihn über Rammelfangen bis vor Gisingen.
Karten 1:50000 L 6706 Saarbrücken-West, L 6704 Hemmersdorf; 1:200000 Generalkarte Blatt 15.
Anmerkung In der Ortsverbindung von Saarlouis und Dillingen entlang der Saar – kann die Radtour von beiden Orten aus unternommen werden.
Wissenswertes *Saarlouis* eine ehemalige Festungsstadt, die vom »Sonnenkönig« Ludwig XIV. von Frankreich zum Schutze seiner Besitzungen und als Ausgangspunkt seiner Eroberungszüge an die Mosel und die Pfalz in den Jahren 1680 bis 1686 von seinem Festungsbaumeister Thomas de Choissy mit zahlreichen Bastionen und Schanzen mit sechseckigem Grundriß und rechtwinkeligen Straßenzügen angelegt wurde. Heute Verwaltungsmittelpunkt, desgleichen ein großes Automobilwerk. – *Berus* ist ein weit in die Landschaft ragendes Bergstädtchen mit Gebäuden aus dem 18. Jahrhundert. Die Kirche St. Martin ist innen sehr harmonisch in barocken Formen gestaltet. – *Europäer-Denkmal* auf der Höhe oberhalb von Berus gelegene Gedenkstätte »Den großen Europäern Alcide de Gasperi, Robert Schuman und Konrad Adenauer« gewidmet. Weite Sicht nach Frankreich und über das Saarland. Daneben Wetterwarte. – *St.-Oranna-Kapelle* im Wald gelegene ehemalige Kirche eines untergegangenen Dorfes, frühgotischer Chor. – *St. Barbara* zur Römerzeit bereits ein Kupferbergwerk (weißes Hinweisschild im Ort). Bergstädtchen. – *Wallerfangen* Schloß Villeroy (18. Jahrhun-

Zu Tour 47 **Berus, Europäerdenkmal** (Foto: Heinz-Egon Rösch)

SAARLOUIS
DILLINGEN
Saarwellingen
Wallerfangen
Ensdorf
Schwalbach
Hülzweiler
Schwarzenholz
Fraulautern
Roden
Lisdorf
Neuforweiler
Altforweiler
Felsberg
Berus
Bisten
Überherrn
Bous
Wadgassen
Hostenbach
Schaffhausen
Völklingen
Bouzonville (Busendorf)
Alzing
Villing
Voelfling-lès-Bouz.
Ittersdorf
Bedersdf
Leidingen
Ihn
Heining-lès-Bouzonville
Aideling-lès-B.
Benting
Rammelfangen
Gisingen
Hemmersdorf
Niedaltdorf
Neunkirchen-lès-Bouzonville
Remeldorff
Niedwelling
Guerstling
Kerlingen
Düren
St. Barbara
Oberfelsberg
Unterfelsberg
Picard
Neuhof
Holzmühle
Sablonhof
Sandhof
Häsfeld
Sand
St. Martin
St. Oranna
Berviller-en-Moselle
Merten
la Schmelz
Linslerhof
Griesborn
Elm
Knausholz
Morgenstern
Derlen
Sprengen
Rittenhof
Herchenbach
Kölln
Wasserburg
Bucherbach
Labach
Labacher Hof
Obersalbach
Kurhof
Pachten
Itzbach
Heßmühle
Oberlimbg.
Hof Limberg
Tufthöhle
Schießstand
Beaumarais
Raths.
Herrm.-Röchling-Höhe
Saar
Nied
Bist
Prims
Echternach
Grengewald
Rammeldange
Oberanven
Waldhaff
Senningen
Heienhaff
Parishaff
Metz
Grevenmacher
E29
E44
620
8
269
D918

dert) und Schloß der Familie von Papen (19. Jahrhundert) mit jeweils schönen Parkanlagen.

Tourenbeschreibung Vom Verteilerring in *Saarlouis* zunächst in westlicher Richtung entlang der B 269 und unter der 620 hindurch, dann links abbiegend nach *Neuforweiler* (3 km) und am Ortsrand von Altforweiler vorbei mit Blick auf das markante Bergstädtchen Berus nach *Altforweiler* (3 km). Hier beginnt der steile Aufstieg nach *Berus* (1,5 km), das man nach einer großen Kurve erreicht. Von hier aus in westlicher Richtung – weiter ansteigend – zum *»Europäerdenkmal«* (0,5 km), von wo aus man eine weite Aussicht genießen kann. Am Café vorbei Abfahrt zu der in einem Wäldchen gelegenen *Kapelle St. Oranna* (1 km) unweit der französischen Grenze. Von dort in einer Kurve zur Hauptstraße, in die man in Richtung der weitragenden Sendemasten des Senders Europa I einbiegt. Über kleinere Bodenerhebungen geradeaus weiter zur Bundesstraße B 269, die man überquert nach *Ittersdorf* (3 km). In Ittersdorf links abbiegen auf die Bundesstraße B 405, der man in westlicher Richtung bis kurz vor die deutsch-französische Grenze folgt. Dort biegt man rechts ab in das Tal des Ihner Baches mit seiner Apfel- und Birnbaumallee. Die ruhige Straße führt zunächst nach *Leidingen* (5 km) und weiter im Tal am Hubertushof vorbei nach *Ihn* (3 km), dem Ort, der dem Tal seinen Namen gab. Im Ortsmittelpunkt rechts im bewaldeten Seitental nach *Rammelfangen* (2 km) und – weiter ansteigend – nach *Giesingen* (2 km). In Gie-

Zu Tour 47 **Berus, Kapelle St. Oranna** (Foto: Ulrich Schnabel, DWV-Archiv)

singen geradeaus und weiter in östlicher Richtung nach *St. Barbara* (3 km). Von hier aus eine gute Aussicht auf die einzelnen Bergvorsprünge, die in das breite Tal der Saar hervorragen, sodann in Serpentinen abfahrend nach *Wallerfangen* (2 km). In Wallerfangen trifft man auf den kleinen Park des Schlosses Villeroy, wo man links in Richtung Dillingen fahren kann, oder rechts auf dem Radweg geradeaus nach *Saarlouis* (4 km).

48 Dillingen – Saarwellingen – Hoxberg – Knorscheid – Körprich – Dillingen

Schwierigkeitsstufe II/III.
Tourenlänge 24 Kilometer. **Fahrzeit** 2 bis 2½ Stunden.
Höhenunterschiede 200 Meter auf 3,5 Kilometer vom Tal des Hessbaches bis zur Höhe hinter Hoxberg.
Karten 1:50000 L 6504 Merzig; L 6506 Lebach; 1:200000 Generalkarte Blatt 15.
Wissenswertes *Dillingen,* Industrie- und Hafenstadt. Hier endet der (vorläufige) Ausbau der Saar in einem großangelegten Hafen. Eisenwerke. – *Saarwellingen.* Der Ort war im 18. Jahrhundert im Besitz der Grafen von Wied-Runkel (Lahn). Das umgebaute Schloß ist heute Rathaus.
Tourenbeschreibung Vom Bahnhof Dillingen dem Schild Richtung »Saarlouis« folgen auf dem Radweg der B 51, dann am Eisenwerk unter der Straße hindurch links zum Industriegebiet und den Einkaufsmärkten. Radweg entlang der Industriestraße,

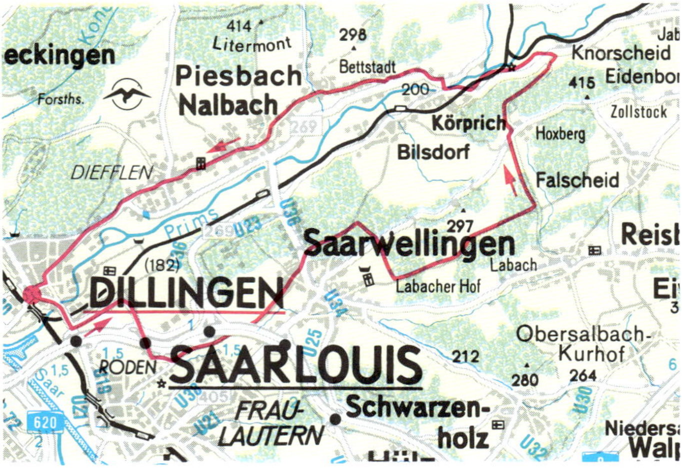

die sich in einem Bogen nach Süden wendet. Unter der Autobahn hindurch bis zum Ortseingang von *Roden* (3 km). Nach links etwa 200 Meter bis zum Scheitelpunkt der Kurve und dort in den asphaltierten Weg mit dem Schild »Lebenshilfe« einbiegen. Auf ruhigem Weg geradeaus, unter der Autobahn hindurch in einem Tälchen nach *Saarwellingen* (3 km).

In Saarwellingen geradeaus durch die Friedrichstraße und die Sonnenstraße, dann links in die Dahlienstraße (Sackgasse) und auf einer Fußgängerverbindung gelangt man zur Goethestraße. Rechts ab zur Bilsdorfer Straße, dort links hoch zum Ortsrand. Man folgt nun dem Schild »Schwimmbad«. Am Schwimmbad links vorbei und auf schönem Waldweg geradeaus und am Eichenwaldrand entlang zum *Wildpark* (2 km). Bald danach überquert man die Landstraße (Vorsicht!) zur *Saarwaldhütte* (1 km) am Heßbach. Man folgt nun auf einem Waldwirtschaftsweg dem Saar-Mosel-Wanderweg (roter Punkt) bis zur »Dicken Eiche«, biegt links ab und fährt – ansteigend – im Verlauf des Bachtales durch Wiesen und Wald bis zur Straße Labach – Hoxberg, in die man links einbiegt. Weiter ansteigend auf dieser Straße nach *Hoxberg* (4 km).

In Hoxberg links die Knorscheider Straße kurz hoch fahren bis zum Motorrad-Cross-Platz. Von dort auf asphaltierter Waldstraße in bequemen Kurven Abfahrt nach *Knorscheid* (2 km). Dort links auf dem vorzüglichen Radweg der B 269 nach *Körprich* (2 km). In Körprich rechts ab – dem Radwegeschild R 9 folgend – durch die ruhigeren Ortsstraßen im Tal der Prims nach *Piesbach* (2 km), *Nalbach* (1 km), *Diefflen* (2 km) zurück nach *Dillingen* (2 km).

49 Merzig – Beckingen – Honzrath – Hargarten – Losheim – Jungenwäldchen – Brotdorf – Merzig

Schwierigkeitsstufe II/III.
Tourenlänge 38 Kilometer.
Fahrzeit 3½ bis 4 Stunden.
Höhenunterschiede 140 Meter auf 3 Kilometer von Risserthal bis zur Höhe vor Losheim.
Karten 1:50000 L 6504 Merzig, L 6706 Saarbrücken West, L 6506 Lebach; 1:200000 Generalkarte Blatt 15.
Anmerkung Diese Radwanderung schließt an die Radwanderung Nr. 60 Losheim an, so daß man aus dem Saartal von Mer-

zig und Beckingen aus über Losheim zum Freizeit- und Erholungsgebiet des Losheimer Stausees und zum Schwarzwälder Hochwald – mit Scheiden und Waldhölzbach als Luftkurorte – und in die Waldgebiete des Hunsrücks gelangen kann.

Wissenswertes *Merzig* bestand vermutlich schon zur Römerzeit als eine Ansiedlung (»Martiacum«) und gehörte über viele Jahrhunderte in einer Gemeinherrschaft (Condominium) zu Lothringen und zu Kurtrier. Die ehemalige Stiftskirche St. Peter entstand in der Mitte des 12. Jahrhunderts, war zunächst ein Augustiner-Chorherrenstift und wurde dann Propsteikirche der Prämonstratenser. Bemerkenswert ein Chorbogen-Kruzifix aus dem frühen 14. Jahrhundert. Das jetzige Rathaus war ein Jagdschloß des Trierer Kurfürsten und wurde 1647–1650 erbaut. Weitere Barockhäuser im Stadtinnern. – *Beckingen,* jahrhundertelang Sitz einer Deutschordenskomturei. *Losheim mit Losheimer Stausee* siehe Tour 60.

Tourenbeschreibung Am Saarufer in *Merzig* auf dem Radweg R 12 entlang der Saar unterhalb von *Saarfels* (7 km) vorbei nach *Beckingen* (3 km). Dort folgt man dem Schild »Losheimer Stausee«. Im Tal des Mühlenbaches auf der linken Talseite zunächst nach *Haustadt* (3 km) und weiter in nördlicher Richtung nach *Honzrath* (2 km), *Erbringen* (1 km), *Hargarten* (1 km) bis zum Quellgebiet des Mühlenbaches in *Rissenthal* (2 km). Hier steigt die Straße (bis zu 13%) zur Hochfläche vor Losheim, wo sich kurz vor dem Ort noch eine kleine Erhebung dazwischenschiebt. Sodann Abfahrt nach *Losheim* (5 km) mit Blick auf das Freizeit- und Erholungsgebiet des Losheimer Stausees und den Schwarzwälder Hochwald im Hintergrund. In Losheim folgt man dem Schild »Losheimer Stausee« zum Freizeit- und Erholungsgebiet (2 km), das man auch mit dem Rad umrunden kann. Südlich des Sees fährt man dem Schild »Merzig« nach zunächst auf einem Radweg bergab in das *Seffersbachtal.* Weiter nach *Jungenwäldchen* (6 km) und rechts nach *Brotdorf* (1 km). In Brotdorf geradeaus durch die Brühlstraße und der Radtourenempfehlung R 8 folgend auf ruhiger Ortsstraße nach *Merzig* (5 km), das man bei der Keramikfabrik von Villeroy & Boch erreicht.

Zu Tour 50, 68, 70, 75 **Saarschleife bei Mettlach** (Foto: Heinz-Egon Rösch)

50 Mettlach – Saarschleife – Dreisbach – Besseringen – St. Gangolf – Mettlach

Schwierigkeitsstufe II.
Tourenlänge 18 Kilometer. **Fahrzeit** 1½ Stunden.
Höhenunterschiede 90 Meter auf 2 Kilometer von Besseringen bis hinter St. Gangolf.
Karten 1:50000 L 6504 Merzig; 1:200000 Generalkarte 15.
Wissenswertes *Mettlach,* über 1100 Jahre lang berühmte Benediktinerabtei, die Stiftung eines adeligen Franken Luitwin im letzten Jahrzehnt des 7. Jahrhunderts. Aus dem 18. Jahrhundert stammen die Barockbauten aus gelblich-rotem Buntsandstein. Der achteckige »Alte Turm« im Garten der Abtei ist um 1000 entstanden. Die Pfarrkirche St. Luitwin ist neuromanisch. Die Stadt wird seit dem frühen 19. Jahrhundert geprägt durch die Keramikfabrik Villeroy & Boch, die in den alten Abteigebäuden 1809 ihre weltweit berühmte Fabrikation aufnahm. Im »Ziegelberg-Schlößchen« oberhalb von Mettlach befindet sich eine wertvolle Keramiksammlung. Seltene Bäume im Garten, wie auch im Park bei der Abtei und auf dem gegenüberliegenden Saarufer. – *Saarschleife,* landschaftlich reizvolles Durchbruchstal der Saar mit Felsgruppen im Walde zwischen Mettlach und Dreisbach. Vom Aussichtspunkt Cloef bei Orscholz hat man den besten Blick auf die Saarschleife. – *St. Gangolf,* ehemalige Kapuzinerklosterkirche mit barockem Altar.
Tourenbeschreibung In Mettlach über die Brücke der Saar und gleich links vorbei an der Staustufe auf den Weg, der entlang der

Zu Tour 50, 68, 70, 75 **Mettlach, Villa Villeroy und Boch**
(Foto: Heinz-Egon Rösch)

Saarschleife durch diese romantisch-faszinierende Landschaft führt. Bei *Dreisbach* (6 km) erreicht man die Bootshäuser des Ruderverbandes und weiter geht die Fahrt noch ein Stück der Saar entlang, bis die Straße rechts von der Saar abbiegt. Weiter der Saar entlang (R 1) und durch das flache Wiesengelände, dann über die Brücke der Saar nach *Besseringen* (3 km). Dort in die erste Straße links einbiegen, durch den Wald und an den Kreuzwegstationen am Wege vorbei, später durch die Felder des Gutes – ansteigend – zum beschaulichen Klösterlein *St. Gangolf* (2 km). Weiter, durch die Obstplantagen noch ein wenig aufwärts zur kleinen Höhenstraße, die in östlicher Richtung zur Bundesstraße B 51 führt. Dieser folgt man rechts in Richtung Merzig etwa 300 Meter, um dann vor der Abfahrtskurve über die Straße (Vorsicht!) auf den Parkplatz zu wechseln. Dort führt ein befestigter Weg zum Wald und durch diesen Wald in östlicher Richtung, dann halblinks drehend Abfahrt durch einen Hohlweg im Walde, bis man im Tal auf die »Eichenlaubstraße« trifft. Links Richtung Mettlach abbiegen zum *Schwimmbad Mettlach* (4 km) und auf dem Radstreifen an den Sportstätten vorbei zurück nach *Mettlach* (2 km).

Hinweis Eine weitere Möglichkeit zu einer Radtour bietet die Rückfahrt auf der östlichen Seite der Saarschleife, indem man nach Besseringen und vor St. Gangolf links ins Saartal abbiegt und nach Mettlach zurückfährt. (Insgesamt 15 km).

51 Saarburg – Kastel – Freudenburg – Kollesleuken – Trassem – Saarburg

Vorbemerkung Diese Radtour findet nicht im Saarland statt, sondern im rheinland-pfälzischen Teil des Saargaus. Wegen des Ausgangsortes Saarburg an der Saar wurde sie diesem Tal zugeordnet.
Schwierigkeitsstufe III.
Tourenlänge 24 Kilometer.
Fahrzeit 2½ bis 3 Stunden.
Höhenunterschiede 200 Meter auf 1,5 Kilometer vor Kastel; 50 Meter auf 1 Kilometer vor Kalköfen.
Karten 1:50000 L 6304 Trier; L 6504 Merzig; 1:200000 Generalkarte Blatt 15.
Wissenswertes 1291 erhielt *Saarburg* Stadtrechte. Die Burg weist noch manche romanische Bestandteile auf, so das Burghaus, das Turmhaus und den Rundturm. In der Stadt gibt es viele beachtenswerte Wohnhäuser des 17. und 18. Jahrhunderts. – *Kastel* (Staadt) auf einem Sandstein-Plateau von 500×800 Meter Fläche oberhalb des Saartales gelegen, ist seit der Latènezeit und auch von den Römern besiedelt. An der Spitze des Plateaus

Zu Tour 51, 65, 68, 74 **Saarburg** (Foto: Heinz-Egon Rösch)

liegt ein Soldatenfriedhof mit der ehemaligen Pfarrkirche St. Johann Baptist. Seitlich unterhalb auf schwindelerregendem Felsenvorsprung über der Saar die »Klause« an der Stelle einer Eremitage auf Anordnung des späteren preußischen Königs Friedrich Wilhelm IV. von Carl Friedrich von Schinkel romantisch-klassizistisch erbaut. – *Freudenburg,* Burg 1337 unter König Johann von Böhmen erbaut und dann von Erzbischof Balduin von Trier verkauft. 1589 erhielt die reich begüterte Abtei St. Maximin in Trier Burg und Stadt Freudenburg. Im Streit zwischen dem Erzbischof von Trier und der Abtei wird die Burg 1646 zerstört. Seither Ruine. Reste der Ortsbefestigung.

Tourenbeschreibung Von *Saarburg* auf dem Radweg des westlichen Saarufers zunächst nach *Krutweiler* (1 km), dann entlang der Saar weiter im Tal mit Blick auf den gewaltigen Sandsteinfelsen mit der »Klause« bis zum Ortsteil *Staadt* (3 km), der aus wenigen Häusern besteht. Hier führt die ruhige Straße in ein schmales Tälchen, in dem man – zuerst allmählich, dann steil in Kurven – durch den Wald aufwärts fährt (bzw. das Rad schiebt). Oben auf dem plateauartigen Felsvorsprung durch *Kastel* (2 km) zum Friedhof und zur Kirche fahren. Am großen Kreuz des Soldatenfriedhofes hat man einen herrlichen Ausblick auf das Saartal. Auch der Besuch der »Klause« lohnt sich wegen der reizvollen Landschaft. Nach diesem Abstecher kehrt man wieder zurück zum Dorf und fährt nun in Richtung »Freudenburg« weiter. Kurz vor der Bundesstraße B 51 biegt man links ein in einen asphaltierten Landwirtschaftsweg, der bestanden ist von alten Apfel- und Birnbäumen. Man fährt – später ansteigend – auf diesem Weg bis zum Ortsteil *Kalköfen* (4 km) von dort rechts – abwärts – nach *Freudenburg* (1 km). In der Ortsmitte dem Schild »Kirf«, »Kollesleuken« nachfahren und – zum Teil steil – abwärts nach *Kollesleuken* (3 km) im idyllischen Leukbachtal. Im Ort rechts durch das Tälchen auf ruhiger, schmaler Straße nach *Trassem* (3 km) und weiter im Tal, jetzt auf dem Radweg der B 51, nach *Saarburg* (3 km).

Zu Tour 51, 65, 74 **Kastel, Klause mit Saar** (Foto: Heinz-Egon Rösch)

52 Blieskastel – Wolfersheim – Herbitzheim – Erfweiler – Biesingen – Alschbach – Lautzkirchen – Blieskastel

Schwierigkeitsstufe III.
Tourenlänge 28 Kilometer. **Fahrzeit** 3 Stunden.
Höhenunterschiede 90 Meter auf 2 Kilometer vom Bliestal nach Wolfersheim; 160 Meter auf 3 Kilometer von Rubenheim bis zur Höhe vor Erfweiler.
Karten 1:50000 L 6708 Saarbrücken-Ost, L 6908 Kleinblittersdorf; 1:200000 Generalkarte Blätter 15 und 18.
Wissenswertes *Blieskastel* erstmals 1098 als Sitz der Grafen von Blieskastel erwähnt. Die Burg wurde 1522 durch Franz von Sik-

kingen zerstört. In der zweiten Hälfte des 18. Jahrhunderts ließen die Reichsgrafen Von der Leyen Blieskastel zu einer kleinen spätbarocken Residenz gestalten, von der heute noch die Gebäude um den »Neuen Markt« (Rathaus, Kaufhalle, Waisenhaus, Kaserne) und die Kavaliersbauten in der Schloßbergstraße Zeugnis geben. Spätbarocke ehemalige Franziskanerkirche (1776–1781). – *Erfweiler* Kirche St. Mauritius auf römischem Boden errichtet, runder Turm 12. Jahrhundert und Rechteckchor 14. Jahrhundert.

Tourenbeschreibung Von *Blieskastel* in südlicher Richtung durch das Tal der Blies nach *Blickweiler* (2 km). Hinter Blickweiler führt die Straße aus dem Bliestal hinauf nach *Wolfersheim* (3 km), sodann wieder Abfahrt in das Bliestal und kurz vor der Blies links in den befestigten Feldweg einbiegen und im Verlauf der Blies nach *Herbitzheim* (3 km), wo man das Bliestal verläßt, um rechts in das Tal des Laudenbaches der Verbandsgemeinde Mandelbachtal einzubiegen. In westlicher Richtung zunächst auf dem Radweg nach *Rubenheim* (1 km), sodann im Tal – stärker ansteigend – in weitgeschwungenen Kurven hinauf zum Schornwald. Über den Höhenzug dieses Waldgebietes Abfahrt nach *Erfweiler* (5 km). In Erfweiler biegt man rechts in die »Straße am Römerturm« ein, um dann unterhalb der Kirche geradeaus an einigen Aussiedlerhöfen vorbei zur Bundesstraße B 423 bei *Aßweiler* (4 km) zu gelangen. Die Straße überqueren und gegenüber in den asphaltierten Landwirtschaftsweg fahren. Man folgt dort dem mit einem »Hirschkopf« gekennzeichneten Weg in nördlicher Richtung, sodann in einem spitzen Winkel rechts nach *Biesingen* (2 km). In der Ortsmitte links abbiegen und der Straße in Richtung Sportplatz folgen. Hier beginnt auch das anmutige »Lange Tal«, durch das man dann hinunter nach *Alschbach* (4 km) fährt. Von Alschbach führt im Tal ein Radweg weiter nach *Lautzkirchen* (2 km), von wo aus man schnell wieder den Anschluß nach *Blieskastel* (1 km) findet.

53 St. Ingbert – Reichenbrunn – Oberwürzbach – Niederwürzbach – Lautzkirchen – Wörschweiler – Schwarzenacker – Kirkel – St. Ingbert

Schwierigkeitsstufe II.
Tourenlänge 38 Kilometer.
Fahrzeit 3 Stunden.
Höhenunterschiede 40 Meter auf 1,2 Kilometer in St. Ingbert Richtung Autobahnzufahrt St. Ingbert-West; 100 Meter auf 2,5 Kilometer im Kirkeler Wald vor Kirkel.
Karten 1:50000 L 6708 Saarbrücken-Ost; 1:200000 Generalkarte Blatt 15.
Anmerkung Radwanderung Nr. 53 St. Ingbert Anschluß an Radwanderung Nr. 52 Blieskastel in *Lautzkirchen*.
Wissenswertes *St. Ingbert* siehe Tour 45. – *Niederwürzbach* Bauten »Annahof«, am Weiher gelegen, und der »Rote Bau« auch »Monplaisir« genannt, aus der Zeit der Reichsgrafen von der Leyen (spätes 18. Jahrhundert). – *Wörschweiler* auf dem landschaftlich reizvoll oberhalb der Blies gelegenen Hügel wurde im 12. Jahrhundert zunächst ein Benediktinerkloster, besiedelt von Mönchen des Klosters Hornbach bei Zweibrücken, sodann eine Abtei des Reformordens der Zisterzienser des heiligen Bernhard angelegt. 1614 brannte es ab. Reste der Kirche und einiger weiterer Klostergebäude sind noch zu sehen. – Einöd-*Schwarzenacker,* seit 1965 umfangreiche Ausgrabungen eines dichtbesiedelten römischen Handels- und Gewerbeplatzes. Das Ausgrabungsgelände erinnert mit seinen rechtwinkeligen Straßenzügen, Häusern, Werkstätten usw. an das römische

Zu Tour 53, 55 **Kirkel mit Burgruine und Turm**
(Foto: Ulrich Schnabel, DWV-Archiv)

HOMBURG
(234)
Landes-
Krankenhs.
Forsths.
Altstadt
BEEDEN
Limbach
KOHLHOF
Ludwigsthal
HAUS
FURPACH
Elversbg.
Spiesen-
Altenwald
Schnap
Schüren
Maybach
Hühnerfeld
ST. INGBERT
(229)
Neu-
weiler
Eschweilerhof
Glashütterhof
ROHRBACH
Kirkel
Kirkel-
Neuhäusel
Ehem. Reichsfeste Kirkel
(300)
Wörschweiler
Gutenbrunnen
Ingweiler
BIERBACH
Klinik
Klingerkopf
Bornbacherhof
Bellen
LAUTZKIRCHEN
Triebscheiderhof
NIEDERWÜRZB.
HASSEL
Reichenbrunn
Sengscheid
RENTRISCH
St. Hildegard
E50
SCHEIDT
Scheidterberg
OBERWÜRZB.
NIEDERWÜRZBACH
Petersberg
Seelbach
Hecken-
dalheim
Ommersheim
BLIESKASTEL
(211)
BIESINGEN
ALSCH-
BACH
Wallf.-K.
Hl.-Kr.
Blies
SCHWARZENB.
Röm. Siedlung
Schwarzenacker
KIRRBG.
MÖRSB.
Himmels-B.
Rothenberger-
hof
EINÖD
ZWEIBRÜ
ERNSTWLR.
NIEDERAUER-
BACH
Alexander-K.
Residenzschl.
IXHEIM
Kettersberger-
hof
WEBENHEIM
BUBENHSN.
MIMBACH
WATTWLR.
Mölschbacherhof
MITTEL-
BACH
HENGSTBACH
BLICKWEILER
ASSWLR.
Ziegelhütte
Flughafen
Saarbrücken
Ensheim
Breiten-
bergerhof
BISCH-
MISHEIM
Wecklingen
Heidelbingerh.
RIMSCHWLR.

Ostia. Die Ausgrabungen werden fortgesetzt. Ein Teil des Ausgrabungsgeländes dient heute als Freilichtmuseum, dessen Besuch lohnt. – *Kirkel* an einer alten Heeres- und Handelsstraße, spätere Kaiserstraße (Napoleon) gelegen, hat auf einem Bergkegel am südöstlichen Ortsrand eine Burgruine mit einem fünfekkigen und einem restaurierten hochragenden runden Turm.

Tourenbeschreibung Aus dem Zentrum von *St. Ingbert* durch die Ensheimer Straße unter der Bahnlinie Mannheim – Saarbrücken hindurch in südwestlicher Richtung – ansteigend – bis zur Höhe bei der Autobahneinfahrt St. Ingbert-West. Von hier aus Richtung Ober- und Niederwürzbach und nach 1 Kilometer links auf die kleinere Straße nach *Reichenbrunn* (3 km) einbiegen. Von Reichenbrunn auf der linken Bachseite bis kurz vor Oberwürzberg, wo man wieder zur Hauptstraße kommt. Nach kurzer Fahrt wird *Oberwürzbach* (2 km) erreicht. Entlang der Landstraße gelangt man bei der *Rittersmühle* (1 km) an einen schmalen Teich, dann, an der Straße Hassel – Niederwürzbach in Richtung Niederwürzbach unter der Eisenbahnlinie hindurch, zum *Würzbacher Weiher* (1 km). Auf dem Uferweg dieses landschaftlich sehr reizvoll gelegenen Weihers und über zwei kleine Holzbrücken, die man nicht befahren sollte, gelangt man an das gegenüberliegende Ufer mit dem Strandbad. An der Staumauer schließt sich sogleich *Niederwürzbach* (1 km) an. Durch den Ort in Richtung Blieskastel. Nach etwa 300 Meter vom östlichen Ortsende wechselt man über Bach und Bahn auf die andere Seite des Tales, um dort ruhiger durch die *Breitermühle* (2 km) zu fahren. Bald danach muß man wieder über Bahn und Bach zur Landstraße wechseln, um dann nach *Lautzkirchen* (2 km) zu gelangen. (Anschluß nach Blieskastel).

Am nordwestlichen Rande des breiten Bliestales erreicht man auf verkehrsreicher Straße zunächst *Bierbach* (3 km) von dort auf dem Radweg R 4 durch die Wiesen und Fluren des Bliestals dann *Wörschweiler* (3 km). Hier lohnt sich ein kurzer Abstecher zur ehemaligen Römersiedlung in der Gemarkung *Schwarzenacker* (1 km) über die Brücke auf das andere Ufer der Blies und dann wieder zurück nach Wörschweiler. Wie vorher Weiterfahrt am Rande des Bliestales zunächst über die Autobahn Zweibrükken – Neunkirchen bis zur Hochspannungsleitung. Dort verläßt man die in Richtung Homburg/Saar führende Landstraße und biegt links ab, um in westlicher Richtung, zunächst unter der Autobahn hindurch, in den Kirkeler Wald des Staatsforstes Blieskastel zu fahren. In einem langgezogenen Tal – später ansteigend – erreicht man auf befestigtem Weg die »Naturfreundestraße« und damit auch *Kirkel* (7 km). In Kirkel an der Burg vorbei und durch die Ortsstraßen des recht ordentlich wirkenden Dorfes zur Bundesstraße B 40. Dort auf dem Radstreifen in westlicher Richtung – und an der Siedlung »Waldland« vorbei – auf der »Kaiserstraße« bis kurz vor die Brücke über die Eisenbahn, dort links unterhalb der Brückenauffahrt weiter bis zur Bahnlinie. Auf einem weniger guten, aber befahrbaren Weg entlang der Bahnlinie in westlicher Richtung bis zur Höhe des Geistkircherhofes und einer Lichtung, wo man wieder die Bahnlinie verläßt, um geradeaus durch den Wald *Hassel* (6 km) zu erreichen. Durch Hassel weiter geradeaus bis zur Straße Richtung St. Ingbert. Nach kurzer Fahrt – von der Höhe der Autobahn abwärts – gelangt man wieder zurück nach *St. Ingbert* (5 km).

54 Homburg (Saar) – Bechhofen – Lambsborn – Bruchmühlbach – Vogelbach – Jägersburg – Homburg (Saar)

Schwierigkeitsstufe II/III.
Tourenlänge 32 Kilometer. **Fahrzeit** 3 Stunden.
Höhenunterschiede 80 Meter auf 2 Kilometer hinter Homburg zum Höhenrand der Sickinger Höhe; 60 Meter auf 2 Kilometer vor, in und hinter Lambsborn.

Zu Tour 53, 66 **Schwarzenacker, römische Siedlung, Tempelrekonstruktion**
(Foto: Heinz-Egon Rösch)

Karten 1:50000 L 6710 Pirmasens-Nord, L 6708 Saarbrücken-Ost; 1:200000 Generalkarte Blatt 15.

Wissenswertes *Homburg (Saar)* Verwaltungs- und Wirtschaftsmittelpunkt an der Ostgrenze des Saarlandes. Nach den Grafen von Homburg folgten die Grafen von Nassau-Saarbrücken und Veldenz-Zweibrücken. König Louis XIV. ließ Homburg nach den Plänen seines Baumeisters Vauban zur Festung ausbauen. 1755 gelangt Homburg an Pfalz-Zweibrücken. 1778–1785 wurde auf der Höhe östlich von Homburg die »größte Landresidenz Europas, das Schloß Karlsberg«, von 1,5 Kilometer Länge erbaut. Es wurde jedoch von den französischen Revolutionstruppen bald danach vollkommen zerstört. Im 19. Jahrhundert entwickelte sich in Homburg Eisenindustrie. Das Landeskrankenhaus ist Sitz der medizinischen Fakultät der Universität Saarbrücken. – *Lambsborn,* Bauernhöfe des frühen 19. Jahrhunderts. – *Vogelbach* Simultankirche St. Philipp und Jakobus, romanisch-gotisch. – *Jägersburg* im Mittelpunkt des heutigen Dorfes stand einst das Schloß als Nachfolger der Burg Jägersburg. Nur noch wenige Überreste von Burg und Schloß sind sichtbar, heute renoviert, die »Gustavsburg« Herzog Gustav Samuels von Zweibrücken. Schloßweiher und Brückweiher bilden eine beschauliche Seenlandschaft (Freizeit- und Erholungspark).

Tourenbeschreibung Die Radwanderung beginnt in *Homburg* an der Straße entlang der Brauerei Weber unterhalb des Nordabhanges des Schloßberges und führt zunächst in Richtung Sanddorf, biegt aber kurz nach Homburg rechts ab in Richtung Käshofen. Auf dieser Straße überwindet man den Höhenrand der Sickinger Höhe, sodann Abfahrt im Hasental bis zum Talgrund, wo man auf den Lambsbach trifft. Im sehr ruhigen, beschaulichen und auch landschaftlich reizvollen Lambsbachtal in nordöstlicher Richtung talaufwärts nach *Bechhofen* (8 km) und in der gleichen Richtung durch den Ort im Lambsbachtal nach *Lambsborn* (3 km), wo der Lambsbach entspringt. Nach der Ortsdurchfahrt – ansteigend – zur Straße, die wieder über den Höhenrand der Sickinger Höhe, dann abwärts nach *Bruchmühlbach* (4 km) führt. In Bruchmühlbach trifft man auf die Bundesstraße B 40, auf deren Radweg man in Richtung Homburg nach *Vogelbach* (1 km) fährt. Etwa 1 Kilometer außerhalb des Ortes gelangt man an eine Brücke, über die hinweg man zuerst die Eisenbahnlinie, dann daneben die Autobahn Kaiserslautern – Saarbrücken passiert, um dann über die kleine Glanbrücke zum *Eichelscheiderhof* (5 km) (Schild: »Privat, Zutritt verboten«), einem großen Landgut mitten im Landstuhler Bruch zu gelangen. Von hier aus fährt man immer geradeaus in westlicher

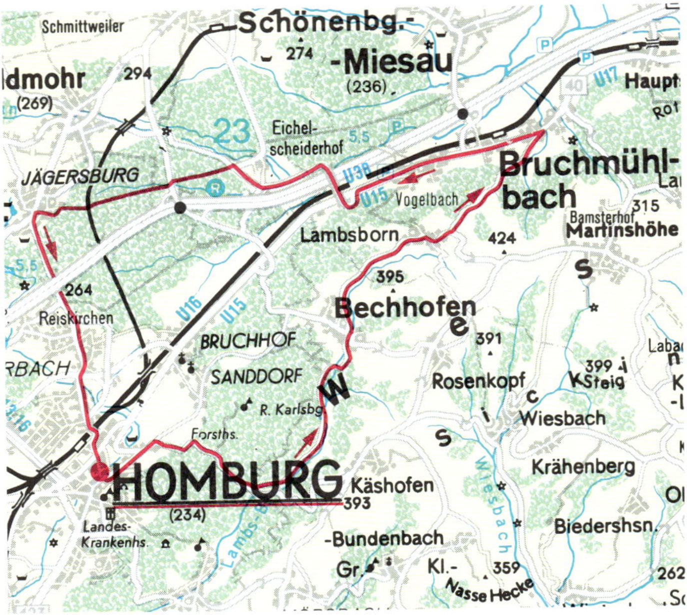

Richtung auf teilweise guten, teilweise aber auch weniger guten Waldwegen des Staatsforstes Homburg nach Überqueren der Eisenbahnlinie Homburg – Kusel nach *Jägersburg* (5 km).

In Jägersburg kann man zum Schloßweiher fahren und dort bei günstiger Witterung baden. Auf dem Radweg in Richtung Homburg fährt man in südlicher Richtung unter der Autobahn Kaiserslautern – Saarbrücken hindurch, um den Vorort *Reiskirchen-Erbach* (4 km) zu erreichen. Nach längerer Ortsdurchfahrt kommt man dann wieder zurück zum Ausgangspunkt der Radwanderung *Homburg* (2 km).

55 Neunkirchen – Kirkel – Limbach – Bexbach – Neunkirchen

Schwierigkeitsstufe II.
Tourenlänge 27 Kilometer. **Fahrzeit** 2½ Stunden.
Höhenunterschiede 60 Meter auf 1 Kilometer in Neunkirchen; 50 Meter auf 1,5 Kilometer vor der »Kaisereiche« zwischen Neunkirchen und Kirkel; zwischen Altstadt und Wellesweiler welliges Gelände.

Karten 1:50000 L 6708 Saarbrücken-Ost; 1:200000 Generalkarte Blatt 15.
Anmerkung In Kirkel knüpft diese Radwanderung an die Radtour 53 an, so daß sich weitere Kombinationsmöglichkeiten ergeben.
Wissenswertes *Neunkirchen,* durch die Jahrhunderte wurde hier auf handwerklicher Grundlage die Eisenverhüttung und die Herstellung von Eisenwaren betrieben. Die Industrialisierung setzte zu Beginn des 19. Jahrhunderts ein, als 1806 die Gebrüder Stumm mit dem Bau von Hüttenwerken begannen und die verschiedenen Verfahren zum Abbau von Kohle und zur Eisen- und Stahlgewinnung weiterentwickeln ließen. Aus dem ehemaligen Bauerndorf wurde im Laufe der Zeit eine moderne Industriestadt. – *Kirkel-Neuhäusel* siehe Tour 53. – *Limbach* Kirche, romanischer Chorturm. – *Bexbach* Bergwerkmuseum.
Tourenbeschreibung Vom Ortsmittelpunkt *Neunkirchen* in südlicher Richtung durch die stärker ansteigende, verkehrsreichere Straße Richtungsschild »Kirkel« zum Ortsrand und unter der Autobahn A 8 hindurch in den Neunkirchener Staatsforst. Die Straße verläuft hier wellenförmig bis zur Höhe der »Kaisereiche«, von da in gleicher Höhe und dann durch die Rodungs-

insel zum Hofgut *Menschenhaus* (5 km). Danach rechts in den Rohrbacher Wald, Radschild R 24 folgen. Nach 2,5 Kilometern links abbiegen, weiter auf guten und ruhigen Waldwegen, unter der Autobahn A 6 hindurch bis zur Straße St. Ingbert – Homburg. Dort links abbiegen und auf dem Radstreifen, an der »Siedlung Waldland« vorbei nach *Kirkel-Neuhäusel* (6 km).

Auf dem Radstreifen der B 40 in östlicher Richtung am Waldrand entlang und unter der Autobahn hindurch nach *Limbach* (5 km), wo man am Bahnhof links in die Ortsstraße einbiegt. Weiter nach Altstadt (2 km). Von Altstadt auf dem Radweg der Landstraße im Tal der Blies zunächst nach *Niederbexbach* (2 km) hinauf nach *Bexbach* (2 km) und weiter über das hügelige Gelände, links abbiegend, auf dem Radstreifen der für Lkw gesperrten Straße hinunter nach *Wellesweiler* (3 km). Dort gelangt man wieder ins Bliestal und entlang der Blies auf dem Radweg in westlicher Richtung zurück nach *Neunkirchen* (3 km).

Hinweis Man kann auch von Neunkirchen aus der empfohlenen saarländischen Radtour R 24 (teilweise schlecht ausgeschildert) folgen. Sie entspricht in etwa dieser hier beschriebenen Radtour.

56 Ottweiler – Welschbach – Illingen – Merchweiler – Schiffweiler – Wiebelskirchen – Ottweiler

Schwierigkeitsstufe III.
Tourenlänge 28 Kilometer. **Fahrzeit** 2½ bis 3 Stunden.
Höhenunterschiede 90 Meter auf 2,5 Kilometer hinter Ottweiler; 100 Meter auf 2 Kilometer von Illingen nach Merchweiler; 40 Meter auf 1 Kilometer von Leopoldsthal nach Schiffweiler; 80 Meter auf 1,5 Kilometer hinter Schiffweiler Richtung Wiebelskirchen.
Karten 1:50000 L 6508 St. Wendel, L 6708 Saarbrücken-Ost; 1:200000 Generalkarte Blatt 15.
Wissenswertes *Ottweiler* Altstadt mit spätmittelalterlichem Marktplatz, Wehrtürme und Reste der Stadtmauer, Evangelische Kirche teilweise 16. Jahrhundert mit Fenstern von Georg Meistermann (†1690). Ehemaliges fürstliches Witwenpalais, 1760 nach Plänen von Friedrich Joachim Stengel erbaut (heute Kreishaus), desgleichen der Pavillon im ehemaligen Herrengarten. Die Wilhelm-Heinrich-Straße bietet das Bild einer einheit-

lich bebauten Straße des 18. Jahrhunderts. Im Ortsteil Neumünster Reste eines Benediktinerinnenklosters aus dem 11. Jahrhundert. – *Illingen* Burgruine Kerpen, ehemalige Wasserburg der Herren von Kerpen aus dem 14./16. Jahrhundert. Rundturm und Toranlage nach den Zerstörungen im 30jährigen Krieg noch vorhanden. Pfarrkirche St. Stephanus mit Chorturm aus dem 13. Jahrhundert. Umbau der Kirche im 18. Jahrhundert mit reicher spätbarocker Ausstattung. – *Merchweiler* neugestaltete Fußgängerzone. – *Schiffweiler* und *Wiebelskirchen*. In der Landschaft mehrere markante Fördertürme von Kohlengruben.

Tourenbeschreibung Aus der Altstadt von Ottweiler durch die Stennweiler Straße mit Radweg – ansteigend – bis zum Ende des Radweges, dann rechts auf dem Wirtschaftsweg zum Waldrand. Geradeaus durch den Wald auf ruhigen Wegen – leicht ansteigend, dann abwärts – zum *Hubertushof* (6 km) und geradeaus nach *Welschbach* (1 km). In Welschbach folgt man dem Radtourenweg R 10 nach *Hüttigweiler* (1 km), dann, links abseits der Straße auf dem Radweg durch die Bahnunterführung, nach *Illingen* (2 km), das man an der ehemaligen Wasserburg Kerpen erreicht. Nach dem Abstecher zur Ortsmitte zurück zur Straße Richtung Merchweiler. Im Ortsteil *Gennweiler* (1 km) biegt man in der Kurve rechts in den Merchweiler Weg ein, der abseits von der Hauptstraße hinauf nach *Merchweiler* (2 km) und dessen Fußgängerzone führt.

In Merchweiler links bis zur Straße Illingen – Friedrichsthal, der man kurz rechts folgt bis links zur Straße, auf der man nach *Wemmetsweiler* (3 km) gelangt. Vom Ortsmittelpunkt rechts

Zu Tour 56, 66 **Wiebelskirchen, ehemaliger Förderturm Saarkohlenbergbau**
(Foto: Heinz-Egon Rösch)

nach *Leopoldsthal* (2 km) und weiter nach *Schiffweiler* (1 km). Hinter Schiffweiler – stärker ansteigend – durch den Wald aufwärts zum Höhenrücken, wo man die B 41 durch eine Unterführung passiert. Nun Abfahrt an einer stillgelegten Grube vorbei nach *Wiebelskirchen* (5 km). In der Ortsmitte links folgt man dem Verlauf des Bliestales und auf dem Radweg/Radstreifen der Talstraße gelangt man wieder nach *Ottweiler* (5 km).

57 Lebach – Primsweiler – Schmelz – Gresaubach – Lebach

Schwierigkeitsstufe II.
Tourenlänge 20 Kilometer. **Fahrzeit** 1½ bis 2 Stunden.
Höhenunterschiede 50 Meter auf 1 Kilometer vor der Höhe vor Primsweiler; 100 Meter auf 2,5 Kilometer hinter Schmelz.
Karten 1:50000 L 6506 Lebach; 1:200000 Generalkarte 15.
Wissenswertes Wie Gräberfunde beweisen, ist die Gegend um *Lebach* bereits in der Latènezeit besiedelt. Über Jahrhunderte teilten sich vier Herrschaften den Besitz des Ortes. Heute von Bedeutung als Geschäfts- und Garnisonsstadt.
Tourenbeschreibung Vom Ortsmittelpunkt von *Lebach* in westlicher Richtung rechts des Theelbachtales am Hofgut »Zur

Motte« vorbei, dann leicht ansteigend, über die Höhe hinunter in das Primstal nach *Primsweiler* (4 km). Dort trifft man auf den saarländischen Radweg R 13, der im Primstal zunächst durch Wald zur »Peter-Martin-Hütte«, talaufwärts nach *Schmelz* (2 km) führt. Von Schmelz in östlicher Richtung – ansteigend – über weites Ackerland nach *Gresaubach* (4 km). Im Tal des Saubaches abwärts in südlicher Richtung nach *Rümmelbach* (2 km) und nach *Niedersaubach* (3 km). Von dort gelangt man in der gleichen Richtung zunächst zur Bundesstraße B 10 und nach kurzer Fahrt zurück nach *Lebach* (3 km).

58 St. Wendel – Missionshaus Sankt Wendel – Niederkirchen im Ostertal – Hoof – Leitersweiler – St. Wendel

Schwierigkeitsstufe II.
Tourenlänge 18 Kilometer.
Fahrzeit 2 Stunden.
Höhenunterschiede 50 Meter auf 1 Kilometer zum Missionshaus Sankt Wendel; 50 Meter auf 1 Kilometer hinter dem Wendelinushof; 50 Meter auf 1 Kilometer bis zur Höhe vor Niederkirchen; 100 Meter auf 2 Kilometer in und hinter Leitersweiler.
Karten 1:50000 L 6508 St. Wendel; 1:200000 Generalkarte Blatt 15.

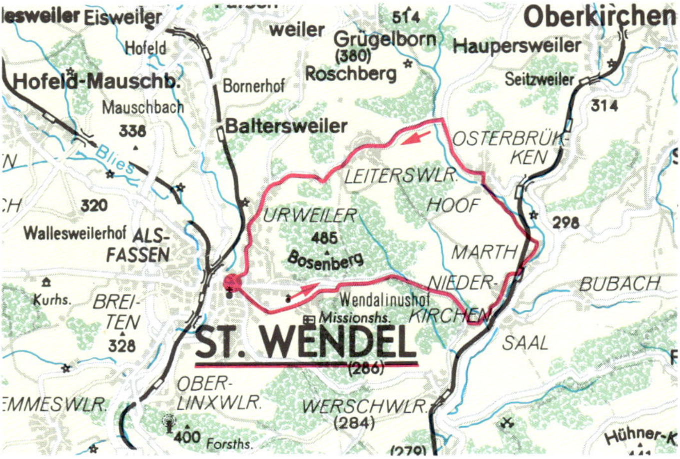

Wissenswertes Im Jahre 1332 erhielt *St. Wendel* Stadtrechte. Die große Pfarr- und Wallfahrtskirche St. Wendelinus ist eine spätgotische Hallenkirche von bedeutsamen Ausmaßen, die weithin das Stadt- und Landschaftsbild mit ihrer eigenwilligen Turmgruppe mitbestimmt. Im Inneren der Kirche reichhaltige kunstgeschichtlich bedeutsame Ausstattung mit Wendelinus-Sarkophag (14. Jahrhundert), Grablegung Christi (15. Jahrhundert) und Steinkanzel mit Wappen des Kardinals Nikolaus von Kues (Cusanus), der im 15. Jahrhundert hier Pfarrer war. Das Stadtbild weist noch deutlich spätmittelalterliche Strukturen auf. Fußgängerzone mit alten Bürgerhäusern. – *Missionshaus Sankt Wendel* Ausbildungsstätte und Gymnasium der Steyler Missionare. Völker- und religionskundliches Museum. – *Wendalinushof* staatlich anerkanntes Mustergut. – *Niederkirchen im Ostertal* bemerkenswerte romanisch-gotische Dorfkirche mit schönen Netz- und Kreuzgewölben, einem kräftigen Stützpfeiler und zwei Glocken aus dem Jahre 1414.

Tourenbeschreibung In *St. Wendel* zunächst zum Stadion und zum Schwimmbad, dort, dem weißen Schilde folgend, bergauf zum *Missionshaus Sankt Wendel* (2 km). Links am Kloster vorbei durch ein Wäldchen zum *Wendalinushof* (1 km) und durch das Gehöft hindurch zur Straße Richtung Niederkirchen. Zunächst steigt die Straße an, fällt dann in ein Tälchen wieder ab, um sogleich wieder auf der anderen Talseite anzusteigen und dann endgültig abwärts in das Ostertal nach *Niederkirchen* (4 km) zu führen. Dort links zur Kirche und weiter im Tal der Oster nach *Marth* (1 km). Dort verläßt man über eine kleine

Anhöhe das Ostertal, um unter einer Eisenbahnbrücke hindurch in das Betzelbachtal zu fahren und *Hoof* (2 km) zu erreichen. Von Hoof aus folgt man weiter talaufwärts dem Betzelbach bis zur Betzelbacher Mühle und biegt dort links in ein Seitental ein, das nach *Leitersweiler* (3 km) führt. Die Straße beginnt in und hinter diesem Ort steiler anzusteigen, um dann auf gleicher Höhe im Wald zu verharren und dann nach *Urweiler* (3 km) hin abzufallen. Auf der Ortsstraße direkt nach *St. Wendel* (2 km).

59 St. Wendel – Winterbach – Alsweiler – Tholey – Theley – Selbach – Neunkirchen – Bostalsee – St. Wendel

Schwierigkeitsstufe II/III.
Tourenlänge 37 Kilometer. **Fahrzeit** 3 bis 4 Stunden.
Höhenunterschiede 70 Meter auf 2 Kilometer von St. Wendel bis zur Höhe Richtung Winterbach; 60 Meter auf 1,5 Kilometer hinter Winterbach Richtung Alsweiler; 70 Meter auf 2 Kilometer hinter Alsweiler; 50 Meter auf 1 Kilometer zwischen Tholey und Theley; 50 Meter auf 2 Kilometer im Leißwald.
Karten 1:50000 Wendeler Land; 1:200000 Generalkarte 15.

Zu Tour 58, 59, 66, 75 **Wendalinuskapelle in St. Wendel**
(Foto: Ulrich Schnabel, DWV-Archiv)

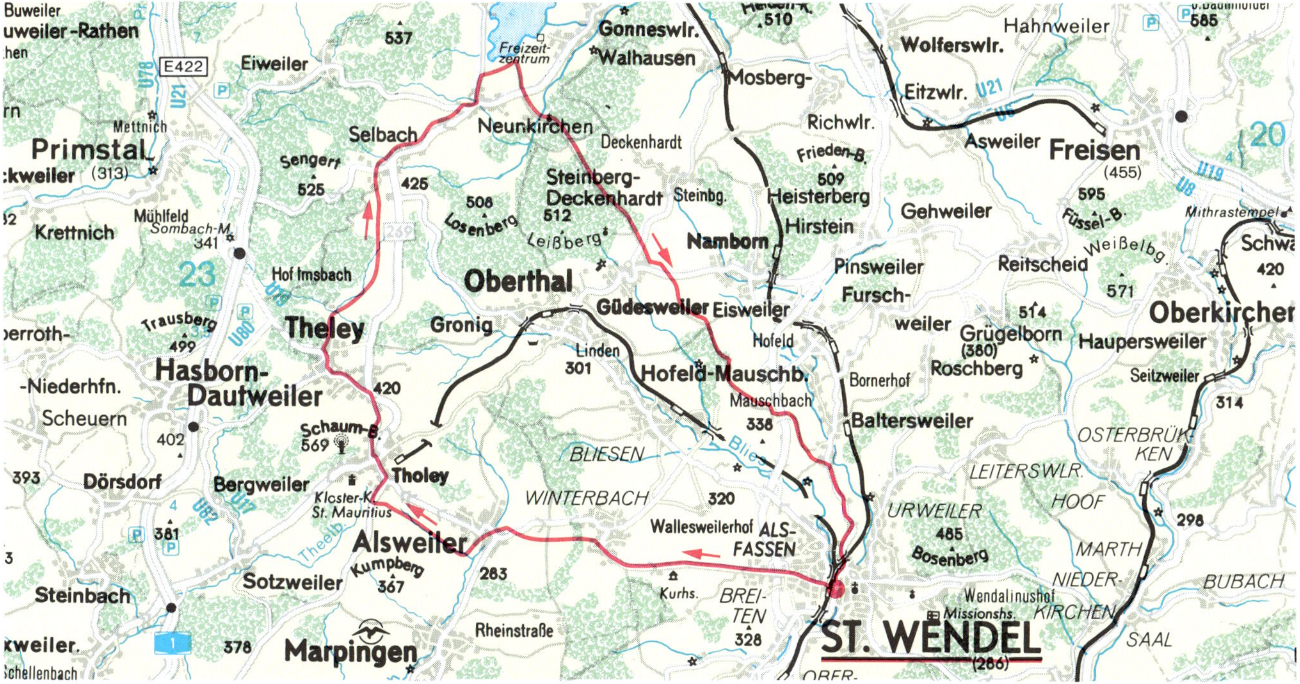

Buweiler
Primstal
Mettnich
Krettnich
Mühlfeld
Sombach-M.
Eiweiler
Selbach
Sengert
Hof Imsbach
Theley
Hasborn-
Dautweiler
-Niederhfn.
Scheuern
Dörsdorf
Bergweiler
Schaum-B.
Tholey
Kloster-K.
St. Mauritius
Alsweiler
Kumpberg
Sotzweiler
Steinbach
Marpingen
Rheinstraße
Freizeit-
zentrum
Gonneswlr.
Walhausen
Neunkirchen
Deckenhardt
Steinberg-
Deckenhardt
Losenberg
Leißberg
Oberthal
Gronig
Güdesweiler
Linden
Hofeld-Mauschb.
Mauschbach
BLIESEN
WINTERBACH
Wallesweilerhof
ALS-
FASSEN
Kurhs.
BREI-
TEN
Mosberg-
Richwlr.
Frieden-B.
Heisterberg
Hirstein
Namborn
Eisweiler
Hofeld
Pinsweiler
Fursch-
weiler
Bornerhof
Baltersweiler
Wolferswlr.
Eitzwlr.
Asweiler
Freisen
Hahnweiler
Gehweiler
Reitscheid
Weißelbg.
Füssel-B.
Grügelborn
Roschberg
Haupersweiler
Seitzweiler
Oberkirchen
Mithrastempel
OSTERBRÜKKEN
LEITERSWLR.
HOOF
URWEILER
Bosenberg
MARTH
NIEDER-
KIRCHEN
BUBACH
SAAL
Wendalinushof
Missionshs.
ST. WENDEL
E422

Wissenswertes *St. Wendel* siehe Tour 58. – *Tholey* Benediktinerabtei St. Mauritius, nach 150jähriger Vakanz im Jahre 1949 wieder errichtet. Die Abteikirche ist frühgotisch mit romanischen Turmfundamenten. Aus der Römerzeit stammen die Fundamente eines Bades unter der Kirche. Die Kirche beeindruckt durch ihre Schlichtheit. Das Chorgestühl und der Orgelprospekt stammen aus der ersten Hälfte des 18. Jahrhunderts. – *Schaumberg* (568 m) an dessen Fuß Tholey und Theley liegen, hebt sich markant aus der umgebenden Landschaft hervor. Aussichtsturm mit großartigem Landschaftspanorama. – *Selbach,* kleine Kirche 16. Jahrhundert mit ansprechender ländlicher Ausstattung. In der Nähe des Ortes entspringt die Nahe. – *Bostalsee,* Stausee auf 400 Meter Höhe, modernes Freizeit- und Erholungsgebiet mit Segel- und Surfschule, teilweise Naturschutzgebiet-Biotop, Rundwander- und -radweg. – Zwischen *Baltersweiler* und *St. Wendel* auf der Höhe Steindenkmäler (Dolmen, Menhire) in der Landschaft als preisgekrönte Resultate eines Steinbildhauer-Symposions.

Tourenbeschreibung Vom Bahnhof in *St. Wendel* durch die nördliche Bahnunterführung auf dem Radstreifen der B 265 – ansteigend – an der Kaserne vorbei auf gerader Straße zum Harschbergerhof und Abfahrt nach *Winterbach* (5 km). In der Ortsmitte links der saarländischen Radtourenempfehlung 15 bzw. 9 folgen über die Höhe und wieder hinunter nach *Alsweiler* (3 km). An der Kirche links durch die Straße »Am Reitersbach« wieder bergauf, weiter der ausgeschilderten Radtour 15/9 nachfahren bis zu dem Wäldchen, an dessen Ende rechts auf den Weg, der durch hügeliges Weideland führt mit Blick auf den markanten Schaumberg nach *Tholey* (4 km) mit der ehrwürdigen Benediktinerabtei.

In Tholey wählt man die kürzere, aber steilere Ortsverbindung (Schild Radtour 15) mit schöner Aussicht auf das Tholeyer Land nach *Theley* (3 km). Dort Richtung A 1 bis zum nördlichen Ortsausgang, dann rechts, dem Radtourenschild 14 bzw. 8 folgen zur Johann-Adams-Mühle (Fachwerkbau) und weiter über einen kleinen Hügel durch die Wiesen und Felder auf ruhigem und angenehmen Wirtschaftsweg nach *Selbach* (5 km). (Am Ortseingang links empfiehlt sich auf ausgeschildertem Weg ein Abstecher zur *Nahequelle* [1,5 km] in idyllischem Wiesengrunde [kleiner Wildpark, Spielplatz]. Die eigentliche Quelle liegt etwa 200 Meter weiter im Wald, gefaßt in Stein.) Zurück nach Selbach, von dort auf dem Radweg entlang der Straße nach *Neunkirchen* (2 km). An der Kirche links die Straße Richtung Bosen einschlagen und auf dem Radweg bis zum Parkplatz am

Bostalsee (1 km). Dort rechts zum See einbiegen. (Bemerkung: Man kann den See umrunden, vgl. Radtour Nr. 62). Nach etwa 800 Metern erreicht man einen hohen Bildstein. Dort rechts ab, am Römerhof vorbei zur Straße Neunkirchen – Gonnesweiler, die man vorsichtig in den gegenüberliegenden Weg überquert.

Die Rückfahrt nach St. Wendel führt von hier aus über die Alte Trierer Straße, die durch die Radtourenmarkierung 15 ausgewiesen wird. Sie führt zunächst zur *Elzenberger Mühle* (2 km), dann ansteigend und auf gleicher Höhe durch Wälder und Wiesen auf ruhigen Wegen (mitunter in nicht idealem Zustand) und tangiert im oberen Teil *Güdesweiler* (4 km). Danach geht die Fahrt nach etwa 4 Kilometern in südlicher Richtung über eine Brücke der B 41 zum westlichen Ortsrand von *Baltersweiler* (5 km) und auf dem Höhenzug zu den »Dolmen« und »Menhiren« des Skulptursymposions rechts und links der Straße Baltersweiler – St. Wendel. Dieser Straße folgt man dann auch – abfahrend – in das Zentrum von *St. Wendel* (4 km).

Zu Tour 58, 59, 66, 75 **St. Wendel, ehemaliger Westwall**

(Foto: Heinz-Egon Rösch)

Zu Tour 59, 75 **Tholey** (Foto: Ulrich Schnabel, DWV-Archiv)

60 Losheim – Stausee – Scheiden – (Abstecher Wildfreigehege) – Feriendorf – Losheim

Schwierigkeitsstufe III.
Tourenlänge 22 Kilometer. **Fahrzeit** 2 Stunden.
Höhenunterschiede 130 Meter auf 3 Kilometer vor Bergen und hinter Bergen bis vor Scheiden; (200 Meter auf 1,5 Kilometer von Zwalbach Richtung Wildfreigehege); 60 Meter auf 2 Kilometer hinter Mitlosheim.
Karten 1:50000 L 6506 Lebach; 1:200000 Generalkarte 15.
Wissenswertes *Losheim* überregionale Bedeutung als Erholungsort. Der *Losheimer Stausee* hat eine Wasserfläche von 31 Hektar, dient als Freibad, zum Segel- und Angelsport und stellt für den Fremdenverkehr eine Attraktion dar. – *Scheiden* höchstgelegener Ort im Saarland. Erholungs- und Fremdenverkehrsort. – *Waldhölzbach* ebenfalls wie Scheiden an der »Eichenlaubstraße« gelegen, Erholungsort. Bundessieger im Wettbewerb »Unser Dorf soll schöner werden.«
Tourenbeschreibung In *Losheim* folgt man dem Schild »Stausee« über die Straße der Staumauer zum Strandbad *am Losheimer See* (2 km) und an der nördlichen Uferseite entlang zum Ende des Sees. Hier mündet der Losheimer Bach in den See. Am nördlichen Rande dieses kleinen Hochtales langt man dann

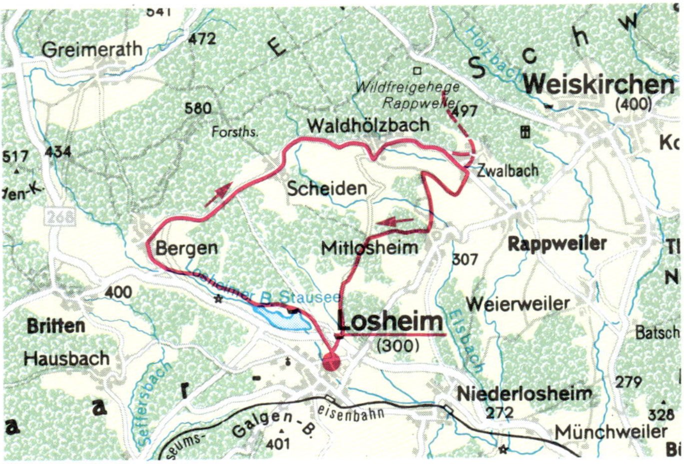

auf einem befestigten Wiesenweg *»Bei der Mühle«* (2 km) an. Hier fährt man rechts die Straße hinauf nach *Bergen* (1 km) und gelangt hier auf die »Eichenlaubstraße«. Dieser breiten Straße folgt man – bergauf – durch den Wald nach *Scheiden* (3 km). Von hier aus hat man in dem sauber gepflegten Fremdenverkehrsort eine weite Sicht über das Saarland und den Schwarzwälder Hochwald. Zunächst fährt man in einer Schleife leicht abwärts in ein Tälchen und weiter geht die Fahrt entlang des Waldrandes nach *Waldhölzbach* (3 km). Auch hier genießt man den schönen Ausblick. Man fährt weiter auf der »Eichenlaubstraße« bis zum Ortseingang von *Zwalbach* (2 km), wo man links auf einer kleineren Straße in den Ort einbiegt. (Wenn man zum Wildfreigehege einen Abstecher unternehmen möchte, empfiehlt es sich, hier im Ort die Fahrräder unter Aufsicht aufzubewahren und den Weg zum Tiergehege zu wandern.). Zurück zur Hauptstraße, biegt man rechts in den »Mitlosheimer Weg« ein. Auf asphaltiertem Landwirtschaftsweg gelangt man, im letzten Stück steil abwärts, zum *Feriendorf* (2 km). Von hier fährt man auf einem reizvollen Sträßchen nach *Mitlosheim* (2 km). Bei der Kirche biegt man rechts ab in den Wald (Schwarzwald). Auch diese Straße ist kaum befahren, steigt ein wenig an, bis man nach Verlassen des Waldes, mit schöner Aussicht auf den Schwarzwalder Hochwald, bei einem steinernen Kreuz die Straße Waldhölzbach – Losheim erreicht. Hier folgt man der Straße nach Süden durch den Wald und in ein Tälchen, an einem Weiher mit Grillhütte vorbei, um dann nach *Losheim* zurückzufahren.

61 Nonnweiler (Otzenhausen): Rund um den Primsstausee

Schwierigkeitsstufe I.
Tourenlänge 16 Kilometer. **Fahrzeit** 1½ Stunden.
Höhenunterschiede 60 Meter auf 1,5 Kilometer von Nonnweiler zur Staustufenmauer.
Karten 1:50000 St. Wendeler Land; 1:200000 Generalkarte Blatt 15.
Wissenswertes *Nonnweiler, Otzenhausen, Primsstausee* siehe Tour 40.
Tourenbeschreibung Man fährt zunächst von *Nonnweiler* Richtung Otzenhausen – aufwärts – und biegt links, dem Schilde »Stausee« folgend, in die gute Straße ein, die – leicht ansteigend – zur Staumauer des Sees führt, von wo aus man einen ersten schönen Überblick über den See gewinnen kann. (Von *Otzenhausen* her kommend, fährt man zunächst bergab Richtung Nonnweiler, um in die beschriebene Straße rechts einzubiegen, um so zum Stausee zu gelangen.) Nun kann man eine sehr angenehme, schöne und leichte Radtour um den See unternehmen (etwa 12 km). Der breite Seeuferweg ist nicht asphaltiert, aber gut befestigt. Nur sollte man auf die oft zahlreichen Wanderer achten, denn der Weg gilt gleichzeitig als Wanderweg. Es gibt

Zu Tour 40, 61, 62, 68, 75 **Primsstausee** (Foto: Heinz-Egon Rösch)

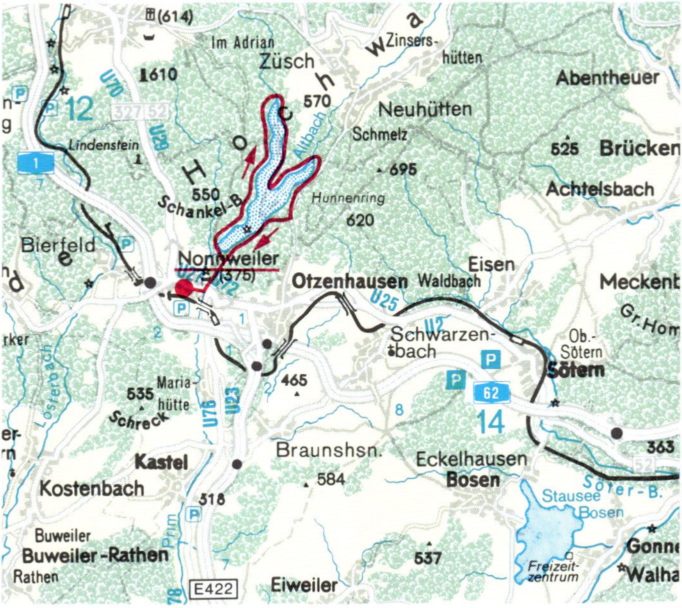

mehrere Schutzhütten. Ideal ist diese Radwanderung für Erholungssuchende und Kurgäste. Rückfahrt nach Umrundung des Sees (man kann natürlich auch zwei- oder dreimal um den See fahren, ohne zu ermüden) von der Staumauer aus nach Nonnweiler bzw. Otzenhausen.

62 Bosen (Bostalsee) Tour A: Rund um den Bostalsee Tour B: Bosen – Sötern – Türkismühle – Gonnesweiler – Neunkirchen – Bosen

Schwierigkeitsstufe Tour A I, Tour B III.
Tourenlänge Tour A 7 Kilometer, Tour B 22 Kilometer.
Fahrzeit Tour A 40 Minuten, Tour B 2 Stunden.
Höhenunterschiede Tour A keine. Tour B: Vom Tälchen nach Bosen Richtung Sötern 70 Meter auf 1,2 Kilometer; von Neunkirchen Richtung Eiweiler, 70 Meter auf 1,5 Kilometer; von Eiweiler bis zur Höhe vor Bosen 100 Meter auf 2 Kilometer.
Karten 1:50000 St. Wendeler Land; 1:200000 Generalkarte Blatt 15.

Wissenswertes *Bostalsee* siehe Tour 59. – *Bosen* Fremdenverkehrsort (Hotels) mit ursprünglichem, ländlichem Charakter am Bostalsee. – *Sötern,* bemerkenswerter Kirchturm mit drei Baustilen: Romanisch, gotisch, Renaissance. – *Türkismühle* wird bestimmt von den Bahnhofsanlagen. – *Neunkirchen/Nahe,* früher den Bischöfen von Verdun zugehörig. Turm der St. Martinskirche noch mittelalterlich, klassizistischer Kirchenraum großräumig angelegt.

Tourenbeschreibung Die beiden Touren A und B sind in erster Linie für Erholungssuchende mit dem gemeinsamen Ausgangsort *Bosen* (Fahrradverleih) gedacht und entsprechen der jeweiligen Kondition der Radwanderer.

Tour A »Rund um den Bostalsee«: Entlang des Seeuferweges umrundet man den Bostalsee und genießt dabei sehr schöne Ausblicke auf den See mit seinen Seglern und Surfern, auf die Uferränder und auf die schön-herbe Landschaft des nördlichen Saarlandes und des Hunsrücks. Am Rundweg liegt *Eckelshausen* (1 km) Schwimmstrand und Surfplatz bei der Staustufe *Gonnesweiler* (2 km) und das Biotop in einer Bucht des Sees auf dem weiteren Weg nach *Bosen* (4 km). Der Seeuferweg ist ebenfalls zum Wandern gut geeignet. Radfahrer fahren wegen der Wanderer vorsichtig.

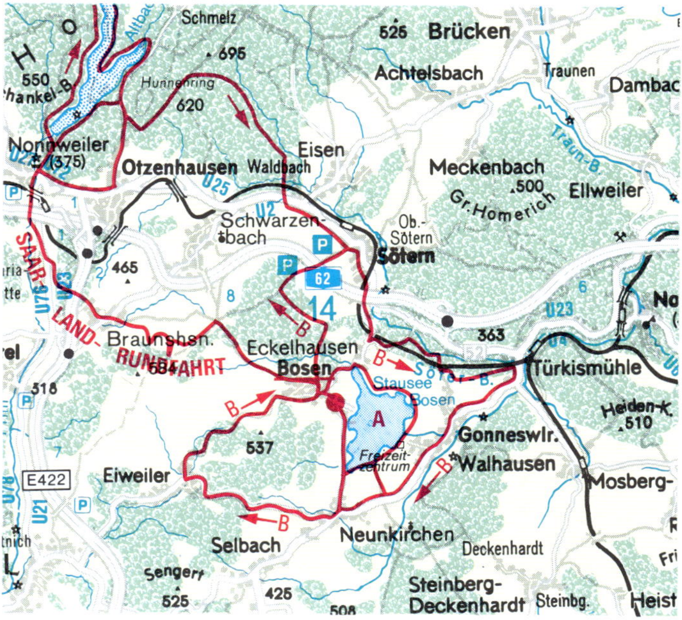

Tour B Am Sportplatz im Norden von *Bosen* beginnt die Radtour mit einer Abfahrt in das Bostal, dann steil aufwärts mit schönen Ausblicken in die abwechslungsreiche Wiesen- und Waldlandschaft. Auf der Höhe links dem Schild Sötern folgen, dann abwärts durch den Wald in Kurven und unter der A 62 hindurch nach *Sötern* (3 km). Dort rechts zunächst die Straße Richtung Nohfelden, kurz danach Richtung Bosen einschlagen. Man folgt der Radtourenempfehlung Nr. 14 wieder unter der A 62 hindurch entlang der Eisenbahnlinie zum »Alten Forsthaus«, dann unter der Bahn hindurch links und zunächst weiter der Bahnlinie, später abbiegend bis kurz vor *Gonnesweiler* (3 km). Am Turnierplatz links, dann gleich wieder links, nach 300 Metern rechts und in östlicher Richtung über den asphaltierten Landwirtschaftsweg am Waldrand entlang nach *Türkismühle* (1 km). In Türkismühle folgt man rechts der Hauptstraße auf dem Radweg nach *Gonnesweiler* (2 km). Durch den Ort hindurch auf einem angenehmen Radweg – leicht ansteigend – nach *Neunkirchen/Nahe* (3 km). Die Straße am Ortsende rechts führt durch den Wiesengrund, dann in einer Kurve ansteigend zur Waldeshöhe und weiter in Kurven (13% Gefälle) nach *Eiweiler* (4 km). Im Ort biegt man rechts in den Bosener Weg ein, zunächst noch ein wenig zum Talgrund abfallend, dann stark (13%) ansteigend, aber auf gutem Weg bei schönem Ausblick in die Landschaft hinauf zur Höhe, die man bei einem Feldkreuz erreicht. Von dort Abfahrt nach *Bosen* (4 km).

Zu Tour 6, 63 **Der Rhein bei St. Goar** (Foto: Heinz-Egon Rösch)

Bemerkung Man kann auch auf einer Radtour den Bostalsee mit dem Primstalsee verbinden (etwa 28 km). Von *Bosen* durch die Flurstraße zunächst ins Bostal, dann aufwärts durch das Wald- und Wiesengelände bis zur Höhe. Dort links auf etwa gleicher Höhe durch den Wald, dem Zeichen N folgend bis zum Sonnenberg (584 m, Wintersportgelände). Nun rechts rasante Abfahrt in Kurven nach *Braunshausen* (6 km). Unter der Autobahn hindurch gelangt man auf die Talstraße, deren Radweg man nach *Nonnweiler* (3 km) folgt. In Nonnweiler rechts, unter der Eisenbahnbrücke hindurch, ansteigend, dann links zum *Primstalstausee* (2 km), den man sowohl umrunden (12 km) oder an der Staumauer gleich rechts weiterfahren kann, um nach etwa 500 Metern wieder rechts zum Gasthaus an der Straße nach Otzenhausen abzubiegen. Man überquert diese Straße in Richtung »Hunnenring« (Keltische Stein-Fliehburg, ein Abstecher zu Fuß auf den Steinwall lohnt sich!) und folgt dem Zeichen N durch den Wald, später am Waldrand entlang auf befestigtem Weg nach *Ziegelhütte* (4 km). Hier entlang der B 327 auf dem Radstreifen in östlicher Richtung bis nach *Sötern* (4 km). Die letzte Etappe führt dann nach *Eckelshausen* (2 km) zum *Bostalsee*, den man sowohl links umrunden oder – rechts – direkt nach *Bosen* tangieren kann (6 km bzw. 1 km).

63 Fahrt durch das Rheintal Bingen – Koblenz

Schwierigkeitsstufe I.
Tourenlänge 60 Kilometer.
Fahrzeit 5 Stunden.
Höhenunterschiede Keine.
Karten 1:50000 L 6112 Bad Kreuznach, L 5912 Kaub, L 5710 Koblenz, Kompass 839 westlicher Taunus (teilweise); 1:100000 Radwanderkarte Rheinland-Pfalz Blatt Nordost; 1:200000 Generalkarte Blatt 12.
Wissenswertes Das *Rheintal* zwischen Bingen und Koblenz gehört zu den schönsten Flußtälern der Welt. Burgen, Ruinen, Felsen, alte Städtchen mit mittelalterlichen Stadtmauern, Kirchen, mit zahlreichen Fachwerkhäusern und Gehöften und sehr schönen Marktplätzen, die Weinberge an den Berghängen, das muntere Treiben auf den zahlreichen Volks- und Weinfesten bestimmen das farbenfrohe Bild dieser Landschaft am Rhein. Viele Millionen Menschen aus aller Welt lockt das Rheintal an. Der Fremdenverkehr dominiert, nicht zuletzt gefördert durch

die Fahrgastschiffe der »Weißen Flotte« auf dem Rhein und der Fremdenverkehrsattraktion »Rhein in Flammen«. Für den Radwanderer gibt es auf der Strecke zwischen Bingen und Koblenz teilweise gut ausgebaute Radwege (vorwiegend parallel zu den Umgehungsstraßen von Bacharach, Oberwesel, Hirzenach, am Rheinufer von Boppard). Der Rheinuferpfad (Leinpfad) kann ebenfalls zum Radwandern benutzt werden und bietet größere Sicherheit und Ruhe in dem mitunter vom Verkehr hektisch bestimmten Rheintal. – *Bingen* Bingerbrück siehe Tour 1. – *Trechtingshausen* südlich des Ortes die romanische Clemenskirche. Oberhalb die Burgen »Rheinstein« und »Reichenstein« aus dem

13. Jahrhundert, im 19. Jahrhundert in der Burgenromantik restauriert. – *Niederheimbach* mit der kleineren »Heimburg« und der am Ortsausgang links oben liegenden Burg »Sooneck«, 1689 durch die Franzosen zerstört, 1842–1861 restauriert. – *Rheindiebach* ehemals befestigter Ort mit einem Hospital, oberhalb die Burg »Fürstenberg«. – *Bacharach* siehe Tour 2. – *Oberwesel*

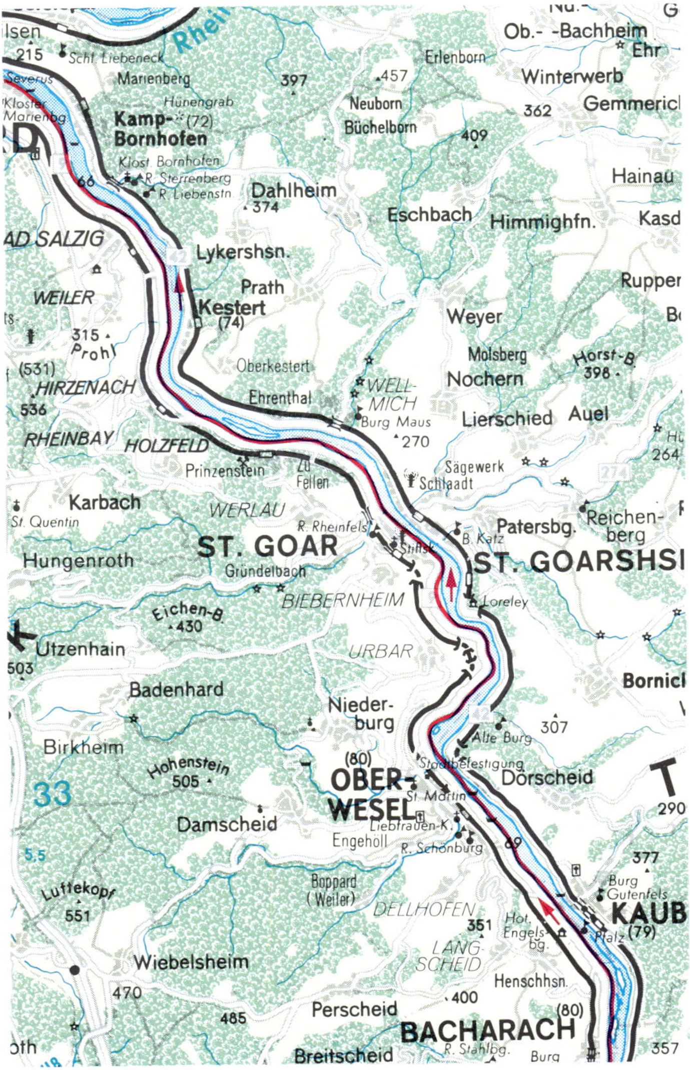

KOBLENZ
LAHNSTEIN
BOPPARD
RHENS
Mülheim-
Niederwerth
Kesselhm.
Wallersheim
Neuendorf
Bubenheim
Rübenach
Metternich
Moselweiss
Karthause
Güls
Bisholder
Winningen
Lay
Urbar
Simmern
Mallendar
Klost. Schönstatt
Niederbg.
Immendorf
Feste Ehrenbreitstn.
Ehrenbreitstn.
Arenberg
Arzheim
Mühlenbach hof
Pfaffendorf
Horchheim
Horchhmr.-H.
Nievern
Frücht
Auf Ahl
Friedrichssegen
Burg Lahneck
Kurthermen Rhein-Lahn
Lahnstein a. d. Höhe
Im Einmuth
Rittersturtz
Königsbach
Carola-Höhe
Kondertal
Kapellen-Stolzenfels
Schl. Stolzenfels
Königsstuhl
Brey
Braubach
Marksburg
Martins-K.
Waldburg
Spay
Siebenborn
Mariaroth
Waldesch
Naßheck
Hünenfeld
Bruder-Tönnes Hügel
Jakobsberg
Schauren
Hügelgräber
Vierseenblick
Mühltal
Kalmut
Osterspai
Filsen
Schl. Liebeneck
Dinkholder Mühlen
Rhein
St. Severus
Kloster Marienbg
Marienberg
Hünengrab
Kamp-Bornhofen
Klost. Bornhofen
R. Sterrenberg
R. Liebenstn.
Dahlhe
Ohlenfeld
Buchholz
Forsths.
Windhausen
Hünengräber
Hierermühle
Kratzenburg
Ney
Dieler
Halsenbach
Ehr
Ehrerheide
Mermicherhof
Fleckertshöhe
Bad Salzig
Weiler
Prohl
Hirzenach
Rheinbay
Holzfeld
Lykershsn.
Prath
Kestert
Oberkestert
Ehrenthal

siehe Tour 4. – *St. Goar, Hirzenach* siehe Tour 6. – *Boppard* siehe Tour 7. – *Brey, Rhens, Kapelle Stolzenfels* siehe Tour 9. – *Koblenz* siehe Tour 8.

Tourenbeschreibung In Bingen über die Brücke bei der Nahemündung nach *Bingerbrück* (1 km). Dort links des großen Bahnhofgeländes Weiterfahrt zunächst auf dem Radweg der Bundesstraße B 9, dann nach etwa 1,2 Kilometern rechts über den Bahnübergang zum schönen Radwanderweg (grünes Schild), der zwischen Bahn und Rheinufer entlangführt. An diesem Radweg folgen die Orte wie an einer Perlenschnur: *Trechtingshausen* (6 km), *Niederheimbach* (4 km), *Rheindiebach* (2 km), *Bacharach* (3 km), an der »Pfalz« vorbei nach *Oberwesel* (6 km), an der engsten Stelle des romantischen Rheintales, »Loreley« auf der anderen Rheinseite, vorbei nach *St. Goar* (6 km) und weiter nach *Hirzenach* (6 km), *Bad Salzig* (3 km) nach *Boppard* (4 km), wo man bei der Stadtrundfahrt

Zu Tour 17, 18, 64, 65, 69, 70, 74 **Trier, Kurfürstliches Schloß**
(Foto: Klaus Puntschuh)

zum Rheinufer mit seinen Anlagen überwechselt. Von Boppard durch die große Rheinschleife nach *Spay* (7 km), *Brey* (2 km) und *Rhens* (2 km). Von dort benutzt man rechts der Bahnlinie die alte B 9, vorbei an Rhenser Mineralwasserquellen, um dann auf mehr oder weniger gutem Weg entlang dem Rheinufer über *Kapellen-Stolzenfels* (3 km) und unter der Autobahn- und Eisenbahnbrücke hindurch nach *Koblenz* (5 km) zu fahren.
Bemerkung Der Radwanderweg durch das Rheintal zwischen Bingen und Koblenz hat – 1990 – noch einige »Schwachstellen«, so zwischen Oberwesel und St. Goar, St. Goar und Hirzenach, Bad Salzig und Boppard. Er ist dort sehr schmal.

64 Fahrt durch das Moseltal Koblenz – Trier (bis zur französischen Grenze)

Schwierigkeitsstufe I.
Tourenlänge 180 Kilometer (230 km).
Fahrzeit 15 bis 17 Stunden.
Höhenunterschiede Keine.
Karten 1:50000 L 5710 Koblenz, L 5910 Kastellaun, L 5908 Cochem, L 6108 Bernkastel-Kues, L 6106 Wittlich, L 6306 Trier-Pfalzel, L 6304 Trier; 1:100000 Radwanderkarte Rheinland-Pfalz Blätter Nordost und West; 1:200000 Generalkarte Blätter 12 und 15.
Wissenswertes Zu den lieblichsten Tälern Europas gehört das *Moseltal* im Rheinischen Schiefergebirge zwischen Eifel und Hunsrück und zwischen den Städten Koblenz und Trier. Es ist eine alte Kulturlandschaft, geprägt seit der Römerzeit durch den Weinbau. An den zumeist steilen Hängen und hier besonders an den Südflächen, wächst der Moselwein. Die Reben werden an einzeln stehenden Stöcken gezogen und im zeitigen Frühjahr nach dem Schnitt herzförmig gebogen. In den engen Schleifen, die die Mosel durch das Gebirge zieht, gibt es eine Reihe weltbekannter Weinorte mit alten Kirchen, Städtchen, Marktplätzen und Winzergehöften. Seit der Römerzeit (und früher) besiedelt, gehörte das Land an der Mosel mit wenigen Ausnahmen zum Kurfürstentum Trier, bis es nach dem Wiener Kongreß an Preußen kam. Seit dem Bestehen der Bundesrepublik ist das Moseltal Teil von Rheinland-Pfalz. – *Koblenz, Moselweiß* siehe Tour 8. – *Kobern, Alken* siehe Tour 9. – *Karden* siehe Tour 10. – *Cochem, Bruttig, Fankel, Beilstein* siehe Tour 11. – *Senheim, Edi-*

NEUWIED
Urmitz
WEISSENTHURM
Kaltenengers
BEND
Weiters
St. Sebastian 64
Urmitz-Bahnhof
Kettig
KESSELHM.
Niederwerth
Mülheim-
-Kärlich
Maria Trost
WALLERSHEIM
NEUENDORF
Pfaffenbucherhof
(60)
BUBENHEIM
(190)
238
RÜBENACH
METTERNICH
D. Eck
62
St. Florin
Liebfr.-K
KOBLENZ
(60)
MOSEL-WEISS
Künsterhof
Eis. Hand
GÜLS
KART-HAUSE
PFAF
Wolken
64
BISHOLDER
Belltal
201
Rittersturtz
Königsbach
HOR
285
Dieblich
Winningen
LAY
Carola-Höhe
KAPELLEN-STOLZENFELS
Dieblich-Berg
283
Kondertal
(60) Schl. Stolzenfels
Bauhöfe
306
Niederfell
Kühr
Mariaroth
397
Waldesch
Königsstuhl
RHENS
(66)
Brey
Försterhof
73
Oberfell
Arkenwälderhof
404
Naßheck
Hunenfeld
Freiheitstempel
Bruder-Tönnes Hügel
Jakobsberg
Schauren
Hugelgräber
Burg Thurand
Alken
(73)
Schiebigeich
302
Osterspai
Vierseenblick
Mühltal
Filsen
463
Pfaffenheck
215
Bauhof
320
Kalmut
St. Severus
Brodenbach
Kloster Marienbg.
UDENHSN.
Nörtershsn.
BOPPARD
(70)
Ohlenfeld
Ehrenburgertal
HERSCHWIESEN
BUCHHOLZ
235
Ehrenburg
Forsths.
300
356
(406)
Kropplingen
401
BAD SALZIG
Windhausen
Hünengräber
OPPENHSN.
Hübingen
Hierermühle
R. Schöneck

ger, Eller, Bremm, Neef, Bullay, Merl siehe Tour 12. – *Zell* siehe Tour 13. – *Briedel, Pünderich,* zahlreiche schöne Fachwerkhäuser. – *Enkirch, Traben-Trarbach* siehe Tour 14. – *Wolf, Kröv, Kinheim, Erden* Fachwerkhäuser 17./18. Jahrhundert. – *Zeltingen-Rachtig* spätgotisches Deutschherrenmuseum. – *Bernkastel-Kues* siehe Tour 15. – *Neumagen-Dhron* siehe Tour 16. – *Klüsserath,* ehemalige kurtrierische Wasserburg. – *Longuich* »Alte Burg«, Hof der Abtei St. Maximin und der Kratz von Scharfenstein (16. Jahrhundert), alte Stein- und Fachwerkhäuser. – *Trittenheim, Ruwer,* Burg und Höfe 16. Jahrhundert. – *Karthaus, Konz* siehe Tour 18. – *Trier* siehe Tour 17. – *Wormeldange, Remich, Nennig* siehe Tour 21.

Tourenbeschreibung Die Radwanderung erfolgt vornehmlich auf der Hunsrück-Seite des Moseltales. An einigen Stellen gibt es wegen der Steilabhänge keine Wege, so daß auf die andere Moselseite, die Eifelseite, ausgewichen werden muß (so bei *Karden* bis *Cochem, Senheim* bis zur Brücke hinter *Bremm* nach *Neef,* von *Wolf* über *Kröv* nach *Kinheim-Kindel,* von *Trittenheim* bis *Longuich*). Der größte Teil der Straße hat einen Radstreifen, doch gibt es mitunter noch einige Engpässe beim Passieren von Ortschaften und an engen Stellen zwischen Felswänden und Mosel.

Von *Koblenz* »Deutsches Eck« Radweg (grünes Schild) nach *Moselweiß* (2 km), dann über den Fußgängerweg der Eisenbahnbrücke nach *Güls* (1 km). Auf dem Radweg entlang dem Ufer der Mosel nach *Winningen* (4 km) und unter der sehr hohen Autobahnbrücke hindurch und vorbei an hochaufragenden Weinbergen nach *Kobern* (6 km). Dort über die Moselbrücke nach *Niederfell* (1 km) und auf der Hunsrückseite der Mosel nach *Oberfell* (3 km) und nach *Alken* (2 km) mit der hochragenden Burg Thurandt. Weiter auf dem Radstreifen der Moseluferstraße nach *Brodenbach* (2 km) mit den beiden Hunsrücktälern, dem Brodenbachtal und dem Ehrbachtal, nach *Burgen* (5 km) bis kurz vor Treis, wo die Moselseite über die Brücke nach *Karden* (5 km) gewechselt wird. Auf der Eifel-Seite der Mosel zunächst nach *Pommern* (3 km), dann nach *Klotten* (5 km) und schließlich nach der Kreisstadt *Cochem* (3 km).

In Cochem wieder auf die andere Seite der Mosel zum Vorort *Cond* (1 km) und weiter über *Valwig* (3 km), *Bruttig* (3 km), *Fankel* (1 km), nach dem romantisch an der aufgestauten Mosel gelegenen urtümlichen *Beilstein* (2 km). Über *Briedern* (3 km) geht die Fahrt weiter durch die Weingärten nach *Mesenich* (2 km), nach *Senheim* (2 km), wo wieder die Moselseite gewechselt wird, um dort – auf dem angenehmen Radweg entlang

Kaisers-esch
Eulgem
Gamlen
Roes
Naunheim
MÜNSTER-MAIFELD
Kattenes
Kerges-höfe
Zettingen
Brachtendf.
Pillig
Sevenich
METTERNICH 259
Hatzenport
Löf
Hambuch
Dünfus
Brohl
KELDUNG
Wierschem
LASSERG
Schöne Aussicht
Möntenich
Mosel
Jahrsbergerhöfe
Illerich
Wirfus
Forst (Eifel)
Pilliger-heck
Neuhof
Burgen
Binningen
Rotherhof
Greimersburg
Landkern
Brieden
Müdenerberg
Moselkern
Morshsn.
Kail
Müden (Mosel)
Karden
Pommern
Klotten
Treis
Lützbachmühle
Müdener Bock
Lützbachtal
Macken
COCHEM
COND
Schafstallerhof
Pfalzerhof
Valwigerberg
Schock
Gottes-häuserhof
Lütz
Eveshausen
Valwig
Ernst
Bruttig
Ebernach
SEHL
Lescherhof
Dohr
Beurenhof
Lieg
Dommershsn.
Dorweiler
Steffenshof
Fahrendeierhof
Eickelslay
R. Winneburg
Wildpark Klotten
R. Coraidelstein
Burg Treis
Wildburg
R. Bischofstein
Ruine Trutz-Eltz
Römerkastell
R. Waldeck
R. Ehrenburg
Burg Pyrmont
Pyrmonterhöfe
Arenberg
Schwanen-kirche
Pfaffenhsn.
Molzig
Liesenfelds M.
Klickerter-hof
Kavelocherhof
Annicher-hof
Esperhof
Hügel-gräber
Pommerbach
Elzbach
Brohlbach
Flaumbach
Dünnbach
Baybach
U81

der Mosel – über *Nehren* (2 km) nach *Ediger* (3 km) und *Eller* (1 km) zu fahren und unter der Eisenbahnbrücke hindurch (die hier aus dem »Kaiser-Wilhelm-Tunnel« 4,5 km lang durch den Berg zwischen Cochem und Eller führt, um den »Ediger-Krampen« mit seinen 23 Kilometer langen Moselschleifen abzukürzen) bis zur Ortschaft *Bremm* (3 km). (Vor Bremm unterhalb des Calmonts, muß die Straße benutzt werden). Hinter Bremm wieder auf die andere Moselseite nach *Neef* (3 km) und von dort zwischen Bahnlinie und Mosel auf schmaler, gerader Straße nach *Bullay* (5 km). Von Bullay in der großen Moselschleife, an deren schmalster Stelle (1,2 km) die altehrwürdige Marienburg liegt, nach *Merl* (3 km) und zum Touristenort *Zell* (2 km). In großem Bogen auf breitem Radstreifen weiter nach *Briedel* (3 km) und *Pünderich* (2 km), wo die Ortsdurchfahrt und zwischen der Mosel und der Hauptstraße die asphaltierten Weinbergwege gewählt werden, die bis kurz vor *Burg* (3 km) führen. Auf dem Radstreifen der Bundesstraße B 53 nach *Enkirch* (3 km), wo sich auch ein »Abstecher« hinauf nach Starkenburg, seiner schönen Aussicht wegen auf die Moselschleife bei Traben-Trarbach, lohnt; Höhenunterschiede 280 Meter (Umweg 10 km) oder der Mosel entlang nach *Traben-Trarbach* (5 km).

Von Traben-Trarbach zunächst auf gutem Radstreifen nach *Wolf* (4 km), wo wieder die Moselseiten gewechselt werden, und weiter nach *Kröv* (3 km), wo man am besten die Ortsdurchfahrt benutzt, dann in *Kinheim* (2 km) die schmale Brücke, um wieder auf die andere Moselseite zu gelangen, nach *Kindel* (1 km), *Lösnich* (1 km), *Erden* (2 km) und weiter nach *Rachtig* (4 km) und *Zeltingen* (1 km). Von hier führt die Straße eng durch die Weinberge, dann später großzügig ausgebaut nach dem Fremdenverkehrsort *Bernkastel-Kues* (6 km), unterhalb der Burg Landshut gelegen.

In Bernkastel wechselt man über die Brücke nach dem Ortsteil *Kues* (1 km) mit dem Cusanus-Stift und dem Geburtshaus des Humanisten und Theologen, des Kardinals Nikolaus von Kues, das gleich an der Straße liegt. Von hier nach *Lieser* (4 km) und hinter Lieser wieder über die Brücke zur anderen Moselseite nach *Mülheim* (2 km), das bei der Einmündung des Veldenzer Tales in die Mosel liegt. Über *Brauneburg* (4 km), *Filzen* (1 km), durch die großen Weinberganlagen nach *Wintrich* (3 km) und *Niederemmel* (4 km) und dem Ort aus der Römerzeit *Neumagen-Dhron* (4 km). Weiter geht die Fahrt durch die Weinberge, bis man auf der Höhe von *Trittenheim* (4 km) wieder die Moselseite wechselt, um über *Klüsserath* (5 km) *Ensch* (3 km), *Schleich* (2 km), *Pölich* (2 km), *Mehring* (3 km), *Lörsch*

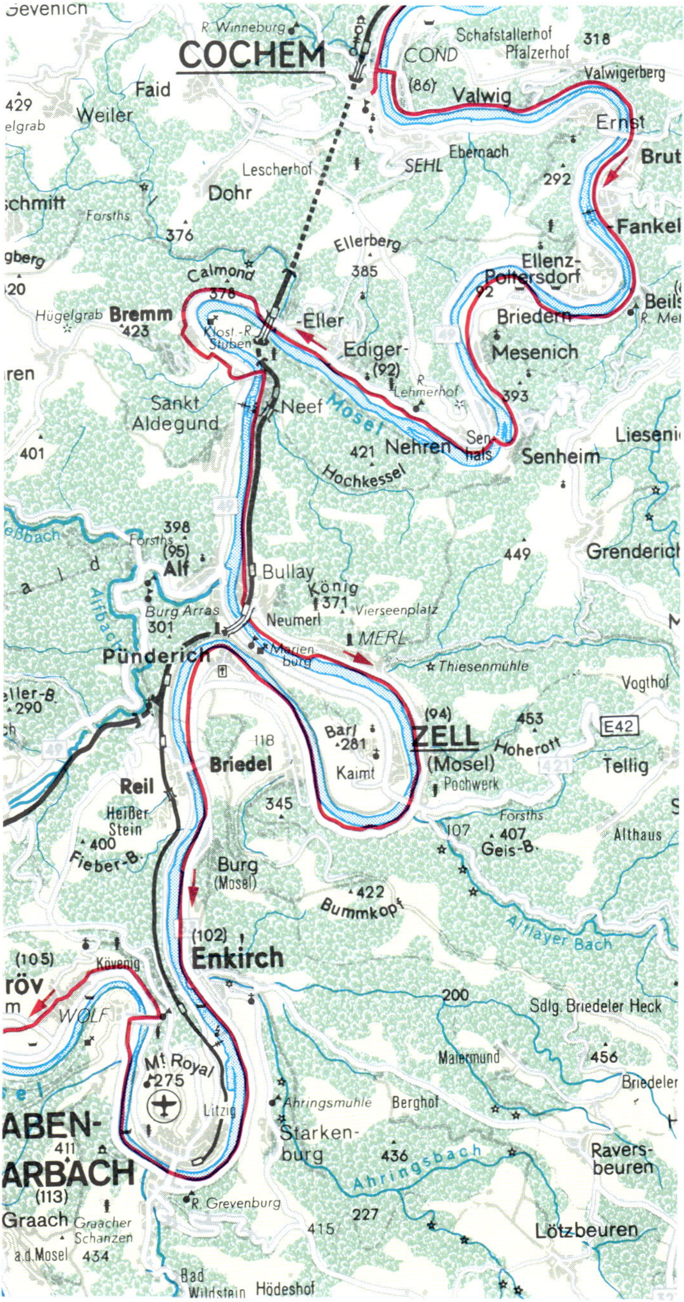
COCHEM
R. Winneburg
Schafstallerhof
Pfalzerhof
318
COND
(86)
Valwig
Valwigerberg
Faid
429
Weiler
Ernst
Ebernach
SEHL
Lescherhof
292
Dohr
Forsths
376
Ellerberg
385
Fankel
Ellenz-
Poltersdorf
92
Calmond
378
Bremm
423
Hügelgrab
Eller
Klost.-R. Stuben
Ediger-
(92)
Briedern
Mesenich
R. Lehmerhof
393
Sankt
Aldegund
Neef
Mosel
Nehren
Senhals
Senheim
401
421
Hochkessel
Liesenich
398
Forsths
(95)
Alf
449
Grenderich
Bullay
König
371
Vierseenplatz
Burg Arras
301
Neumerl
MERL
Pünderich
Marienburg
Thiesenmühle
Vogthof
290
(94)
453
E42
118
Bar
281
ZELL
(Mosel)
Hoherott
Tellig
Briedel
Kaimt
Pochwerk
Reil
345
Heißer Stein
400
Fieber-B.
Forsths
107
407
Geis-B.
Althaus
Burg
(Mosel)
422
Bummkopf
Altlayer Bach
(102)
Enkirch
(105)
Kövenig
200
Sdlg. Briedeler Heck
WOLF
Mt. Royal
275
Malermund
456
Briedeler
Litzig
Ahringsmuhle
Berghof
Starkenburg
411
436
Ahringsbach
Ravers-
beuren
(113)
R. Grevenburg
Graach
Graacher
Schanzen
227
415
Lötzbeuren
a.d. Mosel
434
Bad
Wildstein
Hödeshof

WITTLICH (155)
BOMBOGEN
Berlingen
Belingen
Römerstraße
Ürzig
Urzig
420
(105)
Kröv
Kövenig
Kinheim
WOLF
(102)
Enkirch
Breit
U69
U70
10
Neumühle
Buscheid
Altrich
WENGEROHR
Wahlholz
Ürzigermühle
Rothenberg
365
Forsths
Erden
Lösnich
Rachtig
Kindel
Mosel
Zeltingen-Rachtig
(106)
TRABEN-TRARBACH
411
(113)
Mt Royal
275
Litzig
Ahringsmühle
Starkenburg
R. Grevenburg
227
415
weiler
355
Asberg
351
Burg-B.
Dreis
Salmrohr
Salmtal
(173)
Haardt
165
Platten
Machern
361
Siebenborn
Paulskirche
Maring-Noviand
Maring
WEHLEN
Graach
Graacher Schanzen
a.d.Mosel
434
Bad Wildstein
Hödeshof
Lieser-B.
Noviand
Osann-Monzel
Lieser
Römerstraße
Salm
Pohlbach
365
Klausen
Monz.Hütten-K.
421
KUES
Mülheim
(111) (Mosel)
BERNKASTEL-KUES
(110)
KAUTENBACH
Sehlem
Neu Minheim
Wallf.-K.
Krames
Kesten
Braunebg.
Filzen
135
ANDEL
Monzelfeld
458
Fronho
Pilmeroth
U72
Esch
382
Thomas-B.
Ferres
Piesport
Pfarrk.
270
Veldenz
R. Veldenz
Thalveldenz
Longkamp
(408)
Emmeroth
Rivenich
401
Hansen-B.
Niederemmel
(130)
Wintrich
Geierslei
Burgen
Burgenfahls
Kommen
Götzerc
Ilsbac

Schleidweiler-
-Rodt
Mülchen
Föhren
Hetzerath
Bf Hetzerath
Hochkreuz
Bekond
Rivenich
Hansen-B.
Klüsserath
Ferres
Niederemmel
Minheim
Wintrich
Geierslei
-Dhron
Neumagen-
Römergrab
Rondel
Hirzlei
Dhron-B.
Papiermühle
Trittenheim
Köwerich
Thörnich
Detzem
Leiwen
Alsberg
Ensch
SCHWEICH
Mehringer B.
Kirsch
Longen
Schleich
Mehring
Pölich
Longuich
Lörsch
Riol
Fastrau
Im Dhrönchen
Heidenburg
Heidenburgerhof
Krakes-M.
Dhrontal-Stausee
Büdlich
Berglicht
Breit
Büdlicherbrück
Niederfell
Fell
Feller B.
Oberfell
Gold-B.
Mertesdorf
Kasel
EITELSBACH
RUWER
TRIER
Grünhaus
Ehem. Stiftsk.
PFALZEL
BIEWER
Aacher B.
EHRANG
Hochburg
Genoveva-Höhle
R. Ramstn.
Quint
Auf der Heide
Rundwiese
Bleischmelz
Zoonen-B.
Hochmark
Römer-B.
Burg-B.
Quintbach
Kyll
Mosel
Issel
Kenn
E44
E422
48
1
602
U59,61
U59
U61
U63
U65
U67
U74
U76
U78 U80
U33
U66
U68
U31
4
14
34
363
321
212
197
390
401
353
300
205
128
139
165
419
463
418
360
330
262
376
135
369
401
404
203
441
(192)
(125)
(122)
(121)
(120)
(130)
(124)

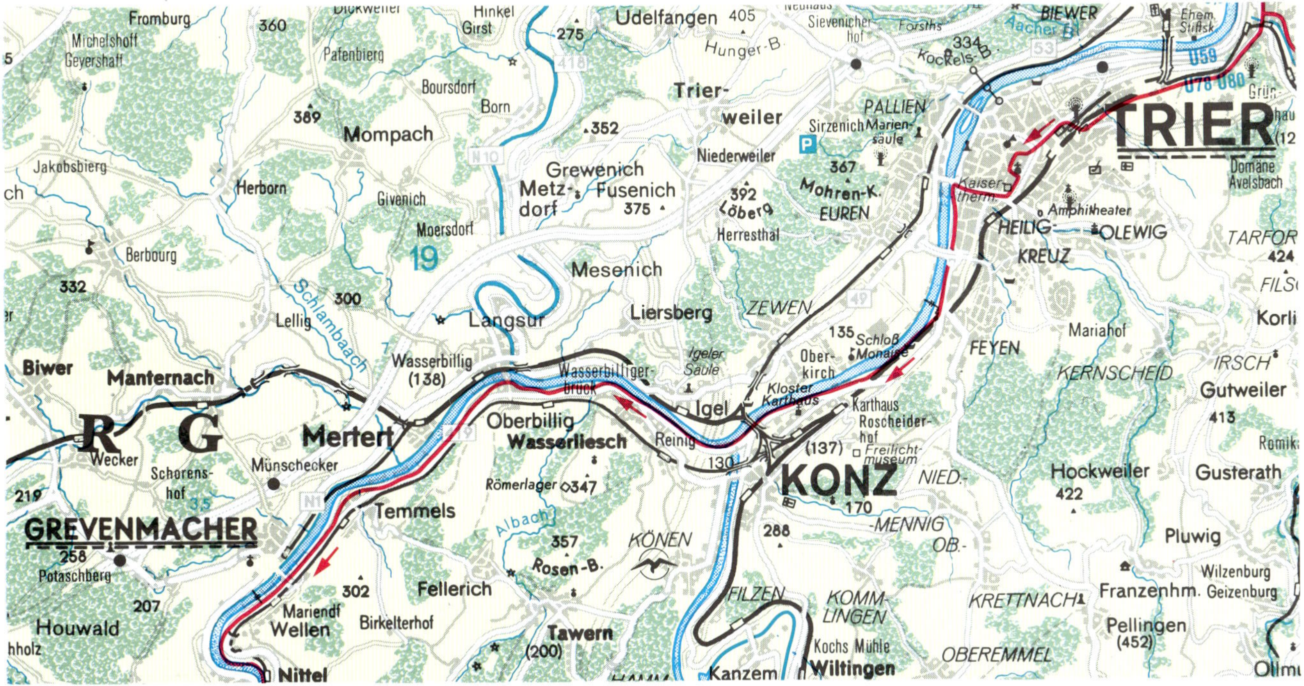
TRIER
KONZ
GREVENMACHER
Fromburg
Michelshoff
Geyershaff
Jakobsbierg
Berbourg
Herborn
Mompach
Pafenbierg
Boursdorf
Born
Hinkel
Girst
Givenich
Moersdorf
Lellig
Schlambaach
Biwer
Manternach
Wecker
Schorens-hof
Münschecker
Mertert
Wasserbillig (138)
Langsur
Mesenich
Grewenich
Metz-dorf
Fusenich
Udelfangen
Hunger-B.
Trier-weiler
Niederweiler
Sirzenich
Mariensäule
Löberg
Herresthal
Mohren-K.
EUREN
PALLIEN
Sievenicher hof
Forsths
Kockels-B.
BIEWER
Aacher Bl.
Ehem. Stiftsk.
Grün-
Domäne Avelsbach
Kaiser therm.
Amphitheater
HEILIG-
OLEWIG
KREUZ
TARFOR
FILS
Korli
Mariahof
FEYEN
ZEWEN
Liersberg
Igeler Säule
Igel
Schloß Monaise
Ober-kirch
Kloster Karthaus
Karthaus
Roscheider-hof
Freilicht-museum
Wasserbilliger-brück
Oberbillig
Wasserliesch
Reinig
Römerlager
Albach
Temmels
Potaschberg
Houwald
Mariendf
Wellen
Nittel
Birkelterhof
Fellerich
Tawern (200)
Rosen-B.
KÖNEN
FILZEN
KOMM-LINGEN
Kochs Mühle
Kanzem
Wiltingen
OBEREMMEL
KRETTNACH
NIED-
MENNIG
OB.-
KERNSCHEID
IRSCH
Gutweiler
Hockweiler
Gusterath
Romik
Pluwig
Wilzenburg
Franzenhm.
Geizenburg
Pellingen (452)
Ollm
19

GREVENMACHER
Betzdorf
Berg
258
Potaschberg
Banzelt
E44
Flaxweiler
Houwald
207
Buchholz
239
Widdebierg
386
Mensdorf
316
Donvenerbaach
Ober-
donven
Machtum
273
Temmels
302
Mariendf
Wellen
Birkelterhof
Nittel
381
390
286
Onsdorf
Kapenacker
Beyren
Nieder-
donven
297
Moselle
Köllig
Rehlingen
Gostingen
Ahn
Dreiborn
341
Söst
Fisch
Steg
Wormeldange
Aalbaach
Ehnen
Wincheringen
(220)
Rehlingen-
-Littdorf
Helenen-Kreuz
(413)
Körrig
294
Lenningen
Scheierhaff
Bicherhaff
Greiveldange
Bilzingen
Wehr
Helfant
Rommelfangen
404
Esingen
262
Merz-
kirchen
Dittlingen
Palzem
Rohlingen
Dilmar
Stadtbredimus
Bous
Südlingen
Beuren (Saargau)
215
Straße
Thorn
159
REMICH
Kreuzweiler
Röm.-
Kirf
Erpeldange-
-lez-Bous
(145)
Eimeringer-
haff
Bech-
Kleinmacher
Schl. Bübingen
Schl. Berg
E29
Sinz
Münzingen
Reiplingerhof
Alter B.
406
Nennig
Röm. Villa
Wellenstein
Mosel
408
Faha
151
Tettingen-
-Butzdorf
Kesslingen
Schwebsange
Elvange-les-
-Burmerange
Besch
Wochern
Wintrange
357
Oberleuken
Borg
Burmerange
Pillingerhof
Remerschen
Sehndorf
Hellendorf
Eft-Hellendorf
Schengen
Oberperl
430
Eft
Perl
Büschdf.
Merschweiller
Contz-
les-Bains
312
Apach
Belmach
Schloß
Meinsberg
442
Kewelsberg

(2 km), *Longen* (1 km) und wieder über die Brücke auf die Hunsrück-Seite der Mosel, nach *Longuich* (2 km) zu fahren. Von hier zum Nachbarort *Kirsch* (1 km) und unter den Autobahnkreuzungen hindurch, dann südlich parallel zur Autobahn auf dem asphaltierten Landwirtschaftsweg an *Kenn* (3 km) vorbei, unter dem Autobahnwirrwarr hindurch, auf der alten Landstraße nach *Ruwer* (3 km). Nach der Ortsdurchfahrt bis zum Bahnwärterhäuschen und der Eisenbahnschranke, die aber nicht passiert wird, sondern geradeaus zwischen Weinbergen und Eisenbahnlinie auf asphaltiertem Landwirtschaftsweg, später durch die Bahnunterführung, direkt nach *Trier* (5 km), das man beim Bahnhof erreicht.

Zur Weiterfahrt im Moseltal: Am Trierer Moselufer und unter der alten Römerbrücke hindurch auf dem ausgezeichneten Radweg am Moselufer nach *Konz* (7 km), dann über die elegante, mit gutem Radweg ausgestattete Brücke an der Saarmündung in die Mosel nach *Wasserliesch* (3 km) und weiter nach *Oberbillig* (2 km), wo es eine Fähre nach Wasserbillig, Luxemburg, gibt. Dem Radweg (grünes Schild) der Mosel folgen nach *Temmels* (4 km) und weiter zwischen Bahn und Moselufer – an *Wellen* (2 km) vorbei – nach dem Weinort *Nittel* (2 km), wo die vorzügliche Elbling-Rebe gedeiht. Moselaufwärts geht die Fahrt weiter auf dem Radwanderweg bis *Bahnhof Wincheringen* (5 km). Hier über die Moselbrücke auf die luxemburgische Seite der Mosel wechseln nach *Wormeldange* (Wormeldingen) (1 km). Dort auf dem Radweg der N 10, entlang der vorzüglichen Weinlagen – an *Ehnen* (2 km) und *Stadtbredimus* (5 km) vorbei – nach *Remich* (2 km). In Remich die Mosel auf der Brücke der B 406 überqueren und dann rechts dem Schild »Römische Villa« folgen zur Ortsmitte von *Nennig* (3 km). Von Nennig auf dem beschilderten Radweg Nr. 11 bzw. Nr. 6 nach *Besch* (2 km) und nach *Perl* bzw. Schengen (3 km) an der deutsch-französischen Grenze.

65 Fahrt durch das Saartal Trier – Saarbrücken – Sarreguemines (Saargemünd)

Schwierigkeitsstufe I.
Tourenlänge 100 Kilometer (116 km).
Fahrzeit 7 bis 9 Stunden.
Höhenunterschiede Keine.
Karten 1:50000 L 6304 Trier, L 6504 Merzig, L 6706 Saarbrücken-West; 1:75000 Radwanderkarte Saarland; 1:200000 Generalkarte Blätter 12, 15 und 18.
Wissenswertes Das *Saartal,* ein Nebental der Mosel, ist landschaftlich von besonderem Reiz zwischen Trier (-Konz), wo die Saar in die Mosel mündet, und Merzig. Dieser Abschnitt des Tales ist gekennzeichnet zunächst durch an den Berghängen angelegte Weinberge bis in die Höhe von Saarburg, sodann durch

Zu Tour 65 **Blick vom Vogelfelsen auf die Saar und Saarhölzach**
(Foto: Klaus Puntschuh)

hochragende Hangwälder und Felsen (so im Gebiet von Kastel-Staadt und Saarhölzbach). Den landschaftlichen Höhepunkt erlebt man im Saartal in der »Saarschleife« zwischen Mettlach und Dreisbach bzw. Besseringen. Von Merzig aus bis Saarbrücken ist das Saartal weit geöffnet und wird bestimmt vom Saarländischen Kohlen- und Industriegebiet (Merzig, Dillingen, Völklingen, Saarbrücken) und verkehrsreichen Straßen. – *Trier* siehe Tour 17. – *Karthaus, Konz, Hamm* siehe Tour 18. – *Saarburg* siehe Tour 51. – *Beurig* zweischiffige gotische Hallenkirche. – *Mettlach* siehe Tour 50. – *Merzig, Beckingen* siehe Tour 49. – *Dillingen* siehe Tour 48. – *Wallerfangen, Saarlouis* siehe Tour 47. – *Völklingen* siehe Tour 46. – *Saarbrücken, Sarreguemines (Saargemünd)* siehe Tour 42.

Tourenbeschreibung Von der Römerbrücke in *Trier* aus auf dem Radweg/Uferweg entlang der Mosel nach *Karthaus* (5 km) bis zur Mündung der Saar in die Mosel in *Konz* (2 km). Auf

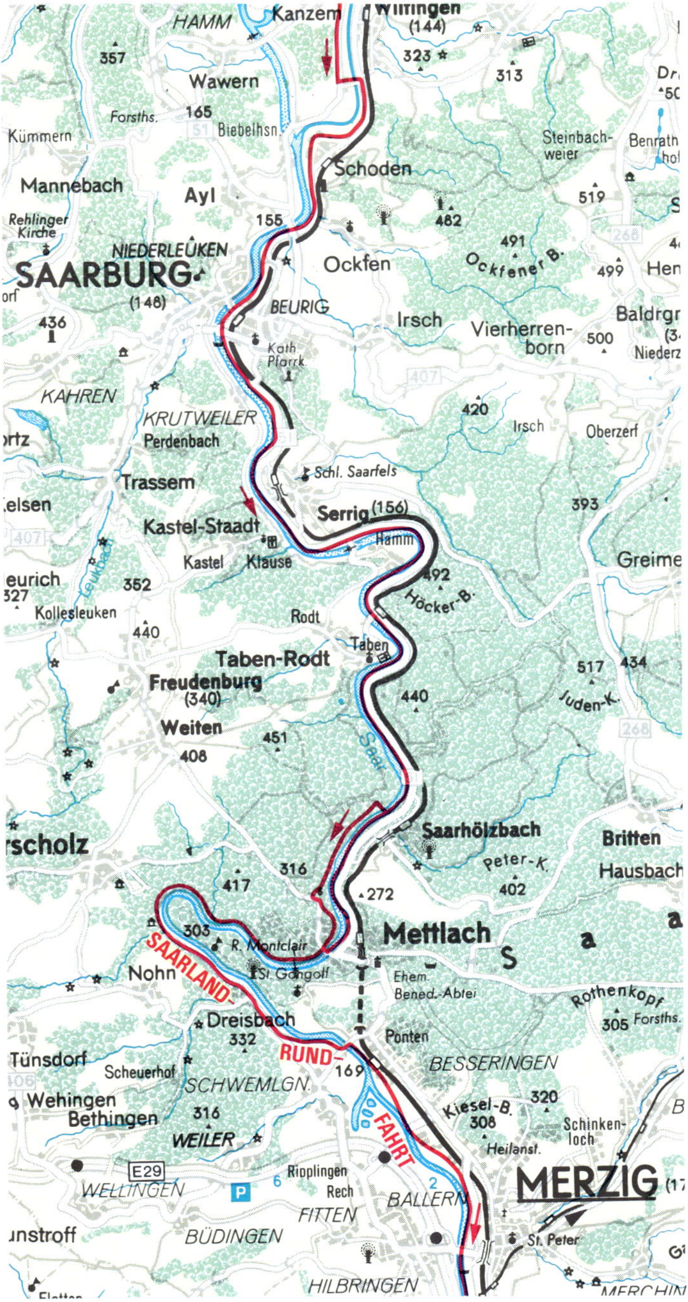

HAMM
Kanzem
Wiltingen
(144)
357
323
313
Wawern
Forsths.
165
51
Biebelhsn.
Kümmern
Steinbach-
weier
Benrath
hof
Schoden
Mannebach
Ayl
519
155
482
Rehlinger
Kirche
268
NIEDERLEUKEN
491
SAARBURG
Ockfen
Ockfener B.
499
(148)
BEURIG
Irsch
Vierherren-
born
Baldrgr
436
500
Niederz
Kath.
Pfarrk.
407
KAHREN
420
KRUTWEILER
Irsch
Oberzerf
Perdenbach
Schl. Saarfels
Trassem
393
Serrig (156)
Kastel-Staadt
407
Hamm
Kastel
Klause
Greime
Leukbach
492
327
352
Höcker-B.
Kollesleuken
Rodt
440
Taben
Taben-Rodt
517
434
Freudenburg
(340)
Juden-K.
440
268
Weiten
451
408
Saar
Saarhölzbach
Britten
316
Peter-K.
Hausbach
417
272
402
303
Mettlach
R. Montclair
Nohn
St. Gangolf
S a a
SAARLAND-
Ehem.
Bened.-Abtei
Rothenkopf
305 Forsths.
Dreisbach
332
Ponten
Tünsdorf
RUND-
169
BESSERINGEN
Scheuerhof
SCHWEMLGN.
320
Wehingen
Kiesel-B.
308
Schinken-
loch
Bethingen
316
FAHRT
WEILER
Heilanst.
E29
MERZIG
Ripplingen
WELLINGEN
6
2
Rech
BALLERN
FITTEN
BÜDINGEN
St. Peter
HILBRINGEN

dem Radweg nun weiter entlang der Saar in südlicher Richtung, vorbei an *Filzen* (3 km) und am Saarufer durch *Hamm* (1 km) und über die Brücke der Saar auf das andere Ufer nach *Kanzem* (2 km). Man folgt dort dem ausgeschilderten Radweg links und später der Straße Richtung Wiltingen, um nach etwa 3 Kilometern wieder auf das andere Saarufer bei *Wiltingen* (3 km) überzuwechseln. Auf dem Radweg entlang der Mosel über *Schoden* (3 km) und bei *Ockfen* (2 km) erreicht man *Beurig* (3 km), das durch eine Brücke mit *Saarburg* (1 km) verbunden ist.

Von *Saarburg-Beurig* aus Weiterfahrt auf dem schönen Mosel-Radwanderweg, später breiten Radstreifen der B 51 durch das

SAARLOUIS
RODEN
FRAU-LAUTERN
Schwarzenholz
Ensdorf
Hülzwlr.
Schwalbach
Heusweiler
Kutzhof
Göttelborn
Quierschied
Holz
Riegelsbg.
Fischbach
Köllertal
Walpershfn.
Niedersalbach
Herchenbach
Etzenhofen
Rittenhofen
Sprengen
Elm
Bous
Griesbron
Derlen
Wadgassen
Schaffhausen
Hostenbach
Werbeln
Differten
PÜTTLINGEN
VÖLKLINGEN
SAARBRÜCKEN
SULZ
Lisdorf
NEUFORWEILER
RUNDFAHRT
SAARLAND-
FENNE
FÜRSTENHSN.
GERSWEILER
KLARENTHAL
WEHRDEN
GEISLAUTERN
HEIDSTOCK
ALTENKESSEL
LUISENTHAL
BURBACH
MALSTATT
RODENHOF
ST. JOHANN
Jägersfreude
Rußhütte
Universität AM HOMBURG
Herrensohr
Neuhaus (Saar)
Ritterstraße
Wald
Jakobshütte
Kurhof
Wahlschied
Köllerb.
Engelfangen
Hixberg
Pflugscheid
Buchschachen
Sellerbach
Kölln
Wasserburg Bucherbach
St. Martin
Morgenstern
Knausholz
Röchling-Höhe
Herrm.
Dilsburg
Berschwlr.
Bietschied
Hilschbach
Güchenb.
Hohlenstein
Brefeld
Numborn
Picard
Neuhof
Holzmühle
Sablonhof
Sandhof
Häsfeld
Linslerhof
Friedrichweiler
E29
E422
620
623
Saar
Bist

SAARBRÜCKEN
DUDWLR.
RENTRISCH
Herrensohr
Jägersfreude
340
360
Universität
AM HOMBURG
RODENHOF
ST. JOHANN
332
Eschbg.
SCHEIDT
Scheidterberg
386
Sengscheid
Reichenbrunn
HASSEL
St. Hildegard
E50
(229)
OBERWÜRZB.
375
Heckendalheim
Ommersheim
SAARLAND-RUNDFAHRT
SCHAFBRÜCKE
BREBACH
ST. ARNUAL
BISCHMISHEIM
Breitenbergerhof
Flughafen Saarbrücken Ensheim
360
ENSHEIM
325
Mandelbachtal
GÜDINGEN
Schönbach
FECHINGEN
Alsting
340
E29
ESCHRINGEN
Ormesheim
Hessling
BÜBINGEN
Hartungshof
Hunackerhof
Wittersheim
Zinzing
368
Bliesransbach
Neuhof
200
300
Grosbliederstroff
Kleinblittersdf.
Gräfinthal
Blies-Schweyen
345
Blies-Guersviller
288
Auersmacher
Bliesmengen-Bolchen
336
Rouhling
Saar
Blies
202
344
Sitterswald
Frauenberg
275
Habkirchen
268
A
Rilchingen-Hanweiler
Welferding
Folpersviller
Blies-Ebersing
Neunkirch les Sarreguemines
SARREGUEMINES
(220)
E29

nun immer enger werdende Saartal nach *Serrig* (4 km) und unterhalb der auf der anderen Seite der kanalisierten Saar liegenden Felsen und der »Klause« von Kastel vorbei nach *Saarhölzbach* (12 km), eine langgezogene Strecke ohne Ortsdurchfahrten, die aber durch die Vielfalt der umgebenden Landschaft nicht eintönig ist. Von Saarhölzbach (auf der anderen Seite der Saar gibt es einen ruhigeren Radwanderweg) nach *Mettlach* (3 km) mit seiner Keramik-Industrie und den Resten der ehemaligen Benediktinerabtei. In Mettlach über die Brücke auf die andere Seite der Saar und nun beginnt entlang des Uferweges die Fahrt durch die reizvolle und idyllische »Saarschleife« bis hinter *Dreisbach* (8 km), wo der Radwanderer durch keinen Motorenlärm gestört wird. Man fährt dem Saarufer entlang bis zur Brücke, um auf der Brücke die Saar nach *Besseringen* (4 km) zu überqueren. Dort folgt man dem saarländischen Radwanderweg 1 Ost der Saar entlang nach *Merzig* (5 km).

Von Merzig in südlicher Richtung durch das hier wieder enger werdende Tal auf dem Radweg entlang der Saar unterhalb von Saarfels vorbei nach *Beckingen* (9 km), und weiter auf dem Saaruferweg nach *Dillingen* (4 km). Am Saarufer von Dillingen über die zweite Brücke Richtung Wallerfangen und wieder auf die andere Seite der Saar nach *Wallerfangen* (3 km). Auf dem schmalen, baumbestandenen Radweg geht die Fahrt weiter zum Zentrum und Marktplatz von *Saarlouis* (4 km). Man verläßt den Ort in südlicher Richtung bis zur Ensdorfer Straße, um auf dieser Straße – wieder über die Saar – östlich vor *Ensdorf* (3 km) zu fahren. Vor Ensdorf auf dem Radweg R 1, streckenweise der Saar folgend, nach *Bous* (4 km) und weiter der (einzig möglichen) Straße folgend, in das Zentrum von *Völklingen* (5 km). Bis zum Stadtteil *Luisenthal* (3 km) bleibt man auf dem Radstreifen/Radweg der B 51. In Luisenthal Ortsmitte rechts über die Saarbrücke und die Autobahn A 620 zur anschließenden Landstraße, der man saaraufwärts etwa 200 Meter folgt, um dann links unter der Autobahn hindurch zum Uferweg an der Saar zu gelangen. Hier folgt man dem ausgebauten, aber hochwassergefährdeten Saaruferweg (teilweise unter der überhängenden Autobahn) durch die Industrielandschaft der Saar nach *Saarbrücken* (7 km). – Von Saarbrücken fährt man auf dem guten Radweg am westlichen Ufer der Saar zunächst unter der A 620, dann unter der E 12 hindurch in südliche Richtung an alten Schleusen vorbei, unbemerkt über die Grenze nach Frankreich. Auf diesem Leinpfad/Radweg berührt man *Grosbliederstroff* (9 km) und *Welferding* (5 km) und erreicht bei der Mündung der Blies in die Saar *Sarreguemines* (2 km).

66 Fahrt im Tal der Blies
Sarreguemines – Blieskastel – Homburg/Saar – Neunkirchen – St. Wendel – Bliesquelle

Schwierigkeitsstufe II/III.
Tourenlänge 98 Kilometer. **Fahrzeit** 7 bis 10 Stunden.
Höhenunterschiede 150 Meter auf 3 Kilometer hinter Reinheim zum Hochwald; 90 Meter auf 2 Kilometer von Gronig zum Gebiet der Bliesquelle bei Selbach.
Karten 1:50000 L 6708 Saarbrücken-Ost, L 6908 Kleinblittersdorf, L 6508 St. Wendel, St. Wendeler Land; 1:75000 Radwanderkarte »Radwandern im Saarland«; 1:200000 Generalkarte Blätter 15 und 18.
Wissenswertes Das *Bliestal* beginnt 10 Kilometer nordwestlich von St. Wendel ganz dicht bei der Quelle der Nahe und verläuft durch das östliche Saarland bis zur deutsch-französischen Grenze, wo die Blies bis zu ihrer Mündung in die Saar in Saargemünd auch die Grenze bildet. Von St. Wendel bis Wiebelskirchen ist das Tal der Blies durchaus reizvoll, wird aber in der Gegend von Neunkirchen durch die dichte und vor allem industrielle Besiedlung empfindlich gestört. Ab Wörschweiler in der Nähe von Blieskastel entfaltet das Bliestal seine landschaftlichen Reize, eingebettet in sanft-wallende Hügel. Besonders idyllisch

Zu Tour 66, 75 **Bliesbruck, römische Ausgrabungen** (Foto: Heinz-Egon Rösch)

und vor allem ruhig ist die (noch) harmonische Uferlandschaft der Blies im Bereich der deutsch-französischen Grenze zwischen Reinheim und Saargemünd, wo die Tour durch das Bliestal umgekehrt von der Mündung bis zur Quelle beginnt. – Im Tal der Blies haben die Römer bleibende Spuren hinterlassen wie die umfangreichen Ausgrabungen von Bliesbruck, Reinheim und Schwarzenacker bezeugen. – *Sarreguemines/Saargemünd* siehe Tour 42. – *Bliesbruck* »Europäischer Archäologischer Kulturpark« zwischen Bliesbruck und Reinheim. Am Ufer der Blies ein mehrere Quadratkilometer großer römischer »vicus« (= Dorf) aus dem 2./3. Jahrhundert nach Christus mit vielen Wohnungen, Werkstätten, Läden, Straßen, Brunnen, Badeanlagen. Die Mauerreste haben eine Mächtigkeit von 80 Zentimetern bis zu 3 Metern. Schon früher siedelten in dieser Gegend die Kelten, wie wertvolle Funde zeigen. Das Gelände ist noch nicht vollständig ausgegraben. Ein Museum ist geplant. – *Reinheim* ist bekannt geworden durch die 1954 erfolgte Entdeckung der Grablege einer keltischen Fürstin aus der Zeit um 400 vor Christus mit reichen Grabbeigaben aus Bernstein, Glas und Bronze. – *Blieskastel* siehe Tour 52. – *Wörschweiler, Schwarzenacker* siehe Tour 53. – *Homburg/Saar, Jägersburg* siehe Tour 54. – *Bexbach, Neunkirchen* siehe Tour 55. – *Ottweiler* siehe Tour 56. – *Niederlinxweiler,* Saalkirche von dem Saarbrücker Barockbaumeister Wilhelm Bathasar Stengel 1775 erbaut. Orgel aus der Werkstatt der Orgelbauerfamilie Stumm. – *St. Wendel* siehe Tour 58.

Tourenbeschreibung Von *Sarreguemines* folgt man auf der französischen Seite im Tale der Blies der ruhigen Straße D 82 und gelangt zum ersten Ort *Blies-Guersviller* (5 km), sodann nach *Blies-Schweyen* (2 km) und durch *Frauenberg* (3 km), *Blies-Ebersing* (2 km) fährt man im lieblichen Tal nach *Bliesbruck* (3 km). Am Ortsausgang sind links und rechts der Straße die großen Ausgrabungsfelder der römischen Niederlassung. Sodann erreicht man die Grenze vor *Reinheim* (2 km). In Reinheim verläßt man die Straße, die durch das Bliestal führt, da diese sehr stark befahren ist und sie keinen hinreichenden Radweg bietet. In der Ortsmitte zunächst links bis zur großen Kurve, dort rechts dem Radtourenschild R 5/23 folgen und – steil aufwärts – auf asphaltiertem Landwirtschaftsweg zum Höhenzug und zum Parkplatz am Hochwald. Weiter dem Fahrradzeichen folgend auf flacher Strecke und befestigtem Weg durch den Wald mit einer Höhenlage zwischen 350 und 400 Metern. Beim Katharinenhof kommt man an einem Golfplatz vorbei (Zutritt nur für Vereinsmitglieder) und gelangt dann zur Straße Rubenheim-Erfweiler, die man überquert. Geradeaus durch den

Wald, dem Fahrradzeichen folgend, später über die Ackerfluren und Wiesen, kommt man nach langer Fahrt über den Höhenzug in *Biesingen* (11 km) an. In Biesingen überquert man beim Ortseingang die Hauptstraße und folgt durch den Ort dem Radwegzeichen R 22. An der Kirche und später am Ortsausgang am Sportplatz vorbei, mit weitem Blick in die Landschaft, bevor es abwärts geht in das idyllische »Lange Tal« nach *Alschbach* (4 km). In Alschbach nun auf dem Radweg entlang der ruhigen Landstraße nach *Lautzkirchen* (3 km) und weiter auf der stärker frequentierten Straße nach dem historischen Städtchen *Blieskastel* (2 km), dessen Besichtigung lohnt.

NEUNKIRCHEN
HEINITZ
Ludwigsthal
NIEDER-
BEXB.
KOHLHOF
Limbach
Altstadt
HOMBURG
(234)
Käshofen
393
SANDDORF
R. Karlsbg.
Forsths.
Rosenkopf
Landes-
Krankenhs.
-Bundenbach
Gr.
Kl.-
359
Nasse Hecke
253 Niederhsn
HAUS
FURPACH
338
Spiesen-
ersbg.
319
Eschweilerhof
Glashütterhof
T. INGBERT
(229)
ROHRBACH
BEEDEN
RUNDFAHRT
278
Kirkel
Kirkel-
Neuhäusel
Ehem. Reichsfeste Kirkel
(300)
Wörschweiler
Gutenbrunnen
Ingweiler
SCHWARZENB.
Röm. Siedlung
Schwarzenacker
KIRRBG.
370
MÖRSBACH
Himmels-B.
365
OBERAUERBACH
Rothenberger-
hof
EINÖD
ZWEIBRÜCKEN
ERNSTWLR.
NIEDERAUER-
332
(226)
231
BACH
Contwig
Alexander-Kl.
Residenzschl.
Tschifflick-
Niederauerbach
St. Hildegard
E50
HASSEL
401
Reichenbrunn
368
Klingerkopf
Bornbacherhof
Triebscheiderhof
NIEDERWÜRZB.
Klinik
BIERBACH
371
LAND-
Bellen
LAUTZKIRCHEN
Blies
Kettersberger-
hof
WEBENHEIM
BUBENHSN.
351
IXHEIM
Truppacherhof
359
237
Wahlbacher
OBERWÜRZB.
375
NIEDERWÜRZBACH
363
ALSCH-
BACH
Wallf.-K.
Hl.-Kr.
SAAR-
Petersberg
Seelbach
Hecken-
dalheim
Ommersheim
BLIESKASTEL
(211)
BIESINGEN
MIMBACH
Mölschbacherhof
WATTWLR.
MITTEL-
Flughafen
Saarbrücken
Ensheim

SAAR-
LAND-
RUND-
FAHRT
OTTWEILER
NEUNKIRCHEN
FRIEDRICHSTHAL
BEXBACH
Waldmohr
Breitenbach
Altenkirchen
Dittweiler
Dunzweiler
-Kübelbg.
Ohmbach
Hüttigwlr.
Wemmetswlr.
Schiffwlr.
Heiligenwald
Landswlr.-Reden
Merchwlr.
Urexweiler
Hirzweiler
Welschbach
Stennweiler
Wustweiler
MAINZWEILER
REMMESWLR.
LINXWLR.
NIEDER-LINXWLR.
WERSCHWLR.
DÖRRENBACH
FÜRTH
Wetschhausen
STEINBACH
Neumünster
MÜNCHWIES
HANGARD
WIEBELSKCHN.
LAUTENB.
Remmesfürth
HÖCHEN
FRANKENHOLZ
OBERBEXB.
JÄGERSBURG
KLEINOTTWLR.
Reiskirchen
ERBACH
NIEDER-BEXB.
Rothmühle
WEILER
WELLES-
NDR.-NEUNKCHN.
SINNERTHAL
Dechen
HEINITZ
Bildstock
Leopoldsthal
Mühlbach
Habenichts
Raßweiler
Hosterhof
St. Stephanus
Gennweiler
Bambergerhof
Schmittweiler
Hühner-K.
Forsths.

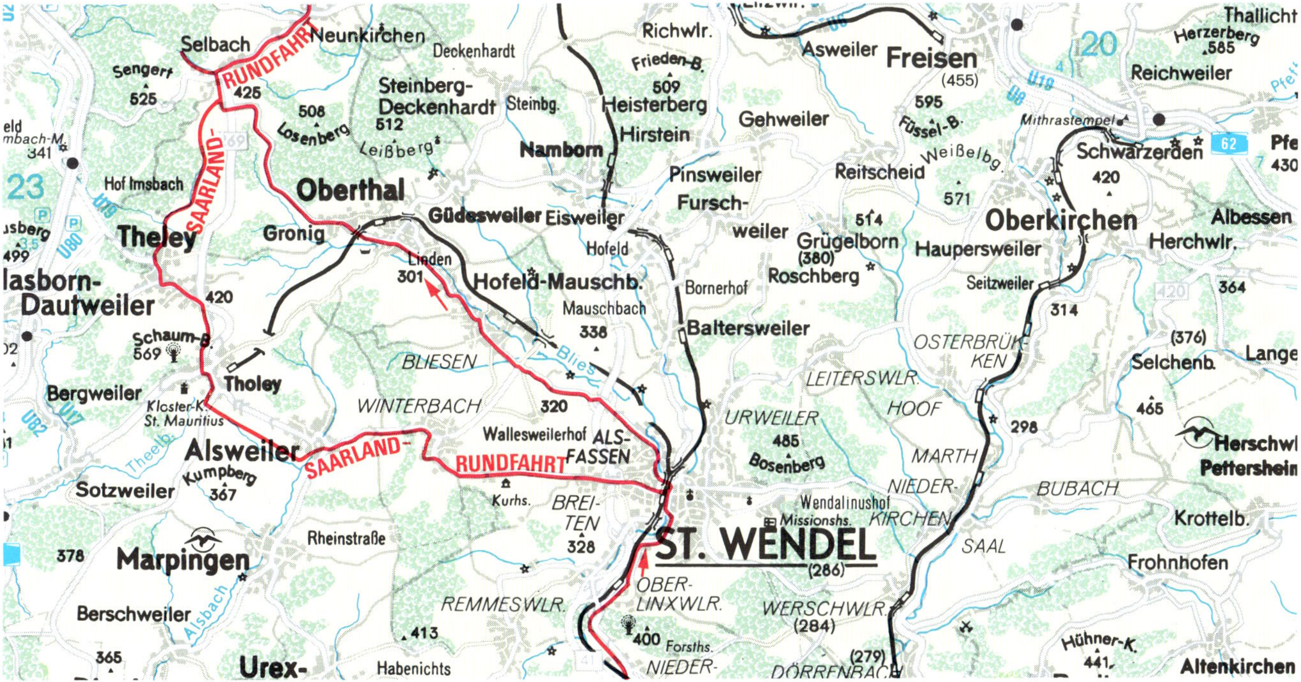
SAARLAND-RUNDFAHRT
ST. WENDEL
(286)
Oberthal
Theley
Tholey
Alsweiler
Marpingen
Oberkirchen
Freisen
Namborn
Selbach
Neunkirchen
Deckenhardt
Steinberg-Deckenhardt
Gronig
Güdesweiler
Eisweiler
Hofeld-Mauschb.
Baltersweiler
Fursch-weiler
Pinsweiler
Gehweiler
Asweiler
Reitscheid
Grügelborn
Roschberg
Haupersweiler
Schwarzerden
Reichweiler
Albessen
Herchwlr.
Seitzweiler
Selchenb.
Krottelb.
Frohnhofen
Altenkirchen
Bergweiler
Sotzweiler
Berschweiler
Dautweiler
Urex-
Rheinstraße
Habenichts
Wallesweilerhof
ALS-FASSEN
WINTERBACH
BLIESEN
URWEILER
LEITERSWLR.
HOOF
MARTH
NIEDER-KIRCHEN
OSTERBRÜKKEN
BUBACH
SAAL
OBER-LINXWLR.
WERSCHWLR.
REMMESWLR.
BREI-TEN
Linden
Mauschbach
Bornerhof
Hofeld
Heisterberg
Hirstein
Richwlr.
Thallicht
Lange
Herschwl
Pettershein
Wendalinushof
Missionshs.
Forsths.
Kurhs.
Klcster-K.
St. Mauritius
Hof Imsbach
Schaum-B.
Kumpberg
Losenberg
Leißberg
Steinbg.
Frieden-B.
Füssel-B.
Weißelbg.
Mithrastempel
Herzerberg
Hühner-K.
Sengerf
Bliés
Theelb.
Alsbach
20
23
62

In Blieskastel wieder zurück auf der Straße zum Ortseingang von Lautzkirchen, dort rechts ab und auf der stärker befahrenen Straße (leider 1990 noch kein Radweg) nach *Bierbach* (4 km). Dort folgt man rechts dem Zeichen R 4 durch die Blieswiesen an *Ingweiler* (3 km) vorbei nach *Wörschweiler* (2 km), wo man rechts auf einer Brücke die Blies und die Autobahn A 8 überquert. Kurz darauf wird man durch Schilder auf die römischen Ausgrabungen in *Schwarzenacker* (1 km) aufmerksam gemacht. Entlang der vielbefahrenen B 423 gibt es einen Fahrradweg, der zum historischen Marktplatz von *Homburg/Saar* (5 km) führt.

Durch die Fußgängerzone von Homburg gelangt man in nördlicher Richtung zum Bahnhof, dessen Gleisanlagen man rechts auf einer Brücke überquert, um nach *Erbach* (2 km) und *Reiskirchen* (1 km) zu fahren. Unter der Autobahn A 6 hindurch auf dem Radweg nach *Jägersburg* (3 km) mit seinen ruhigen Fischweihern. Sodann auf dem guten Radweg der Landstraße durch den Wald nach *Kleinottweiler* (4 km). Am Ortsausgang folgt man der für Lkw gesperrten alten Straße (mit Radweg) über eine kleine Kuppe nach *Bexbach* (3 km). Durch den länger sich hinziehenden Ort fährt man sodann auf dem Radstreifen im Industriegelände abwärts nach *Wellesweiler* (2 km). Dort folgt man nach der Durchquerung der Ortsmitte dem Lauf der Blies, zweimal durch eine Unterführung der Bahn, um danach links wieder zur Blies zu fahren. Dem baumbestandenen Fluß entlang geht die Fahrt in das Zentrum von *Neunkirchen* (5 km).

In Neunkirchen fährt man zum Bahnhof (Schild), dort rechts über die Eisenbahnbrücke, und in einer hügeligen Fahrt durch die Hauptstraße von *Wiebelskirchen* (2 km). Nun weiter im engeren Tal der Blies auf dem Radstreifen/Radweg der B 41 zur ehemaligen Kreisstadt *Ottweiler* (5 km). Am Ende von Ottweiler folgt man in nördlicher Richtung dem ausgewiesenen Landwirtschaftsweg östlich der Bahn durch die Wiesen des Bliestales nach *Niederlinxweiler* (3 km), das man links liegen läßt. Der Radtourenmarkierung R 15 folgend, erreicht man das Stadtzentrum von *St. Wendel* (3 km). Vom historischen Marktplatz und der doppeltürmigen Stadtpfarrkirche gelangt man durch die neue Fußgängerzone zur ersten Bahnunterführung nördlich des Bahnhofes und weiter zur Straße, die – zunächst etwas ansteigend – im oberen Bliestal nach *Bliesen* (5 km), dann weiter nach *Linden* (2 km) und *Gronig* (1 km), den Ortsteilen der Verbandsgemeinde Oberthal führt. Im Waldtal – ansteigend – gelangt man in Richtung Selbach zum *Quellgebiet der Blies* (3 km).

67 Fahrt durch das Tal der Nahe Bingen/Bingerbrück – Bad Kreuznach – Idar-Oberstein – Nahequelle

Schwierigkeitsstufe II/III.
Tourenlänge (16 km) 100 Kilometer.
Fahrzeit 7 bis 10 Stunden.
Höhenunterschiede 50 Meter auf 1 Kilometer Niederhausen/Nahe (Stausee) und der Weinbaudomäne Niederhausen/Schloßböckelheim. 80 Meter auf 1,2 Kilometer in Idar-Oberstein Richtung Hammerstein; 60 Meter auf 1,5 Kilometer vor Frauenberg; 60 Meter auf 1 Kilometer vor Sonnenberg; 140 Meter auf 2,5 Kilometer von Kronweiler nach Reichenberg.
Karten 1:50000 L 6112 Bad Kreunach, L 6312 Rockenhausen, L 6110 Simmern, L 6310 Kirn, L 6308 Idar-Oberstein; 1:100000 Radwanderkarte Rheinland-Pfalz Blätter Südost und West; 1:200000 Generalkarte Blatt 15.
Wissenswertes Das *Tal der Nahe* ist sehr vielgestaltig und wechselt in seinem Landschaftscharakter zwischen weiten Wiesentälern und schroffen, bizarr aufragenden Felsen. Zwischen Bingen und Bad Kreuznach fließt die Nahe gemächlich durch den Wiesengrund entlang des östlichen Hunsrück-Vorlandes. Im Salinental zwischen Bad Kreuznach und Bad Münster am Stein-Ebernburg bildet das Nahetal eine der schönsten Kostbarkeiten deutscher Landschaft. Hoch ragen die Berge und die rötlichen Porphyrfelsen auf mit der »Gans« dem »Rheingrafenstein« mit der gleichnamigen Burgruine und dem »Rotenfels«, der höchsten Felswand Deutschlands nördlich der Alpen. Mit seinen ozonreichen, sauerstoffspendenden Gradierwerken und den zahlreichen Freizeit-, Spiel- und Sportstätten vermittelt dieser Talabschnitt einen hohen Erholungs- und Freizeitwert. Weiter naheaufwärts begleiten Felsenhänge die Nahe und Weinberge schmiegen sich (bei der Staatsdomäne Niederhausen-Schloßböckelheim) bis dicht an ihr Ufer. Vom Hügel des Disibodenbergs bei der romantischen Mündung des Glan in die Nahe grüßen die Ruinen des Klosters der hl. Hildegard. Dann weitet sich das Tal zwischen Staudernheim und Hochstetten, um bei Kirn zwischen den Steinhalden des Melaphyrs wieder sehr eng zu werden. Das gleiche »Spiel« zwischen Weite und Enge wiederholt sich hinter Kirn und bei Fischbach, bis dann die romantisch-wilde Felsenlandschaft bei Idar-Oberstein (bis zum breiten Hochtal von Hoppstädten-Weierbach) die über die Steine rauschende Nahe »liebevoll« einschnürt. – *Bingen, Bingerbrück, Münster-Sarms heim,* siehe Tour 1. – *Bad Kreuznach, Salinental, Bad Münster*

GEISEN HM.
RÜDESHM. a.
ASSMANNSHSN.
EIBGN.
Johannisber
Rheinstein
Forsths.
Druiden-B.
385
Jagdschl.
349
Ndwd. Dkm.
Bromserbg.
R. Ehrenfels
Mäuseturm
GAULSH
B. Klopp
Rochus Kp.
246
(77)
KEMPTEN
BINGERBRÜCK
BINGEN a. Rhein
Warmsroth
Waldalgeshm.
Wald-
Erbach
Weiler b. Bingerbr.
301
U12
Münster-Sarmsheim
Fusten-burg
Roth
Genhm.
BÜDES-HM.
60
Ocken-hm.
Rümmelshm
DIETERSHM.
Schweppenhsn.
Wald-
Burg layen
127
2 23
laubershm.
Dorsheim
Laubenhm.
SPONSHM
DROME HEIM
300
Gulden-B.
Forsths.
Grolshm.
E31
Aspis
Gold-B
163
Windesheim
(165)
Langenlonshm.
Guldental
(250)
90
Waldhilbershm.
Gensingen
Horrw
Heddesheim
Bf.
Kloningers-mühle
Eremitage
11,5
Welge
Gutenberg
U93
U14
IPPESHEIM
Bretzenhm.
112
Zot
WINZENHEIM
50
Roxheim
152
Hungr. Wolf
223
Hargesheim
Biebelshm.
41
PLANIG
226
Sprendlgr
Bosenberg
Pfaffen-
Stifts-Kirche
129
Nahebrücke
Schl. Kurhs
Schwabenhm.
Rüdeshm.
Kanzen-burg
BOSENHEIM
Lohrerhof
321
BAD KREUZNACH
Pleitersheim
Badenh
Schanzen-K.
199
Gradier-
Rotenfels werke
THEODORSHALLE
Appel-B.
143
(104)
Traisen
BAD MÜNSTER-
a. Stein
296
Hacken-heim
Volxheim
113
Schl. Rheingrafenstein
428
Forsths. Spreitel
Norheim
-EBERN-BURG
Frei-Laubershm.
Neu-
Wöllste
48
(116)
Bamberg
271
Galgen-B.
Siefersh
Altenbamberg
287
Ekels
Bingert
R. Altenbaumburg
316
Steiger-hof
320
420
Fürfeld
Wonshm.
245
Feil-ingert
Feil
Hof Iben
Stein-Bockenh
Hallgarten
330
Tiefenthal
Wendelshe

am Stein-Ebernburg, Niederhausen/Nahe, Staatsweingut Niederhausen-Schloßböckelheim siehe Tour 22. – *Boos* ehemals dort eine römische Villa, Kirche mit Turm aus dem 12. Jahrhundert, Fachwerk-Rathaus. – *Sobernheim* siehe Tour 25. – *Merxheim,* ehemals Sitz eines eigenen Rittergeschlechtes. 1791 errichteten die Vögte von Hunolstein ein Schloß, das 1817 in eine Kirche, eine Schule und eine Wohnung bei Beibehaltung (der wieder restaurierten) Fassade umgewandelt wurde. – *Kirn* siehe Tour 26. – *Georg-Weierbach,* gotisches Kirchlein. – *Idar-Oberstein* siehe Tour 29. – *Frauenberg/Frauenburg* siehe Tour 30. – *Nohfelden,* eine Burg um 1280 erbaut, später kam sie an Pfalz-Zweibrücken. 1804 versteigert und bis auf das Landschaftsbild beherrschenden Bergfried abgebrochen. – *Bostalsee* siehe Tour 59. – *Neunkirchen* siehe Tour 62.

Tourenbeschreibung (Der Abschnitt der Fahrt durch das Nahetal auf der Strecke von der Nahemündung in *Bingen/Bingerbrück* kann zur Zeit der Drucklegung nur auf der verkehrsreichen Bundesstraße B 48 durch die Ortschaften *Münster-Sarmsheim* (3 km), *Laubenheim/Nahe* (3 km), *Langenlonsheim* (2 km), *Bretzenheim/Nahe* (2 km) und *Bad Kreuznach* (6 km) befahren werden. Sollte einmal der Radweg entlang des Nahe-Dammes zwischen Bingen und Bad Kreuznach ausgebaut sein, so ist dieser Weg die empfehlenswerte Radwanderstrecke).

Von *Bad Kreuznach* auf dem ausgeschilderten Rad- und Wanderweg durch das herrliche *Salinental* (2 km) nach *Bad Münster am Stein-Eberburg* (2 km). Vor der Nahebrücke rechts abbiegen in Richtung Norheim und unterhalb des gewaltig-bizarren Rotenfelsmassivs (oder über die alte Eisenbahnbrücke am Bahnübergang auf die andere Seite der Nahe, am Sportplatz Ebernburg vorbei, dann über die Fußgängerbrücke) nach *Norheim* (3 km) und weiter in westlicher Richtung nach *Niederhausen/Nahe* (3 km). Am Ortsausgang fährt man am ruhigen Nahestausee entlang, um nach etwa 2 Kilometern rechts unter der Eisenbahnbrücke hindurch zur *Staatsweinbaudomäne Niederhausen-Schloß Böckelheim* (3 km) durch die Weinberge zu fahren. Von hier schöne Aussicht auf das Nahetal, die Nahebrücke bei Oberhausen/Nahe und auf den »König der Naheberge« den Lemberg (422 m). Wieder abwärts geht die Fahrt durch die Weinberge zur Bahnlinie und entlang dieser Bahnlinie zum *Niederthälerhof* (3 km) und an der Drahtfabrik vorbei und dem Naturschutzgebiet der Nahefelsen nach *Boos* (3 km). Hier überquert man die Bahnlinie, um auf dem Landwirtschaftsweg im Talgrund der Nahe um den durchtunnelten Berg herum am Klärwerk vorbei zum Mündungsgebiet des Glan unterhalb des Disibodenberges

Rehbach
ECKWEILER 307
PFERDSFELD
Sees-bach
Mandel
Daubach
Wingerts-B. 380
Sponheim
Langenthal
Bockenau
Burgsponheim
Weinsheim
Rüdeshm.
Nahebrücke
Schl. Kurhs.
Kanzen-burg
Lohrerhof
Habichts-K. 425
Auen
Ellerbach
Hüffelsheim
Schanzen-K.
Gradier
Rotenfels werke
Gonratherhof
Gauisbach
Waldböckelheim
Jagdschloß
Traisen
Simmertal
Martinstn.
Weiler
b.Monzingen
Monzingen
Dörndich
Nußbaum
Steinhardt
Schloß-böckelhm.
BAD MÜNST
a. S
Schl.Rhe
Dhaun
Hochstädten
Merxheim
Ev. Pfarrk.
Oberstreit
SOBERNHM.
Boos
Niederhsn.
Norheim
EBERN-BURG
Duchroth
Oberhausen a. d. Nahe
Seehof
Altenbamberg
R. Altenbaumburg
Bingert
Nahe
Meddersheim
Staudernheim
R Disibodenberg
Lemberg
Feil-bingert
Feil
Odernheim a.Gl.
Kirschroth
Heddarterhof
R. Monfort
Hallgarten
Hochstätten
Limbach
Hühnerhof
St. Antoniushof
Dreiweiherhof
Winterb
Bärweiler
Schwarzenberg
Abtweiler
Lauschied
Rehborn
Neudorferhof
Lettweiler
Elkersberg 253
R. Löwenstein
Nieder-

Weiden
Asbacher-hütte
Kempfeld
Mörsch.Burr
646
665
Sand-K.
R. Wildenburg
Auf der Lüh
510
TIEFENSTEIN
Mackenrodt
Dt. Edelsteinm.
Rötsweiler-
305
ALGENRODT
-Nockenthal
Oberbrombach
272
ENZWEILER
HAMMERSTN.
Neuweg
Breitenthal
456
Mörschied
Ober-wörresbach
Herborn
489
Veitsrodt
Vollmersbach
REGULSHSN.
IDAR-
(265)
OBERSTN
Felsenkirche
Herrstein
Nieder-wörresbach
Gerach
Hintertiefenbach
423
Niederhosenbach
Griebelschied
Bergen
Berschweiler b.Kirn
464
Meiersberg
KIRNSULZBACH
Fischbacher Kupferbergwerk
Hosenbach
233
Fischbach
GEORG-WEIERBACH
506
Ballenhübel
GÖTTSCHIED
224
Forsths.
240
MITTELBOLLENBACH
Schl. Wartenstn.
KALLENFELS
R. Steinkallenfels
KIRN
(200)
182
R. Kyrburg
Nahe
Niederreiden-bacherhof
215
WEIER-BACH
Dickesbach
NAHBOLLENBACH
Kressel-K.
496
Zaubach
Sienhachenbach
Kirn Karlshof
R. Brunkenstn.
Hochstetten-
Hochstetten
St. Johannisberg
Dhaun
Hochstädten
Martinstn.
Weiler
b.Monzingen
Merxheim
386
Meckenbach
429
415
343
R. Naumbg.
Bärenbach
400
Schmidt-
hachenbach
Mittel-reidenbach
398
Witthau
Oberreidenbach
Heimweiler
Krebsweiler
430
Eichberg
Heimberg
Groß-B.
Becherb.
b.Kirn
260
Otzweiler
390
Kirschroth
361
321
Limbach
410
Bärweiler
Schwarzenberg
320
Hundsbach
Forsths.
Ring-B.
393
Schwein-schied
259
Hoppstädten
Röm. Denkm.

zum Bahnhof von *Staudernheim* (5 km) zu fahren. An der Straße oberhalb des Bahnhofs beginnt ein Wander- und Radweg, der ungestört von der Straße durch die Wiesen und schließlich unter einer kleinen Eisenbahnunterführung hindurch zu den Sportstätten von *Sobernheim* (3 km) führt.

In Sobernheim beim Bahnhof über die Eisenbahn und auf dem Radweg der Straße Richtung Meddersheim. Zunächst überquert man auf einer Steinbrücke die Nahe, um dann im breiten Wiesen- und Feldergrund des Nahetales nach *Meddersheim* (4 km) zu fahren. Nach der Ortsdurchfahrt weiter (auch auf dem parallel zur Straße verlaufenden asphaltierten Landwirtschaftsweg) nach *Merxheim* (5 km) bis kurz vor die Nahebrücke bei Martinstein, wo man beim Friedhof links in den Landwirtschaftsweg einbiegt, der fernab vom Straßenverkehr nach *Hochstädten* (6 km) führt. Nach Hochstädten überquert man die Nahe, um nach *Hochstetten-Dhaun* (1 km) unterhalb von Johannisberg mit seiner weit ins Land schauenden gotischen Kirche zu gelangen. Dort fährt man dem Wegweiser Kirn nach und erreicht durch die Talenge und ein Schotterwerk die Stadt *Kirn* (4 km) unterhalb der Kyrburg.

Von Kirn auf der ruhigen Landstraße rechts der Nahe durch das Industriegebiet *Kirnsulzbach* (2 km). Weil es im Augenblick keinen anderen Weg gibt als die B 41, muß man hier durch den Engpaß des Nahetales fahren, um dann beim Bahnhof *Fischbach* (4 km) wieder über die Nahe zu wechseln auf die ruhigere Landstraße, die zur Felsenmühle nach *Georg-Weierbach* (2 km) führt. An dem Kirchlein vorbei geradeaus zum Industriegebiet von *Nahbollenbach* (3 km), wo die Straße wieder in die B 41 einmündet. Im Engpaß des Nahetales entlang der Nahe, um nach der Edelsteinstadt *Idar-Oberstein* (3 km) zu fahren.

Vom Bahnhof in Idar-Oberstein folgt man der Bahnlinie naheaufwärts etwa 400 Meter, dann links durch die Eisenbahnunterführung in das »Haselbachtal«. Die Straße steigt dann über den »Hornich« bis zur Höhe des Eisenbahntunnels an, um dann, wieder abfallend, zur Nahe und nach *Hammerstein* (4 km) zu führen. Im Ort steigt die Straße wieder bis zur Nahebrücke leicht an. Man fährt nicht über die Brücke, sondern links entlang der hier recht romantisch wirkenden Nahe bis kurz vor den Tunnel der »Naheloreley«. Dort links hoch auf schmaler Bergstraße nach *Frauenberg* (3 km). Von Frauenberg wieder hinunter ins Tal der Nahe (Abstecher zur Frauenburg) und – steil ansteigend – auf der anderen Seite des Tales nach *Sonnenberg* (2 km). Im Ort links, dann gemütliche Abfahrt ins Nahetal, nach *Kronweiler* (3 km). Dort links – steil aufwärts – nach *Rei-*

Zu Tour 59, 67 **Die Quelle der Nahe** (Foto: Heinz-Egon Rösch)

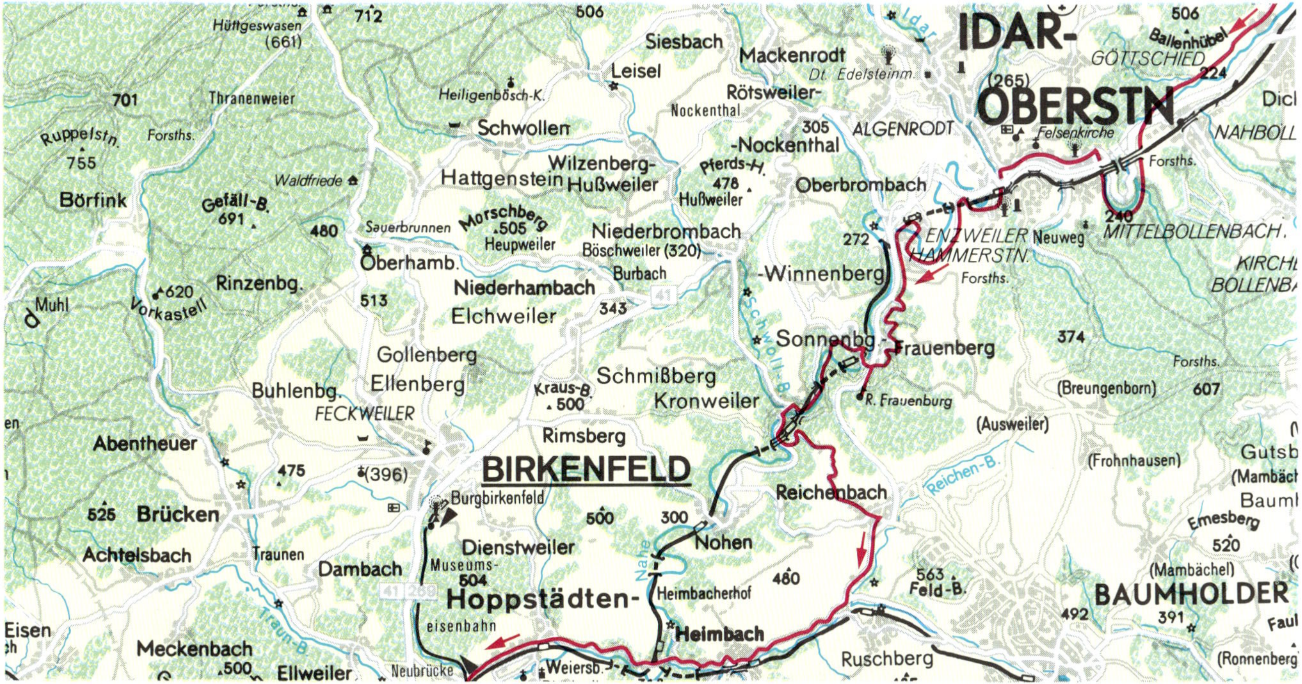
IDAR-
OBERSTN
GÖTTSCHIED
Ballenhübel
Dt. Edelsteinm.
Felsenkirche
ALGENRODT
NAHBOLL
MITTELBOLLENBACH
KIRCH
BOLLENBA
ENZWEILER
HAMMERSTN.
Neuweg
Mackenrodt
Siesbach
Leisel
Rötsweiler-
Nockenthal
-Nockenthal
Oberbrombach
Pferds-H.
Hußweiler
Wilzenberg-
Hußweiler
Hattgenstein
Schwollen
Heiligenbösch-K.
Thranenweiler
Hüttgeswasen
(661)
Ruppelstn.
Börfink
Forsths.
Waldfriede
Gefäll-B.
Sauerbrunnen
Morschberg
Heupweiler
Niederbrombach
Böschweiler (320)
Burbach
-Winnenberg
Oberhamb.
Niederhambach
Elchweiler
Rinzenbg.
Vorkastell
Muhl
Sonnenbg.-
Frauenberg
R. Frauenburg
Schwoll-B.
Gollenberg
Ellenberg
Buhlenbg.
FECKWEILER
Kraus-B.
Schmißberg
Kronweiler
Rimsberg
BIRKENFELD
Burgbirkenfeld
(396)
Abentheuer
Brücken
Achtelsbach
Traunen
Dambach
Dienstweiler
Museums-
eisenbahn
Hoppstädten-
Weiersb.
Neubrücke
Ellweiler
Meckenbach
Eisen
Traun-B.
Nahe
Nohen
Heimbacherhof
Heimbach
Reichenbach
Reichen-B.
(Breungenborn)
(Ausweiler)
(Frohnhausen)
Feld-B.
Ruschberg
BAUMHOLDER
Ernesberg
(Mambächel)
Gutsb
Baum
(Ronnenberg)
Faul
Forsths.
506
224
(265)
240
305
478
272
374
607
712
701
755
691
480
505
620
513
343
500
475
525
300
504
480
563
492
520
391
41
269

BIRKENFELD
Reichenbach
Nohen
Heimbacherhof
Heimbach
Ruschberg
Zinkweilerhof
Berglangenbach
Fohren-Linden
Leitzweiler
Rohrbach
Burgbirkenfeld
Dienstweiler
Museums-eisenbahn
Hoppstädten-Weiersbach
Weiersb.
Bleiderdingen
Neubrücke
Neuhütten
Schmelz
Brücken
Achtelsbach
Traunen
Dambach
Hunnenring
Schankel-B.
Nonnweiler
Otzenhausen
Waldbach
Eisen
Meckenbach
Gr. Homerich
Ellweiler
Schwarzenbach
Ob.-Sötern
Sötern
Weisenberg
Nohfelden
Gimbwlr.
Rück-weiler
Berschwlr. b.Baumholder
Hahnweiler
Maria-hütte
Kastel
Braunshsn.
Eckelhausen
Bosen
Stausee Bosen
Söter-B.
Türkismühle
Heiden-K.
Wolferswlr.
Eckerswlr
Freizeit-zentrum
Gonneswlr.
Walhausen
Mosberg-Richwlr.
Eitzwlr.
Asweiler
Freisen
Eiweiler
Neunkirchen
Deckenhardt
Selbach
Sengert
Steinberg-Deckenhardt
Steinbg.
Frieden-B.
Heisterberg
Hirstein
Namborn
Gehweiler
Füssel-B.
Herzerl
Reichweiler
Mithrastempel
Schwarzerden
Mettnich
Mühlfeld
Sombach-M.
Losenberg
Leißberg
E422

chenbach (3 km), sodann Abfahrt nach *Heimbach* (5 km), wo man nach der Ortsdurchfahrt wieder zur Nahe findet. Links – auf belebter Straße – nach *Hoppstädten-Weiersbach* (4 km), das in einer breiten Talmulde liegt (Kleinflugplatz) und weiter zum Bahnhof von Birkenfeld, *Neubrücke* (1 km). In westlicher Richtung, in etwa parallel zur Eisenbahn nach *Nohfelden* (3 km) und *Türkismühle* (2 km). Über *Gonnesweiler* (2 km) – mit eventuellem Abstecher zum Bostalsee – nach *Neunkirchen* (3 km) und weiter auf dem Radweg der B 269 nach *Selbach* (2 km), dort durch den Ort zur ausgeschilderten *Nahequelle* (2 km).

Rund um Hunsrück und Saarland

Die Radtouren 63 »Fahrt durch das Rheintal«, 64 »Fahrt durch das Moseltal«, 65 »Fahrt durch das Saartal«, 66 »Fahrt im Tal der Blies« und 67 »Fahrt durch das Tal der Nahe« können zusammen als eine große Radwandertour (560 km) »Rund um Hunsrück und Saarland« durchgeführt werden.

68 *Hunsrück Tour I* Bingen am Rhein – Stromberg – Gemünden – Rhaunen – Züsch – Nonnweiler – Losheim – Mettlach/Saar bzw. Züsch – Hermeskeil – Kell – Saarburg

Schwierigkeitsstufe III/IV.
Tourenlänge Etwa 140 Kilometer bis Mettlach; etwa 160 Kilometer bis Saarburg.
Fahrzeit 12–14 Stunden bis Mettlach; 14–16 Stunden bis Saarburg.
Karten 1:100000 Radwanderkarte Rheinland-Pfalz Blätter Nordost, West; 1:200000 Generalkarte Blatt 15.
Wissenswertes Der zwischen Rhein, Mosel, Saar und Nahe gelegene Hunsrück ist der südwestliche Teil des *Rheinischen Schiefergebirges*. Er ist charakterisiert durch langgestreckte Höhenzüge. Er besteht zum größten Teil aus Schiefergestein, wird aber in den Höhenlagen des Hauptzuges von Quarzithärtlingen (Salzkopf 628 m; Ellerspring 657 m; Idarkopf 746 m; Erbeskopf, mit 816 Metern der höchste Berg in Rheinland-Pfalz; Teufelskopf 695 m) abgedeckt. Tief einschneidende und daher auch

sehr reizvolle Täler wie das Guldenbachtal, das Simmerbach-, Hahnenbach-, Idarbach- und Wadrilltal teilen den Höhenzug des Hunsrücks in die Gebirgskettenglieder von Binger Wald, Soonwald, Lützelsoon, Idarwald und Schwarzwälder Hochwald. Die Hunsrück-Tour verläuft im wesentlichen südlich dieser Gebirgskette auf ruhigen und guten Straßen durch Erholung spendende, sauerstoffreiche Fichten-, Buchen- und Eichenwälder in einer Höhe zwischen 400 und 600 Metern. Allerdings haben die zum Teil zu monoton aufgeforsteten Wälder bei den Sturmkatastrophen des Winters 1989/90 und durch den »sauren Regen« sehr gelitten. Das leichte Reizklima macht den Gesundheitswert dieser Bergtour mit dem Fahrrad besonders wertvoll. Die Radwanderung eignet sich hervorragend für eine »Abmagerungskur«, jedoch sollte man mit seinen Kräften haushalten und lieber ein wenig das Fahrrad schieben, wenn es mitunter etwas steiler bergauf geht.

Bingen a. Rhein siehe Tour 1. – *Grube Amalienhöhe,* stillgelegtes Braunstein-Bergwerk mit weithin sichtbarem Förderturm. Das Bergwerk reicht bis zu 250 Meter Tiefe. – *Wald-Erbach,* kleine Kirche 15. Jahrhundert, Schloß und Hof 17. Jahrhundert (Maasrenaissance). – *Stromberg* siehe Tour 32. – *Soonwald,* waldreiches Gebiet rechts und links des Hunsrückhöhenrückens, vorwiegend Schiefergestein (früher in tiefen Taleinschnitten in Gruben gebrochen). Der Wald selbst ist wildreich (Forst Entenpfuhl und Forst Neupfalz). – *Gemünden* siehe Tour 37. – *Woppenrath,* hier spielen die meisten Szenen des berühmten Filmes »Heimat« von Edgar Reitz. – *Rhaunen* siehe Tour 37. – *Stipshausen* siehe Tour 38. – *Sensweiler,* Steinbachtalsperre. – *Züsch, Otzenhausen, Primstalstausee, Nonnweiler* siehe Tour 40. – *Losheim, Losheimer Stausee* siehe Tour 60. – *Mettlach* siehe Tour 50.

Variante Züsch – Hermeskeil – Kell – Saarburg: *Hermeskeil, Grimburg* siehe Tour 40. – *Kell* siehe Tour 41. – *Beurig,* gotische Wallfahrtskirche. – *Saarburg* siehe Tour 51.

Tourenbeschreibung Vom Ortsteil Bingerbrück fährt man kurz auf der Hauptstraße in Richtung Weiler, biegt dann links ein in die Heinrich-Becker-Straße, durch die man in das »Mühbachtal« gelangt. Zwischen Weinbergen und dem Talgrund kommt man auf dem ansteigenden guten Weinbergweg – fern von allem Straßenverkehr – nach *Weiler* (3 km). Man fährt dort durch den Rupertusweg und den Binger Weg zur Hauptstraße, die man überquert, um durch »das Gässel« zum Ortsmittelpunkt zu gelangen. Weiter geht die Fahrt in westlicher Richtung zur stillgelegten *Grube Amalienhöhe* (2 km). Von dort fährt man dem asphal-

Schnorbach
Ellern (Hunsr.)
Hoch-steinchen 648
Karlsburg
Katzenkopf
Seibersbach
Stromberger Neuhütte
Rheinböllerhütte
Binger Wald
Auerhahn-K. 574
Dax-weiler
Roter Kopf
Warmsroth
Waldalgeshm.
Wald-Erbach
BINGERBRÜCK
Weiler b. Bingerbr.
Druiden-B.
Burg Rheinstein
ASSMANNSHSN.
EIBGN.
GEISEN-HM.
RÜDESHM. a.Rh.
Mäuseturm
R. Ehrenfels
Jagdschl.
Ndwd. Dkm.
Brömserbg.
B. Klopp
Rochus Kp.
KEMPTEN
GAULSHM.
BINGEN a. Rhein
BÜDES-HM.
Ocken-hm.
DIETERSHM.
Münster-Sarmsheim
Rümmelshm.
Burg Layen
Wald-laubersheim
Genhm.
Roth
R. Fustenburg
Schweppenhsn.
Eckenroth
STROMBERG
Gollenfels
Dörrebach
Lehnmühle
Schanzer-K. 643
Forsths. Thiergarten
Opel 650
Kesselsberge 580
Gräfenbacher Hütte
Oberhub
Schöneberg
Hergenfeld
Spabrücken
Dalberg
St. Mariae Himmelfahrt
Windesheim
Waldhilbersheim
Heddesheim
Langenlonshm.
Guldental
Dorsheim
Laubenhm.
SPONSHM.
Grolshm.
DROMERSHEIM
Aspis
Gold-B.
Gensingen
Horrweiler
Welgesheim
Kloningers-mühle
Eremitage
Bretzenhm.
Wallhausen
Gutenberg
Sommerloch
Argenschwang
Spall
Gebroth
Winterbach
Kreers-häuschen
Münchwald
Struthof
Steineberg

KIRCHBERG (Hunsrück)
Kostenz
Nieder-
Niedersohren
Liederbach
Dillendorf
Maitzborn
Ravengiersburg
Rödern
Oppertshsn.
Belgwlr.
Wimmersbacherhof
Ehem. Stiftskirche
Bismarck-T.
Nun-K.
Sargenroth
Tiefenbach
Simmern-K.
Opel
Forsths. Thiergarten
Altes Grab
Dill
Hecken
Womrath
Neuhof
Mengerschied
Layenkaul
R. Wildburg
Dickenschied
Panzweiler
Gemünden
Sohrschied
Lindenschied
Schwerb.
Gösenroth
Oberkirn
Galgenhügel
Rohrbach
Gehlwlr.
Soonruhe
Gemündener H.
Alteburg
Ellerspring
Steineberg
Struthof
Kreershäuschen
Karchrech
Hausen
Rhaunen
Woppenroth
Schlierschied
R. Koppenstn.
Henau
Forsths. Alteburg
Trifthütte
Winterbach
Forstamt
Ippenschied
Entenpfuhl
R. Hellkirch
R. Altburg
R. Schmidtbg.
Bollenbach
Hochwälderhof
Bundenb.
Sulzbach
Womrather H.
Königsau
Simmerbach
Schneppenbach
Bruschied
Forsths. Kellenb.
Weitersborn
Schwarzerden
Forsths. Waldfriede
Seesbach
Schinderhanneshöhle
PFERDSFELD
ECKWEILER
Rehbach
Daubach
Winterbur
Gebro
Münchw
Soonwald
Lützel-Soon

Halster-H.
601
327
50
556
446
Hausen
294
Weitersbach
Rhaunen
(330)
Wederath
E42
Forsths.
Idar-K.
746
Haardt-K.
660
578
Gonzerath
Stumpfer
Turm
569
(400)
Stipshausen
Raunel-B.
539
Römerstraße
Hinzerath
Ev. Kapelle
431
R. Altburg
Bollenbach
R. Schmidt
269
Hochwälderhof
Elzerath
Hundheim
An den zwei
Steinen
766
Bundenb.
Sulzbach
403
Merscheid
Heinzerath
R. Baldenau
Wenigerath
478
Forsths.
506
Hottenbach
Bischofsdhron
Am grauen
Kreuz
695
Rapperath
Weiperath
Dhron
Morbach
(431)
Steingerüttelkopf
757
501
Hellertshausen
Asbach
Oberhosenb.
Wickenrodt
Schauren
Weiden
Wahlholzer
Kirche
582
Asbacherhütte
423
Gutenthal
671
Breitenthal
Bruchweiler
Kempfeld
Odert
456
Niederhosenb.
Mörsch.Burr
646
Mörschied
Langweiler
Wolzburg
724
Usarkopf
Steinbach-
Stausee
Morscheid-
Hoxel
Sensweiler
Ober-
wörresbach
Herrstein
665
R. Wildenburg
674
Riedenburg
Riedenburg
Katzenloch
Sand-K.
Berschweiler
Wirschweiler
422
Herborn
Nieder-
wörresbach
464
628
Meiersberg
590
269
469
Silberich
Auf der Lüh
489
Allenbach
Kirschweiler
Veitsrodt
Fischbach

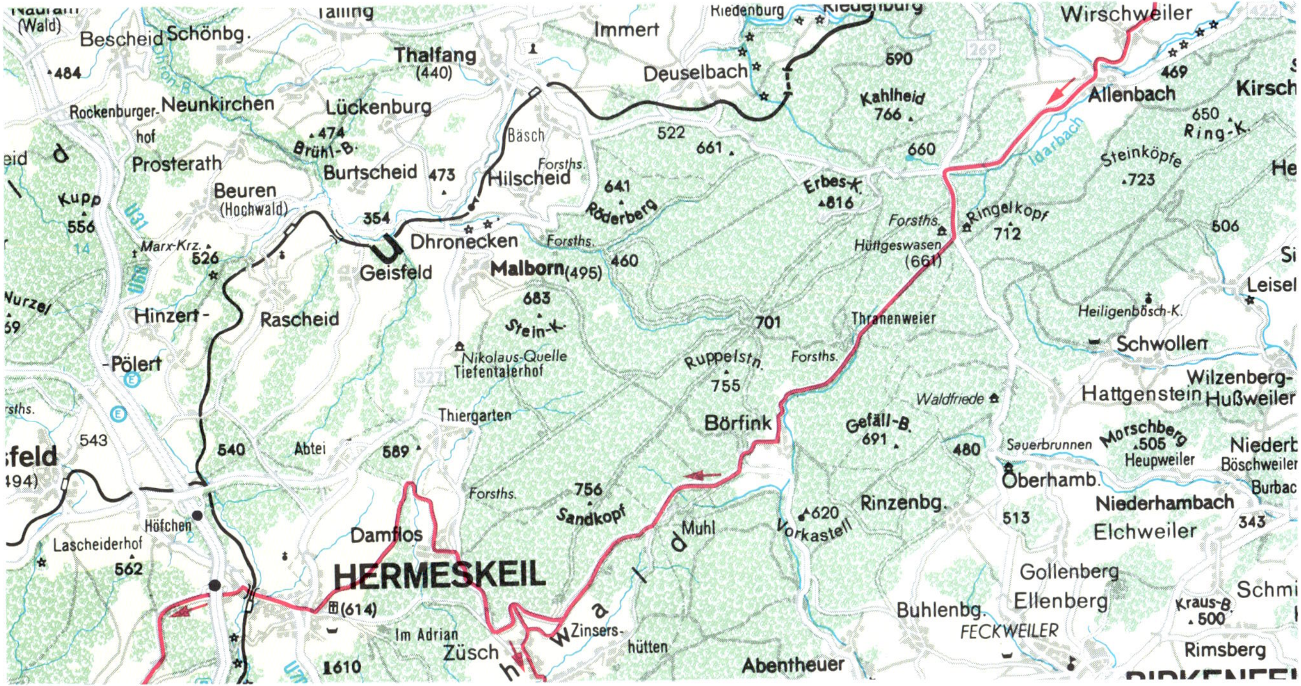
Bescheid
Schönbg.
Thalfang
(440)
Immert
Deuselbach
Riedenburg
Wirschweiler
Allenbach
Kahlheid
766
590
469
650
Ring-K.
Kirsch
Neunkirchen
Rockenburger-hof
Lückenburg
Brühl-B.
474
Prosterath
Bäsch
522
661
660
Idarbach
Steinköpfe
723
Kupp
556
Beuren
(Hochwald)
Burtscheid
473
Hilscheid
Forsths.
641
Röderberg
Erbes-K.
816
Ringelkopf
712
506
354
Dhronecken
Hüttgeswasen
(661)
Marx-Krz.
526
Geisfeld
Malborn (495)
460
Leisel
Heiligenbösch-K.
Hinzert-
Rascheid
683
Stein-K.
701
Thranenweier
Schwollen
-Pölert
Nikolaus-Quelle
Tiefentalerhof
Ruppelstn.
755
Wilzenberg-
Hattgenstein
Hußweiler
Waldfriede
Thiergarten
Börfink
Gefäll-B.
691
Morschberg
505
Heupweiler
Sauerbrunnen
Niederb
Böschweiler
543
540
Abtei
589
480
Oberhamb.
Burbac
Niederhambach
756
Sandkopf
620
Vorkastell
Rinzenbg.
513
343
Elchweiler
Höfchen
Lascheiderhof
562
Damflos
Muhl
HERMESKEIL
Gollenberg
Ellenberg
Schmi
(614)
Buhlenbg.
FECKWEILER
Kraus-B.
500
Im Adrian
Zinsers-
hütten
Abentheuer
Rimsberg
Züsch
1610

tierten Weg nach zur Talstraße, dann links abiegen und nach 200 Metern rechts auf gleichmäßiger Höhe zu der kleinen Siedlung *Wald-Erbach* (3 km). Weiter geradeaus zum Ortseingang *Warmsroth* (1 km), wo man links abfährt, um rechts, auf der Brücke über die Autobahn 61 hinweg, in Serpentinen hinunter in das Guldenbachtal nach *Stromberg* (3 km) zu gelangen.

In Stromberg fährt man unter der Eisenbahnüberführung hindurch, an den Kalksteinbrüchen vorbei und dann – ansteigend – nach *Dörrebach* (4 km). Nach der Ortsdurchfahrt auf ruhiger schmaler Straße geht die Radtour weiter, am Haus »Marienborn« vorbei, dann wieder ansteigend, bis zum Straßenkreuz unterhalb des Schanzerkopfes (643 m), beim »Forsthaus Thiergarten« (6 km). Am Straßenkreuz abwärts in Richtung Argenschwang, bis man nach etwa 2 Kilometern an einer Waldlichtung rechts in den »Rennweg« einbiegt. Diesem Waldweg folgt man – zunächst ansteigend auf etwa 630 Meter Höhe – in südwestlicher Richtung unterhalb des Ellerspring (657 m), dann an der »Alteburg« mit Aussichtsturm (621 m) auf asphaltiertem Weg in gleichbleibender Höhenlage durch den fast nicht enden wollenden Wald bis zur Straße Bad Kreuznach – Gemünden. Auf diese Straße biegt man rechts ein, um kurz danach zum *Forsthaus Leidenshaus* (14 km) zu gelangen. Hier steigt die Straße nochmals kurz über den Hunsrückkamm an, um dann in mehreren Serpentinen hinunter nach *Gemünden* (4 km) abzufallen.

Im Simmerbachtal begegnet man hinter Gemünden links an der Straße dem geologischen Lehrpfad, sodann fährt man aus dem Simmerbachtal rechts aufwärts nach *Schlierschied* (5 km), über die Ackerhochfläche nach *Woppenroth* (3 km), und wieder ab in das romantische Hahnenbachtal, vorbei an *Hausen* (4 km) zum berühmten Orgelbauer-Ort der Familie Stumm, nach *Rhaunen* (3 km).

Von hier aus führt die Straße wieder bergan zum Hunsrücker Wintersportort *Stipshausen* (4 km), unterhalb des 746 Meter hohen Idarkopfs gelegen, und weiter geht die Fahrt durch den prächtigen Wald nach *Schauren* (7 km). Der nächste Ort auf der ruhigen Landstraße ist *Bruchweiler* (2 km). Von dort fährt man dann über eine kleine Anhöhe nach dem Höhenluft- und Erholungsort *Sensweiler* (4 km). Über *Wirschweiler* (3 km) erreicht man mit guter Sicht auf den höchsten rheinland-pfälzischen Berg, den 816 Meter hohen Erbeskopf, *Allenbach* (2 km), um dann in einer herrlichen Baumallee wieder in den Hunsrückwald – ansteigend auf der B 422 – bis zur *Idarbrücke* (4 km) zu fahren. Hier biegt man links auf die Bundesstraße 269 in Richtung Birkenfeld ab, um zum Forsthaus und der Gaststätte *Hüttgeswa-*

HERMESKEIL
Damflos
Sandkopf
Forsths.
Zinsers-
Züsch
Im Adrian
Neuhütten
Schmelz
Hunnenring
Schankel-B.
Nonnweiler
Otzenhausen
Schwarzenbach
Braunshsn.
Kastel
Kostenbach
Buweiler
Maria-
hütte
Schreck
Wadrill
Ober-
löstern
Erker
Gehweiler
Steinberg
Morscholz
Wedern
Weiskirchen
Reidelbach
SAARLAND-
RUND-
FAHRT
Bierfeld
Sitzerath
Felsen-B.
Grimburgerhof
Grimburg
Klafter-B.
Gusen-
burg
Lindenstein
Höfchen
Lascheiderhof
Kell
Niederkell
Waldweiler
Mandern
Mückenborn-B.
Teufels-K.
Schimmelkopf
Wildfreigehege
Rappweiler
Waldhölzbach
Hirschfelderhof
Frommersb.
Rauhkopf
Zerf
Schillingen
Heddert
Heid-K.
Burg
Heid
Kimmlerhof
Paschel
Lampaden
Obersehr
Hinzen-
burg
Ollmuth
Seiferingstn.
Ruwer
Holzbach
Altbach
Löster-bach
Wadrill-B.
Prüm
Hochwald
Osburger
Schwarzwälder
Hochwald

sen (2 km) zu gelangen. Dort biegt man rechts in den Wald ein, um auf schmaler Straße (auf etwa 600 m Höhe) im weiten Waldgebiet zu den Rodungsinseln *Thranenweier* (3 km), *Börfink* (3 km) und *Muhl* (2 km) zu fahren. Von Muhl aus weiter auf ruhiger Straße nach *Züsch* (4 km). Nach der Ortsdurchfahrt am Ortsausgang beim Gasthaus rechts abbiegen in das Tal und auf markiertem Weg zum *Primsstausee* (2 bis 5 km) und Staumauer und abwärts hinunter nach *Nonnweiler* (2 km).

Von Nonnweiler – bergauf – in Richtung Autobahn A 1 und über die Autobahnbrücke Abfahrt nach *Sitzerath* (5 km) und auf der landschaftlich schönen »Eichenlaubstraße« ins Tal nach *Wadrill* (4 km). Weiter auf dieser Straße – ansteigend und abfallend – auf dem R 7 des saarländischen Radwandersystems nach *Steinberg* (3 km) – wieder über eine kleine Anhöhe – nach *Konfeld* (2 km) und *Weiskirchen* (1 km). Auf schnurgerader Straße geht es dann nach *Rappweiler* (2 km) und – wieder über einen leichten Höhenzug – nach *Mitlosheim* (2 km). Am Ortseingang rechts in die Ortsstraße einbiegen, dann vor der Kirche wiederum rechts auf einen späteren asphaltierten Waldweg. Beim Querweg im Waldinnern links halten und so folgt man dem herrlichen Waldweg durch das Igelsbachtälchen bis *Losheim* (5 km). Dort dem Schild »Losheimer See« folgen bis zum östlichen Ufer des Sees (1 km). Der Freizeit- und Erholungspark lädt ein zum Ausruhen, bevor die letzte Etappe der langen Radtour beginnt.

Man verläßt im Süden den See oberhalb an der Straßenkreuzung, um dort Richtung Mettlach zu fahren. Zunächst auf einem Radweg entlang dieser Straße geht die Fahrt hinunter ins Seffersbachtal, überquert dann die breite Straße Merzig – Britten, dann, ansteigend, folgt man der Straße (gleichzeitig R 7) durch ein großes Waldgebiet bis zur Abfahrt – am Schwimmbad vorbei – nach *Mettlach* (12 km) ins Saartal, das hier besonders schön und romantisch (Beginn der Saarschleife) ist.

Variante *Züsch – Hermeskeil – Kell – Saarburg (50 km).*

Statt über Nonnweiler, Wadrill, Losheim nach Mettlach an die Saar zu fahren kann man von Züsch aus über Damflos, Hermeskeil, Kell variierend ins Saartal nach Saarburg fahren. Hier die Beschreibung der Radtour. Oberhalb von *Züsch* fährt man nicht direkt nach Hermeskeil (denn dieser kürzere Weg hat ein sehr starkes Gefälle und eine harte Steigung!) sondern auf dem Umweg im Bogen nach *Damflos* (2 km). Durch den Ort, verbunden mit einer kurzen Abfahrt und einem geringen Anstieg, setzt man die Radtour auf ruhiger Straße fort nach *Hermeskeil* (6 km).

Von Hermeskeil fährt man zunächst die B 52 abwärts in Richtung Trier, biegt dann aber 200 Meter hinter der Eisenbahnüber-

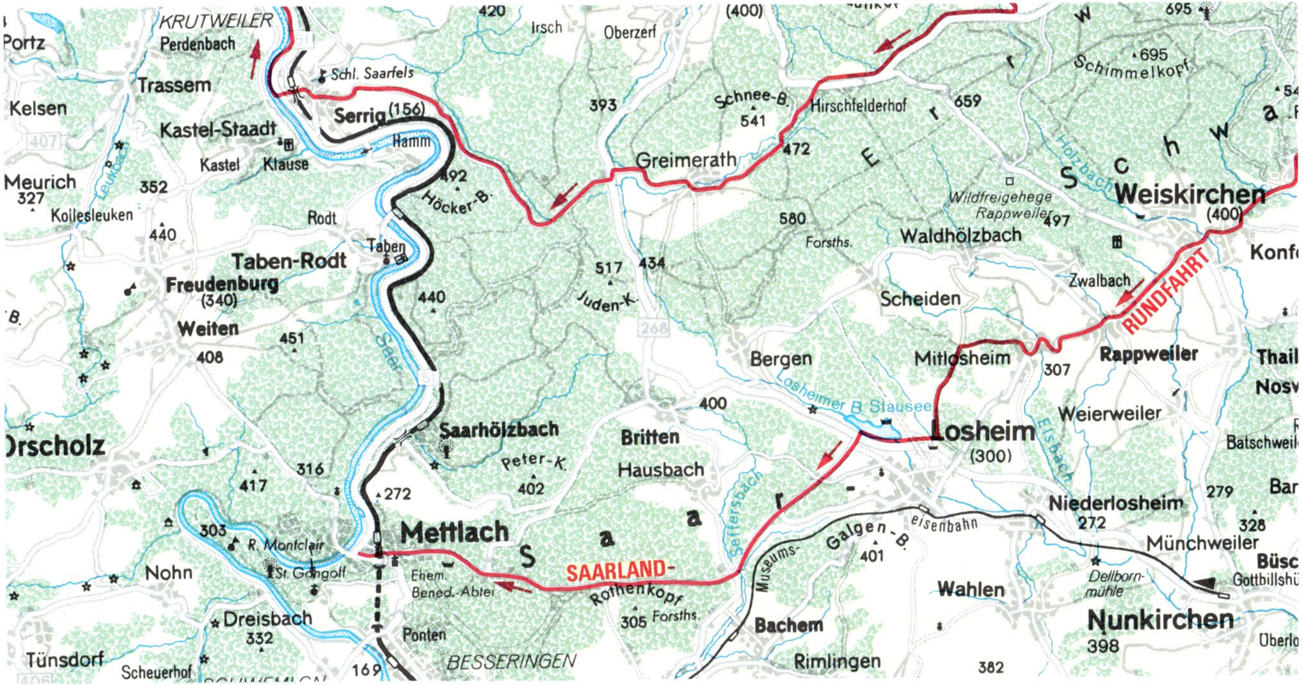
KRUTWEILER
Portz
Perdenbach
Schl. Saarfels
Trassem
Kelsen
Serrig (156)
Kastel-Staadt
Hamm
Kastel
Klause
Meurich
327
Leukbach
352
Kollesleuken
440
Rodt
Taben
Taben-Rodt
Freudenburg
(340)
Weiten
451
408
Orscholz
316
417
272
303
R. Montclair
St. Gangolf
Nohn
Dreisbach
332
Tünsdorf
Scheuerhof
169
Mettlach
Ehem. Bened.-Abtei
Ponten
BESSERINGEN
Saar
Saarhölzbach
Peter-K.
402
440
492
Höcker-B.
420
Irsch
Oberzerf
393
Greimerath
Schnee-B.
541
472
Hirschfelderhof
659
517
434
Juden-K.
268
580
Forsths.
Britten
Hausbach
400
Bergen
Losheimer B. Stausee
Seffersbach
SAARLAND-
Rothenkopf
305
Forsths.
Bachem
Rimlingen
Museums-
eisenbahn
Galgen-B.
401
Wahlen
382
Losheim
(300)
Scheiden
Mitlosheim
307
Elsbach
Niederlosheim
272
Weierweiler
Rappweiler
RUNDFAHRT
Zwalbach
Waldhölzbach
Wildfreigehege
Rappweiler
497
Weiskirchen
(400)
Holzbach
Schimmelkopf
695
695
(400)
Schwarzwälder
Münchweiler
Dellborn-
mühle
Nunkirchen
398
279
328
Batschweiler
Gottbillshü
Konf
Thail
Nosw
Bar
Büsc
Überlo

führung links in die ruhige, bewaldete Straße – leicht ansteigend, dann abfallend – nach *Gusenburg* (5 km) ab. (Man kann auch auf einem weniger guten Weg von Hermeskeil beim Schulzentrum [Haupt- und Realschule] abwärts zur Bahnlinie und unter der Autobahn hindurch, dann rechts in einem Bogen hoch fahren, zuerst am Waldrand entlang, dann auf einer Apfelbaumallee nach *Gusenburg* [5 km]). Im schönen Tal des Engbaches fährt man talabwärts nach *Grimburg* (2 km), wo man rechts abbiegt, um durch einen schmucken Wald, im Wadrilltal und über zwei kleinere Hügelketten auf schmaler und ruhiger Straße nach *Kell* (6 km) zu fahren. In Kell fährt man den weißen Schildern »Feriendorf« und »Stausee« nach zum *Feriendorf am Stausee* (2 km). Man fährt um den See herum und dann auf dem Radweg nach *Schillingen* (3 km). Nach Durchquerung des oberen Ruwertales gelangt man nach *Mandern* (3 km) und danach zur B 407, der »Hunsrückhöhenstraße«. Da die Straße in diesem Abschnitt wenig befahren ist, kann man ihr in westlicher Richtung durch den Wald zum *Hirschfelder Hof* (6 km) folgen. Dort biegt man links ab auf die ruhige Straße – leicht talaufwärts – in einem breiten Wiesental nach *Greimerath* (3 km). Hinter dem Ort steigt die Straße kurz an, um dann über den bewaldeten Höhenzug oberhalb der Saar mit schönem Ausblick auf das Saartal zunächst allmählich, dann stärker abwärts in das Saartal abzufallen. In *Serrig* (8 km) gelangt man dann in die Talniederung der Saar, um dort saarabwärts auf dem Radweg entlang der Saar nach *Beurig* (4 km) und über die Saarbrücke nach *Saarburg* (1 km), dem Endpunkt der Hunsrück-Tour, hineinzufahren.

69 *Hunsrück-Tour II* Trier – Hermeskeil – Rhaunen – Gemünden – Argenschwang – Bad Kreuznach

Schwierigkeitsstufe III/IV.
Tourenlänge 130 Kilometer.
Fahrzeit 11 bis 15 Stunden.
Höhenunterschiede 120 Meter auf 4 Kilometer von Waldrach zum Riveris-Stausee; 320 Meter auf 4 Kilometer vom Riveris-Stausee (oberer östlicher Zipfel) bis zum Höhenzug des Osburger Hochwaldes; 60 Meter auf 1,2 Kilometer in Hermeskeil vom Ortseingang bis zum Ortsausgang in Richtung Damflos; 60 Meter auf 1 Kilometer in Damflos; 50 Meter auf 2 Kilometer vor Muhl; 100 Meter auf 2 Kilometer von Thranenweier zum Forsthaus Hüttgeswasen; 30 Meter auf 1 Kilometer zwischen Allenbach und Wirschweiler; 70 Meter auf 2 Kilometer von der Steinbachtalsperre bei Sensweiler nach Bruchweiler; 100 Meter auf 2 Kilometer vom Hahnenbachtal nach Woppenroth; 210 Meter auf 3 Kilometer von Gemünden bis zur Höhe des Soonwaldes.
Karten 1:50000 L 6306 Trier-Pfalzel, L 6308 Idar-Oberstein, L 6108 Bernkastel-Kues, L 6110 Simmern, L 6112 Bad Kreuznach; 1:100000 Radwanderkarte Rheinland-Pfalz Blätter Nordost und West; 1:200000 Generalkarte Blätter 12 und 15.
Wissenswertes *Trier, Waldrach* siehe Tour 17. – *Hermeskeil* siehe Tour 40. – *Allenbach* ehemals in der Nähe Kupferbergbau. – *Stipshausen* siehe Tour 38. – *Rhaunen, Gemünden* siehe Tour 37. – Soonwald, waldreiches Gebiet rechts und links des Hunsrückhöhenrückens, vorwiegend Schiefergestein (früher in tiefen Taleinschnitten in Gruben gebrochen) mit Quarzithärtlingen auf dem Kamm des Höhenzuges. Sehr wildreich (Forst Entenpfuhl und Forts Neupfalz mit dem »Jäger aus Kurpfalz«, Denkmal für den Förster Friedrich Wilhelm Utsch, 1913 beim Forsthaus Entenpfuhl). – *Kreershäuschen,* großes Spiel- und Freizeitgelände. – *Struthof,* Töpferei, Töpferofen. – *Argenschwang, Dalberg, Wallhausen, Gutenberg* siehe Tour 23. – *Bad Kreuznach* siehe Tour 22.
Tourenbeschreibung Aus der Stadtmitte Trier folgt man in nordöstlicher Richtung dem weißen Ortsteilschild »Tarforst-Universität«. Man fährt unter der Bahnlinie Richtung Koblenz hindurch, dann in einem Bogen – leicht ansteigend – bis zum Scheitelpunkt dieser Straße und biegt dort in den Weg »Am Grüneberg« ein, folgt diesem Weg entlang der Bahnlinie und den Rebhängen, bis man nach etwa 2,5 Kilometern bei dem Bahnwärter-

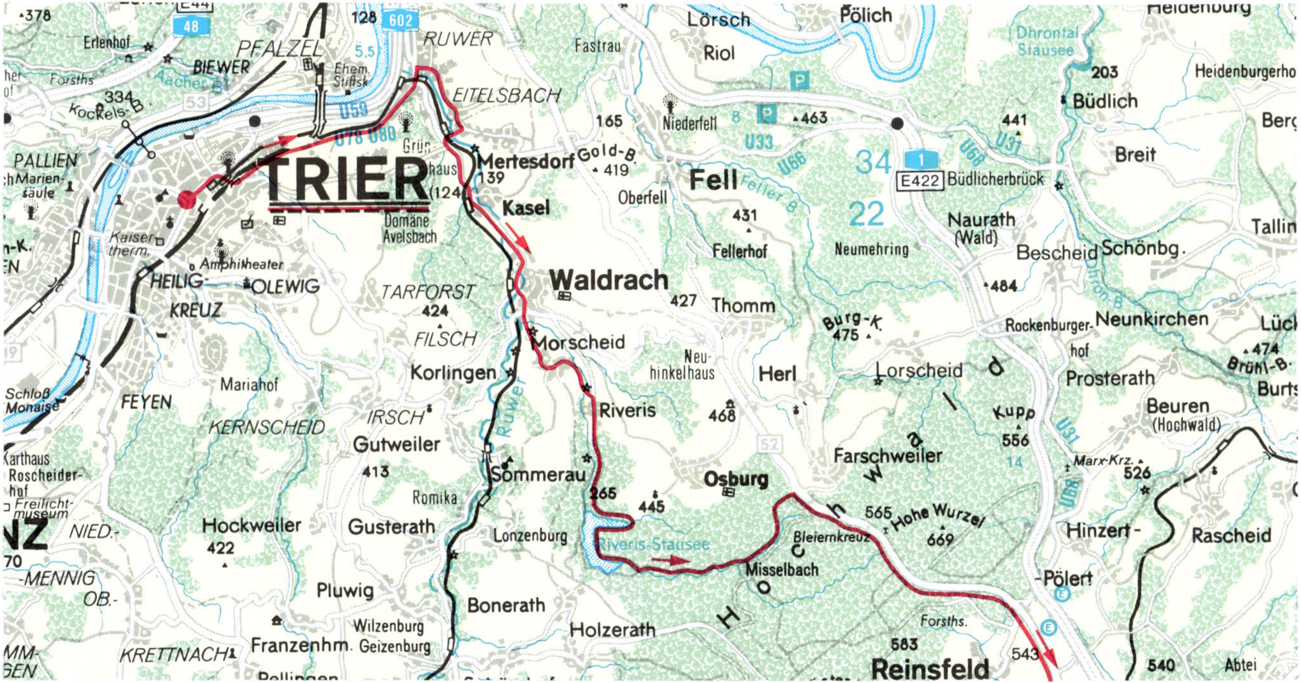
TRIER
Pfalzel
Biewer
Ruwer
Eitelsbach
Mertesdorf
Kasel
Waldrach
Morscheid
Riveris
Sommerau
Korlingen
Tarforst
Filsch
Irsch
Gutweiler
Kernscheid
Feyen
Heiligkreuz
Olewig
Pallien
Mariahof
Hockweiler
Gusterath
Pluwig
Bonerath
Holzerath
Osburg
Riveris-Stausee
Misselbach
Bleiernkreuz
Hohe Wurzel
Reinsfeld
Farschweiler
Herl
Thomm
Fell
Oberfell
Niederfell
Fastrau
Riol
Lörsch
Pölich
Fellerhof
Neumehring
Lorscheid
Naurath (Wald)
Büdlicherbrück
Büdlich
Breit
Bescheid
Schönbg.
Neunkirchen
Rockenburger-hof
Prosterath
Beuren (Hochwald)
Hinzert-Pölert
Rascheid
Dhrontal Stausee
Heidenburgerhof
Hochwald
Ruwer
Domäne Avelsbach
Amphitheater
Kaiserth.
Lonzenburg
Romika
Franzenhm.
Wilzenburg
Geizenburg
Krettnach
E422
E44

Wirschweiler
Allenbach
Riedenburg
Immert
Talling
Bescheid
Schönbg.
Thalfang
(440)
Deuselbach
Kahlheid
766
590
Rockenburger-hof
Neunkirchen
Lückenburg
Brühl-B.
474
Lorscheid
Kupp
556
Prosterath
Burtscheid
473
Bäsch
Hilscheid
Forsths.
522
661
660
Idarbach
Steinköpfe
723
Beuren
(Hochwald)
354
Dhronecken
641
Röderberg
Erbes-K.
816
Ringelkopf
712
Hüttgeswasen
(661)
chweiler
Marx-Krz.
526
Geisfeld
Malborn (495)
460
Hohe Wurzel
669
Hinzert-
Pölert
Rascheid
683
Stein-K.
701
Thranenweier
Heiligenbösch-K.
Schwollen
Nikolaus-Quelle
Tiefentalerhof
Ruppelstn.
755
Hattgenstein
Waldfriede
Reinsfeld
(494)
583
543
540
Abtei
Thiergarten
589
Börfink
Gefäll-B.
691
480
Sauerbrunnen
Morschberg
505
Heupweiler
Oberhamb.
Höfchen
Lascheiderhof
562
Damflos
756
Sandkopf
Muhl
620
Vorkastell
Rinzenbg.
513
Niederhambach
Elchweiler
HERMESKEIL
(614)
Im Adrian
Züsch
610
Zinsers-hütten
Abentheuer
Gollenberg
Ellenberg
Buhlenbg.
FECKWEILER
Kraus-B.
500

Wederath
E42
Stumpfer Turm
569
539
Hinzerath
R. Baldenau
Hundheim
Bischofsdhron
Morbach
(431)
582
Forsths.
Idar-K.
746
Stipshausen
(400)
An den zwei Steinen
766
Am grauen Kreuz
695
Steingerüttel-kopf
757
Forsths.
Raunel-B.
Ev. Kapelle
Rhaunen
(330)
R. Hellkirch
R. Altburg
R. Schmidtbg.
431
Bollenbach
Hochwälderhof
Bundenb.
Sulzbach
403
252
Womrather H.
597
Königsau
Schneppenbach
Forsths.
Kellenbach
Bruschied
Lützel-Soon
Heinzenberg
Sonnschied
Hennweiler
414
506
Hottenbach
501
Hellertshausen
Asbach
Schauren
Asbacher-hütte
Weiden
Ober-hosenb.
Wickenrodt
Hahnen-B.
Hahnenb.
Oberhsn. b. Kirn
423
Schl. Wartenstn.
KALLENFELS
R. Steinkallenfels
Griebelschied
KIRN
(200)
182
Breitenthal
456
Niederhosenbach
671
Bruchweiler
Kempfeld
Mörsch. Burr
646
Mörschied
Herrstein
Bergen
R. Kyrburg
Langweiler
Steinbach-Stausee
724
Sensweiler
Wirschweiler
Katzenloch
665
Sand-K.
R. Wildenburg
Ober-wörresbach
Berschweiler b. Kirn
386
628
Silberich
469
Allenbach
Kirschweiler
650
Auf der Lüh
510
Herborn
489
Veitsrodt
Nieder-wörresbach
Hosenbach
Gerach
464
KIRNSULZBACH
Meiersberg
Fischbacher Kupferbergwerk
Nahe
233
343
R. Naumbg.
Bärenbach

Nieder-
edersohren
418
Forsths.
Liederbach
419
KIRCHBERG (Hunsrück)
(430)
397
Dillendorf
Maitzborn
Rödern
Ravengiersburg
Oppertshsn.
Belgwlr.
Wimmersbacherhof
Ehem. Stiftskirche
377
Nun-K.
Bismarck-T.
450
Sargenroth
398
Dill
Hecken
Womrath
Neuhof
414
445
325
Mengerschied
Dickenschied
Panzweiler
Gemünden
ohrschied
Lindenschied
Schwerb.
Gösenroth
Oberkirn
397
Rohrbach
Galgenhügel
446
394
Hausen
294
Rhaunen
(330)
Woppenroth
Schlierschied
(280)
Gehlwlr.
551
R. Koppenstn.
Simmerbach
421
Henau
R. Hellkirch
431
R. Altburg
Bollenbach
R. Schmidtbg.
lderhof
Bundenb.
Sulzbach
403
252
Bruschied
Schneppenbach
Womrather H.
597
Königsau
230
Forsths.
Kellenb.
Weitersborn
361
364
Soonruhe
562
Gemündener H.
Forsths.
454
Alteburg
621
Forsths. Alteburg
Trifthütte
Schwarzerden
484
Forsths.
Waldfriede
Sees-bach
Langenthal
PFERDSFELD
410
Layenkaul
R. Wildburg
628
Forsths.
594
Tiefenbach
653
Simmern-K.
658
Ellerspring
561
Karchrech
Forstamt
Forsths.
Ippenschied
Entenpfuhl
400
Schinderhanneshöhle
401
ECKWEILER
307
Forsths.
Thiergarten
Opel
650
564
Steineberg
Gräfenbach
Hütte
Forsth.
Kes
340
Struthof
Kreers-häuschen
Münchwald
Forsths.
Winterbach
Spall
Gebroth
Allenfeld
Winterburg
Rehbach
Daubach
Wingerts-B.
380
Bockenau
Soon
wald
Soon
Lützel-Soon

häuschen die Straße in Richtung *Ruwer* (5 km) erreicht. In Ruwer biegt man an der Post rechts ab in die Straße »Im Paulines Garten« Richtung *Eitelsbach* (2 km) und fährt dort weiter an der Nordseite des Ruwertales auf der Straße nach *Mertesdorf* (1 km). Man fährt zum Bahnhof, indem man in der Ortsmitte links abbiegt. Am Bahnhof überquert man die Bahnlinie und biegt in die Ruwertalstraße nach *Kasel* (2 km) ein. Nächster Zielort ist *Waldrach* (2 km), wo die stärker befahrene Straße zu den Hunsrückhöhen abbiegt. Wir verlassen das Ruwertal und fahren in das Seitental, das ruhige und landschaftlich außerordentlich schöne Tal der Riveris nach *Riveris* (3 km) und weiter – leicht ansteigend – zur *Riveris-Talsperre* (2 km). Entlang des östlichen Seeuferwegs gelangt man in das obere Riveristal und in dessen Fortsetzung das Misselbachtal. Von dort – steiler ansteigend – auf dem Waldweg zum *Forsthaus Sternfeld* (7 km) an der Bundesstraße B 52 gelegen. Dieser folgt man in Richtung Hermeskeil durch den Wald – zunächst noch ansteigend – bis zum »Bleiernkreuz« und weiter nach *Höfchen* (9 km), wobei man auch die asphaltierten Landwirtschaftswege rechts oder links der B 52 benutzen kann. Weiter mit Blick auf den langgestreckten Höhenzug des Hunsrück an der Kaserne vorbei und unter der Autobahn und der Eisenbahnbrücke hindurch, dann aufwärts nach *Hermeskeil* (4 km).

Vom Ortsmittelpunkt Hermeskeil die Straße durch das Industriegebiet in Richtung Damflos benutzen, dann in den Wald bis zur Höhe vor Damflos und Abfahrt in das obere Primstal nach *Damflos* (3 km). In Damflos steigt die Straße in mehreren Windungen an bis zum Gasthaus an der Waldstraße, von dort in südlicher Richtung durch ein größeres Waldgebiet bis oberhalb von Züsch, wo man am Waldrand entlang mit schöner Aussicht auf die Hunsrückberge, dann in nordöstlicher Richtung wieder durch ein Stück Wald zur Rodungsinsel *Muhl* (7 km) fährt. Von Muhl nach *Börfink* (2 km) im Quellgebiet des Traunbaches gelegen, und weiter in der hochgelegenen, langgezogenen Talmulde zwischen den beiden Hunsrückhöhenzügen des Schwarzwälder Hochwaldes (Erbeskopf 813 m) im Norden und den Dollbergen im Süden (Friedrichskopf 707 m) am Forsthaus *Thranenweier* (2 km) vorbei – ansteigend – zum *Forsthaus Hüttgeswasen* (3 km). Dort links abbiegen für kurze Zeit auf der Bundesstraße B 269 bis zur *Idarbrücke* (1 km) im Quellgebiet der Idar. Rechts ab durch den Wald und dann durch eine herrliche Baumallee nach *Allenbach* (3 km) und – leicht ansteigend – nach *Wirschweiler* (1 km) und entlang der Felder und Wiesen nach *Sensweiler* (3 km). Abfahrt zum oberen Ende der »Steinbach-Talsperre«

Steineberg
564
Hütte
Oberhub
Hergenfeld
Laubenhm.
SPONSHM.
DROMERSHEIM
340
Spabrücken
Windesheim
(165)
321
300
Grolshm.
E31
Aspishr
Struthof
Kreers-häuschen
Münchwald
Forsths.
St. Mariae Himmelfahrt
Dalberg
Waldhilbershm.
Langenlonshm.
Guldental (250)
Gulden-B.
Forsths.
90
Gold-B
163
Gensingen
Horrwlr.
Winterbach
Spall
Gebroth
Argenschwang
406
Wallhausen
Heddesheim
Gutenberg
Sommerloch
Eremitage
Kloningers-mühle
Bf.
Bretzenhm.
IPPESHEIM
U93
U14
11,5
Welgeshi
Allenfeld
Winterburg
Gauchsberg
437
Braunweiler
Roxheim
St. Katharinen
WINZENHEIM
152
Hungr. Wolf
223
Hargesheim
112
Zotze
Biebelshm.
401
Rehbach
WEILER 307
Daubach
Wingerts-B.
380
Sponheim
Mandel
129
Nahebrücke
PLANIG
226
Bosenberg
Sprendlgn.
Pfaffen-
Stifts-Kirche
61
Bockenau
Ellerbach
Burgsponheim
149
Weinsheim
Rüdeshm.
Schl. Kurhs
Kanzen-burg
Lohrerhof
321
Schwabenhm.
BOSENHEIM
Pleitersheim
Badenhm
BAD KREUZNACH
410
336
Waldböckelheim
Hüffelsheim
199
Schanzen-K.
Gradier
Rotenfels werke
THEODORSHALLE
Appel-B.
143
(104)
229
Jagdschloß
Dörndich
162
Traisen
BAD MÜNSTER-a. Stein
296
Hacken-heim
Volxheim
Gumbheim
113
Schl. Rheingrafenstein
Schloß-böckelhm.
Steinhardt
Oberstreit
Boos
Niederhsn.
Norheim
EBERN-BURG
Forsths. Spreitel
Frei-Laubershm
Neu-
Wöllstein
Siefershm

und weiter aufwärts auf der »Edelsteinstraße« nach *Bruchweiler* (3 km) und nach *Schauren* (1 km). Auf gleichbleibender Höhe von 500 Meter durch Wald und an Wiesen vorbei nach dem Wintersportort Stipshausen (7 km) am Fuße des Idarkopfes (746 m) und von hier weiter, erst allmählich, dann steiler abfallend nach dem historischen Orgelbauerstädtchen der Familie Stumm, nach *Rhaunen* (5 km). Von Rhaunen zunächst im oberen Hahnenbachtal nach *Hausen* (3 km), danach steigt die Straße an nach *Woppenroth* (3 km), (wo der berühmte Film »Heimat« von Edgar Reitz gedreht wurde) auf der Hochfläche nördlich des »Lützelsoon« gelegen, und weiter in östlicher Richtung nach *Schlierschied* (2 km), von dort in das Simmerbachtal nach *Gemünden* (4 km).

In Gemünden rechts steil aufwärts und in Serpentinen zur Höhe des langgestreckten Sonnwaldes in der Nähe der »Alteburg« (621 m), von dort Abfahrt zum *Forsthaus Alteburg mit der Trifthütte* (7 km), wo vor Jahren der »Hunsrücker Spießbraten« kreiert wurde. In gleichbleibender Höhe verläuft nun die Wald- und Wiesenstraße unterhalb des Ellerspring (657 m) an einer Reihe von Forsthäusern vorbei, zunächst zum *Forsthaus Entenpfuhl* (4 km) mit dem Denkmal des »Jägers aus Kurpfalz«, dann *Forsthaus Ippenschied* 62 km) und über *»Kreershäuschen«* (2 km) mit dem Waldspielplatz und Freizeitgelände zum *Forsthaus Winterbach* (1 km) und mit schöner Aussicht auf die Dörfer, Wiesen, Täler, Berge und kleinen Wälder des südlichen Nahevorlandes des Hunsrücks, zum *Forsthaus Gebroth* (2 km). Hier biegt die Straße wieder in den Wald und führt dann zum *Struthof* (2 km) mit der sehenswerten Töpferei und dann in einem Bogen am Waldrand entlang in das anmutige Gräfenbachtal, zunächst abwärts nach *Argenschwang* (5 km) und weiter in diesem Tal in östlicher Richtung durch eine Kette von reizvollen Ortschaften, bekrönt von Burgen und umgeben von Wiesen, Wäldern und steilen Weinbergen, zunächst *Dalberg* (3 km), dann *Wallhausen* (3 km), *Gutenberg* (2 km) und *Hargesheim* (3 km), wobei man ab Wallhausen den beschilderten, guten Radweg auf der Trasse der ehemaligen Kleinbahn benutzt. Von hier auf einer belebteren Straße in das Ellerbachtal, wo man gleichzeitig auch den Ortsrand von *Bad Kreuznach* (4 km) erreicht.

Hinweis Von *Rhaunen* aus kann man auch ins Nahetal nach *Idar-Oberstein* (siehe Tour 71, Gegenrichtung) oder nach *Kirn* (siehe Tour 27, Gegenrichtung) fahren (21 km bzw. 15 km).

70 *Hunsrück-Tour III* Von Koblenz über Emmelshausen, Kastellaun nach Kirchberg und Rhaunen (Idar-Oberstein, Mettlach, Saarburg, Trier)

Schwierigkeitsstufe III/IV.
Tourenlänge 80 Kilometer.
Fahrzeit 6 bis 8 Stunden.
Höhenunterschiede 440 Meter auf 8 Kilometer von Boppard bis Karbach; 50 Meter auf 1 Kilometer vor Thörlingen; 50 Meter auf 1 Kilometer hinter Bickenbach und hinter Schnellbach; 70 Meter auf 1,5 Kilometer vor und hinter Roth; 60 Meter auf 1,2 Kilometer hinter Kastellaun; 30 Meter auf 800 Meter hinter Dillendorf; 60 Meter auf 1,2 Kilometer zwischen Dill und der Höhe vor Sohrschied; 30 Meter auf 800 Meter hinter Sohrschied; 50 Meter auf 1 Kilometer hinter Oberkirn Richtung Rhaunen.
Karten 1:100000 Radwanderkarte Rheinland-Pfalz Blatt Nordost; 1:200000 Generalkarte Blätter 12 und 15.
Wissenswertes *Koblenz* siehe Tour 8. – *Rhens, Boppard* siehe Tour 9. – *Emmelshausen, Sauerbrunnen* siehe Tour 34. – *Bickenbach, Frankweiler, Roth,* spätbarocke Kirchen mit reicher Innenausstattung, schöne Fachwerkhäuser (18./19. Jahrhundert) und Höfe. – *Kastellaun* siehe Tour 35. – *Kirchberg/Hunsrück, Dill, Rhaunen* siehe Tour 37.
Tourenbeschreibung Zunächst führt die Radtour am Rhein entlang über Rhens und Spay nach *Boppard* (18 km) wie in Tour 9 ausführlich beschrieben.

Von der Stadtmitte Boppard aus folgt man dem weißen Ortshinweisschild »Buchenau«, das man nach 2 Kilometern erreicht. Am Schwimmbad vorbei in östlicher Richtung – ansteigend – nach *Weiler* (5 km). Von Weiler – zunächst noch ansteigend – führt eine Panoramastraße oberhalb des Rheintals nach *Rheinbay* (3 km). Von hier aus steigt die schmale Straße talaufwärts wieder an durch ein schönes Wald- und Wiesengebiet bis kurz vor den hochgelegenen Ort *Karbach* (3 km). Dort rechts einbiegen in die Straße Richtung Emmelshausen, die auf etwa gleicher Höhe über die Hunsrückautobahn hinweg, dann auf einem schottergebundenen Radweg (links) zum Luftkurort *Emmelshausen* (5 km) führt.

Nach der Ortsdurchfahrt von Emmelshausen links auf der Trasse der stillgelegten Hunsrückbahn, die als Radweg umgebaut ist, nach *Sauerbrunnen* (3 km) und von hier zur Hunsrückhöhenstraße (B 327), der man auf einem Radstreifen – weiter bergab – bis zum Gut *Reifenthal* (1 km), wo der Wanderweg in

KOBLENZ
RÜBENACH
METTERNICH
D. Eck
St. Florin
Liebfr.-K.
Feste Ehrenbreitstn.
EHRENBREITSTN.
ARENBERG
Mühlenbach hof
ARZHEIM
MOSEL-WEISS
KART-HAUSE
GÜLS
BISHOLDER
PFAFFENDORF
Horchhmr.-H.
360
HORCHHEIM
Nievern
Rittersturtz
Königsbach
Winningen
201
LAY
Carola-Höhe
283
Kondertal
KAPELLEN-STOLZENFELS
(60) Schl. Stolzenfels
306
Auf Ahl
Burg Lahneck
Frücht
Friedrichssegen
Kurthermen Rhein Lahn
Lahnstein a. d. Höhe
LAHNSTEIN
Im Einmuth
397
Mariaroth
Waldesch
Königsstuhl
RHENS
(66)
Brey
BRAUBAC
Marksburg
Martins-K.
Waldburg
365
Naßheck
Hünenfeld
Bruder-Tönnes Hügel
Jakobsberg
Schauren
Siebenborn
Spay
Hügelgräber
Dinkholder Mühlen
302
Osterspai
Vierseenblick
Mühltal
Filsen
215
Schl. Liebeneck
Rhein
463
320
Kalmut
St. Severus
Marienberg
397
Kloster Marienbg.
Hünengrab
Kamp-Bornhofen
(72)
BOPPARD
(70)
61
Ohlenfeld
BUCHHOLZ
Klost. Bornhofen
R. Sterrenberg
R. Liebenstn.
66
Dahlhe
374
356
Forsths.
(406)
Windhausen
Hünengräber
401 BAD SALZIG
Lykershsn.
Hierermühle
Prath
Kratzenburg
WEILER
Kestert
(74)
Ney
Fleckertshöhe
315
Prohl
Dieler
Mermicherhof
(531)
Oberkestert
418
Halsenbach
Ehr
HIRZENACH
536
Ehrenthal
Ehrerheide
RHEINBAY
HOLZFELD
454
Emmelshsn.
Liesenfeld
Prinzenstein
Karbach
WERLAU
Dörth
St. Quentin
463
Basselscheid
ST. GOA
Hungenroth
Gründelbach
Schwall
Lamscheid
Reifenthal

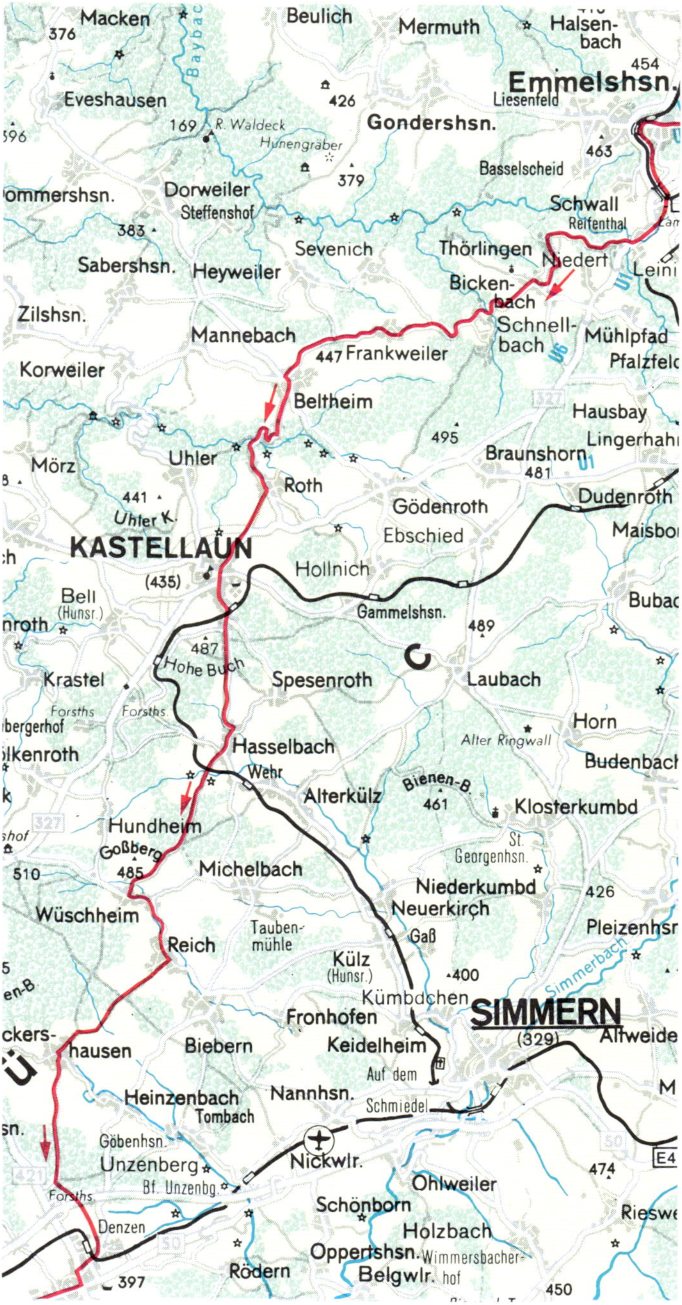
Macken
376
Beulich
Mermuth
Halsen-
bach
454
Emmelshsn.
Liesenfeld
Baybach
Eveshausen
426
169
R. Waldeck
Hünengräber
Gondershsn.
463
Basselscheid
379
Dorweiler
Steffenshof
Schwall
Reifenthal
383
Sevenich
Thörlingen
Niedert
Sabershsn.
Heyweiler
Bicken-
bach
U1
Zilshsn.
Schnell-
bach
Mannebach
447
Frankweiler
Mühlpfad
Pfalzfeld
U6
Korweiler
Beltheim
327
Hausbay
495
Lingerhahn
Uhler
Braunshorn
481
U1
Mörz
Roth
441
Dudenroth
Gödenroth
Uhler K.
Maisborn
Ebschied
KASTELLAUN
Hollnich
(435)
Bell
(Hunsr.)
Gammelshsn.
Bubach
489
487
Hohe Buch
Krastel
Spesenroth
Laubach
Forsths.
Forsths.
Horn
Alter Ringwall
Hasselbach
Budenbach
Wehr
Alterkülz
Bienen-B.
461
Klosterkumbd
Hundheim
327
St.
Georgenhsn.
Goßberg
485
Michelbach
510
Niederkumbd
426
Neuerkirch
Wüschheim
Pleizenhsn.
Tauben-
mühle
Gaß
Reich
Simmerbach
Külz
(Hunsr.)
400
Kümbdchen
SIMMERN
(329)
Fronhofen
Altweidelbach
hausen
Biebern
Keidelheim
Auf dem
Heinzenbach
Nannhsn.
Tombach
Schmiedel
Göbenhsn.
50
Unzenberg
Nickwlr.
474
421
Bf. Unzenbg.
Ohlweiler
Forsths.
Schönborn
Denzen
Holzbach
50
Oppertshsn.
Wimmersbacher-
hof
Rödern
397
Belgwlr.
450

das romantische Baybachtal beginnt, folgt. Dort rechts einbiegen in die ruhige Landstraße – später ansteigend – nach *Thörlingen* (2 km). Auf kurviger Straße über die Anhöhe nach *Bickenbach* (1 km). Auf der folgenden, zunächst ansteigenden Strecke durchquert man zwei Hochtälchen (das erste mit dem Weiler *Schnellbach*) auf abwechslungsreicher Fahrt nach *Frankweiler* (4 km). Über die Höhe hinweg geht die Fahrt nach *Beltheim* (2 km), dann in ein tiefer eingeschnittenes Tal und wieder bergaufwärts nach *Roth* (3 km). Am alten Schulhaus biegt man rechts ab auf einen Landwirtschaftsweg, der über den Hügel mit guter Sicht über die Hunsrückhöhen zum Verwaltungsmittelpunkt *Kastellaun* (3 km) führt, das auf den letzten Metern der Hunsrückhöhenstraße erreicht wird.

Vom Luftkurort Kastellaun – zunächst ansteigend – durch den Wald in südlicher Richtung nach *Hasselbach* (4 km) und geradeaus auf ruhiger Landstraße nach *Wüschheim* (4 km). Im Ort links nach *Reich* (1 km), wo man rechts die Ringstraße einschlägt, um dann am Ortsende links, am Ehrenfriedhof vorbei, über eine kleine Anhöhe nach *Reckershausen* (4 km) zu fahren. Im Ort links auf der Landstraße durch den Wald zum *Forsthaus Buschied* (3 km), von wo aus man links den apshaltierten Landwirtschaftsweg und über die Schnellstraße hinweg nach *Denzen* (2 km) und weiter nach dem ob seiner Höhenlage von weitem sichtbaren *Kirchberg* (3 km) benutzt.

Von *Kirchberg* (Ortsmitte) in westlicher Richtung bis zum Wegweiser »Dillendorf – Dill«, links, mit Blick auf die weite Hunsrücklandschaft nach *Dillendorf* (2 km) im Kehrbachtal gelegen. Leicht ansteigend, und weiter auf ruhiger Landstraße durch den Wald nach *Dill* (3 km) mit seiner malerischen Burgruine. Im Ort hinunter ins Tal und – ansteigend – bis zur Höhe (Blick zurück auf die Ruine ist lohnenswert), dann kurz abwärts nach *Sohrschied* (3 km). Wieder ansteigend auf ruhiger Straße nach *Schwerbach* (1 km), dann nochmals über einen kleinen Höhenzug und Abfahrt nach *Oberkirn* (2 km). Im Ort rechts, einem Seitentälchen folgend und über eine Anhöhe, dann Abfahrt nach *Rhaunen* (4 km).

Hinweis Von Rhaunen aus kann diese Streckenfahrt Koblenz – Emmelshausen – Kastellaun – Kirchberg – Rhaunen fortgesetzt werden, so nach *Idar-Oberstein* (siehe Tour 71, umgekehrte Richtung), zur Saar nach *Mettlach* bzw. *Saarburg* (siehe Tour 68), zur Mosel nach *Trier* (siehe Tour 69, umgekehrte Richtung).

Ginster am Radwanderweg (Foto: Heinz-Egon Rösch)

71 Von der Nahe über den Hunsrück zur Mosel Idar-Oberstein – Traben-Trarbach

Schwierigkeitsstufe III/IV.
Tourenlänge 46 Kilometer.
Fahrzeit 4 bis 5 Stunden.
Höhenunterschiede 280 Meter auf 5 Kilometer von Idar-Oberstein nach Veitsrodt; 150 Meter auf 5 Kilometer von der Weidener Mühle (Fischbachtal) bis zur Höhe hinter Hottenbach; (140 Meter auf 3 Kilometer vor und hinter Weitersbach); 170 Meter auf 4 Kilometer von Krummenau über Horbruch bis zur Hunsrückhöhenstraße.
Karten 1:100000 Radwanderkarte Rheinland-Pfalz, Blatt West; 1:200000 Generalkarte Blatt 15.
Wissenswertes *Idar-Oberstein* siehe Tour 29. – *Hottenbach* siehe Tour 28. – *Rhaunen* siehe Tour 37. – *Weitersbach, Krummenau, Horbruch* siehe Tour 38. – *Traben-Trarbach* Tour 14.
Tourenbeschreibung Vom Bahnhof Idar-Oberstein zunächst in Richtung Idar, dem Schild »Edelsteinstraße« folgend, rechts in das Vollmersbachtal einbiegen und talaufwärts, an der Fachhochschule für Schmuck- und Edelsteindesign und an der Reithalle vorbei auf der Edelsteinstraße bergauf nach *Vollmerbach* (6 km), dann weiter aufwärts nach *Veitsrodt* (2 km). Durch den Ort auf der Höhe nach *Herborn* (1 km), wo man die Straße Tiefenstein – Niederwörresbach überquert, um dann leicht abwärts nach *Mörschied* (3 km) und hinter dem Ort steiler abwärts in das Fischbachtal zu fahren, das man bei der *Weidener Mühle* (1 km) erreicht. Nach Überquerung der Talstraße auf der anderen Seite in einem Nebentälchen durch *Weiden* (1 km) allmählich ansteigend nach *Hottenbach* (2 km). Hinter Hottenbach steigt die Straße steil an bis zum Höhenzug (gute Sicht über den Hunsrück!), um dann in einem Waldtal allmählich nach *Rhaunen* (5 km) hin abzufallen.

Von Rhaunen kann man entweder im oberen Idarbachtal ohne Höhenunterschied, allerdings auf stärker befahrener Straße, oder auf ruhiger Land- und Waldstraße über *Weitersbach* (3 km) mit 150 Meter Höhenunterschied nach *Krummenau* (8 bzw. 10 km) fahren. Hinter Krummenau, am Fuße des Idarkopfes gelegen, steigt bei der Bergmühle die Straße wieder an über *Horbruch* (3 km) bis zur *Hunsrückhöhenstraße* (2 km), die man vorsichtig überquert.

Sodann beginnt die Abfahrt nach *Oberkleinich* (1 km) und durch das Kleinicher Bachtälchen – leicht ansteigend – nach

497
Wahlenau
Niederweiler
476
Sohrschied
Kleinich
Hirschfeld (Hunsrück)
Horbruch
Lauferswlr.
434
Schwerb.
Gösenroth
Krummenau
Oberkirn
459
Hochscheid
556
Idarbach
394
Hausen
446
Weitersbach
Rhaunen
(330)
Forsths.
Idar-K.
746
(400)
Stipshausen
Rauhel-B.
431
Bollenbach
Ev. Kapelle
Hochwälderhof
Bundenb.
Sulzbach
403
766
An den zwei Steinen
Forsths.
506
Hottenbach
Am grauen Kreuz
695
501
Hellertshausen
Asbach
Ober-hosenb.
Wickenro
Schauren
Weiden
Asbacher-hütte
Breitenthal
671
Bruchweiler
Kempfeld
456
Nieder
Mörsch.Burr
Mörschied
646
Steinbach-Stausee
Ober-wörresbach
Herrstein
665
Katzenloch
Sand-K.
R. Wildenburg
Bers
422
Herborn
Nieder-wörresbach
628
Silberich
Hosenbach
Auf der Lüh
489
Kirschweiler
Veitsrodt
510
Gerach
233
TIEFENSTEIN
Vollmersbach
Hintertiefenbach
Hettenrodt
REGULSHSN.
WEIERBAC
506
Idar
IDAR-
Ballenhübel
Siesbach
GÖTTSCHIED
Mackenrodt
224
Leisel
Dt. Edelsteinm.
(265)
Rötsweiler-
OBERSTN
Nockenthal
305
ALGENRODT
Felsenkirche
NAH
-Nockenthal
Forsths.
Pferds-H.
478
Hußweiler
Oberbrombach
240
Niederbrombach
Böschweiler (320)
272
ENZWEILER
HAMMERSTN.
Neuweg
MITTELBOLLENBA

Erden
Lösnich
Kindel
Mosel
Zeltingen-Rachtig (106)
TRABEN-TRARBACH (113)
411
Mt Royal 275
Litzig
R. Grevenburg
Graach
Graacher Schanzen
a.d.Mosel
434
WEHLEN
Lieser
KUES
Mülheim (Mosel) (111)
BERNKASTEL-KUES (110)
Bad Wildstein
Hödeshof
KAUTENBACH
ANDEL
Veldenz
R. Veldenz
Thalveldenz
Monzelfeld 458
Longkamp (408)
493
Gornhsn.
Ährringsmühle
Starkenburg
Berghof
436
Ahringsbach
227
415
Maiermund
456
Briedeler Heck
Hahn
Raversbeuren
Lötzbeuren
431
Beuren
Irmenach
Fronhofen
Pilmeroth
Thalkleinich
Kleinich
Emmeroth
Oberkleinich
Kommen
Götzeroth
Ilsbach
Halster-H. 601
Wederath
E42
Würrich 468
Schwarzen
490
Lautzenhsn.
327
502
497
Büchenbeuren
Wahlenau
Niederweiler
Hirschfeld (Hunsrück)
Horbruch
Lauferswlr.
Krummenau
459
Hochscheid
556
Forsths.
Idar-K.
Bärenbach 481
Sohren (450)
Ober-Kostenz
Nieder-
418
Forsths
Niedersohren
Dill
476
Sohrschied
434
Schwerb.
Gösenroth
Oberkirn
Idarbach
446
Weitersbach
394
Hausen
Rhaunen (330)
Todenr
Metz
Kehrbach
438
50
53

Kleinich (2 km). Im Ortsmittelpunkt nach rechts abbiegen und auf der baumbestandenen Landstraße nach *Fronhofen* (2 km). In Fronhofen gleich am Ortseingang nicht in die Dorfmitte einbiegen, sondern geradeaus weiterfahren. Man gelangt dann auf eine Landstraße mit großem Seltenheitswert. Es handelt sich um die L 186, die in ihrem ursprünglichen Zustand belassen wurde, also eine festgefahrene Schotterdecke besitzt. Man kann diese mit Kilometeranzeiger versehene L 186 mit dem Rad befahren, aber es empfiehlt sich eher, eine Wanderpause einzulegen und das Fahrrad zu schieben, um so mehr entdeckt man den Liebreiz dieser Waldlandschaft. Die Straße führt in Serpentinen bergab, an Felsvorsprüngen vorbei und ist gesichert durch Geländer. Man gelangt dann in das tief eingeschnittene Wildbachtal, das bei *Kautenbach* (5 km) wieder auf einer richtigen Straße zu befahren ist. Von hier aus schlängelt sich die Straße entlang der Talsohle nach *Bad Wildstein* (2 km) mit Badehaus und Kuranlagen, um dann beim Thermalbad *Traben-Trarbach* (2 km) wieder zu erreichen.

72 Fahrt im Nahe-Weinland Bad Kreuznach – Bad Münster am Stein/Ebernburg – Niederhausen/Nahe – Schloßböckelheim – Sponheim – Wallhausen – Windesheim – Münster-Sarmsheim – Bingerbrück/Bingen

Schwierigkeitsstufe III.
Tourenlänge 50 Kilometer. **Fahrzeit** 4 bis 5 Stunden.
Höhenunterschiede 150 Meter auf 3 Kilometer vom Nahetal nach Waldböckelheim bis zur Höhe vor Burgsponheim; 50 Meter auf 1 Kilometer vom Ellerbachtal hinter Burgsponheim nach Sponheim; 50 Meter auf 1 Kilometer von Mandel Richtung St. Katharinen; 60 Meter auf 2 Kilometer von St. Katharinen über Sommerloch bis zum Sportplatz vor Wallhausen; 80 Meter auf 1,5 Kilometer vom Gräfenbachtal in Wallhausen bis zur Höhe Richtung Windesheim; 50 Meter auf 2 Kilometer von Windesheim Richtung Waldlaubersheim.
Karten 1:50000 L 6112 Bad Kreuznach, L 6312 Rockenhausen; 1:100000 Radwanderkarte Rheinland-Pfalz Blatt Südost; 1:200000 Generalkarte Blatt 15.
Wissenswertes Das *Nahe-Weinland* ist das Gebiet des Unterlaufs der Nahe von Martinstein-Merxheim bis zur Nahe-Mün-

dung in Bingen und die Nebentäler (Glan, Hagenbach, Alsenz, Moschel, Ellerbach, Gräfenbach, Guldenbach, Trollbach, Krebsbach, Mühlbach) und das »Hunsrück-Vorland«, das sich von der Nahe bis zum Waldsaum des Hunsrückhöhenzugs hinstreckt. Der Wein, der in diesem Gebiet gedeiht, gehört unter Kennern zu den Köstlichsten der Welt. Er wächst vorwiegend auf Schiefer und Prophyrböden, die dem Wein bei günstiger Sonneneinstrahlung eine erlesene Frische und kräftige Würze verleihen. – *Bad Kreuznach, Salinenthal, Bad Münster am Stein-Ebernburg* siehe Tour 22. – *Niederhausen/Nahe, Staatsweingut Niederhausen-Schloßböckelheim* siehe Tour 24. – *Burgsponheim,* ehemals Sitz der weithin begüterten Grafen von Sponheim. Der Bergfried mit seinen mächtigen Buckelquadern ist noch vorhanden. – *Sponheim, Wallhausen* siehe Tour 23. – *Windesheim,* berühmte Orgelbaufirma Oberlinger. – *Burglayen, Münster-Sarmsheim, Bingerbrück, Bingen* siehe Tour 1.

Tourenbeschreibung Von *Bad Kreuznach* führt die Radtour auf dem ausgeschilderten Rad- und Fußgängerweg parallel zur Nahe durch das herrliche *Salinental* (2 km) nach *Bad Münster am Stein* (2 km). Von Bad Münster am Stein unterhalb des Rotenfelsens auf der Nahetalstraße über *Norheim* (3 km), *Niederhausen/Nahe* (3 km) am Stausee entlang, dann rechts unter der Eisenbahn hindurch und hinauf zum *Staatsweingut Niederhausen-Schloßböckelheim* (2 km) mit seinen großen Weinkellern (Besichtigung ist nach Voranmeldung möglich, Weinprobe) und der Aussichtsterrasse mit Blick auf Nahetal und Lemberggebiet. Abfahrt ins Nahetal über die Eisenbahnlinie zum Niederthäler Hof, an der Drahtfabrik vorbei, dann rechts – talaufwärts – nach *Waldböckelheim* (6 km). Oberhalb von Waldböckelheim wird die verkehrsreiche Bundesstraße B 41 überquert, dann weiter zum Forsthaus und über die Höhe und hinunter ins Ellerbachtal und – wieder ansteigend – nach *Burgsponheim* (3 km). Von Burgsponheim wieder hinab in das reizende Ellerbachtal, um gleich bei der Ackermannsmühle links hoch in das Seitental nach *Sponheim* (2 km) und seinem ehemaligen Benediktinerkloster zu fahren. Von Sponheim teilweise durch Wald nach *Mandel* (3 km), in den Ort hinein und in nördlicher Richtung – ansteigend – durch die Weinberge und über die Höhe nach *St. Katharinen* (2 km). Von dort geradeaus weiter nach *Sommerloch* (2 km) und – weiter ansteigend – über die Höhe und Abfahrt in das Gräfenbachtal mit seinen Burgen nach *Wallhausen* (2 km).

Von Wallhausen – wieder ansteigend – in einer Serpentine durch die Weinberge des Südhanges und über die Höhe nach *Windesheim* (5 km), das im Guldenbachtal liegt. Von hier aus in

Hergenfeld
Windesheim
(165)
Waldhilbershm.
Langenlonshm.
Guldental
(250)
Grolshm.
E31
Aspishm
Gensingen
Horrwlr.
Welgeshm
Zotzen
Spabrücken
Dalberg
St. Mariae Himmelfahrt
Steineberg
Struthof
Kreers-
häuschen
Münchwald
Forsths.
Winterbach
Gebroth
Spall
Argenschwang
Wallhausen
Heddesheim
Eremitage
Kloningers-
mühle
Bretzenhm.
IPPESHEIM
Gutenberg
Sommerloch
WINZENHEIM
Hungr.Wolf
Roxheim
Hargesheim
St. Katharinen
Braunweiler
Gauchsberg
Allenfeld
Winterburg
Biebelshm.
PLANIG
Sprendlgn.
Bosenberg
Pfaffen-
Stifts-
Kirche
Schwabenhm.
BOSENHEIM
Pleitersheim
Badenhm.
Rehbach
Mandel
Daubach
Sponheim
Nahebrücke
Schl. Kauzenburg
Kurhs.
Rüdeshm.
Weinsheim
Burgsponheim
Bockenau
Ellerbach
Lohrerhof
Schanzen-K.
Gradierwerke
Rotenfels
BAD
KREUZNACH
Hüffelsheim
Waldböckelheim
Jagdschloß
Traisen
THEODORSHALLE
BAD MÜNSTER a. Stein
Hackenheim
Volxheim
Schl. Rheingrafenstein
Schloß-
böckelhm.
Niederhsn.
Norheim
EBERNBURG
Forsths. Spreitel
Frei-
Laubershm.
Neu-
Bamberg
Wöllstein
Siefershm.
Gumbsheim
Appel-B.
Steinhardt
Oberstreit
SOBERNHM.
Boos
Dörndich

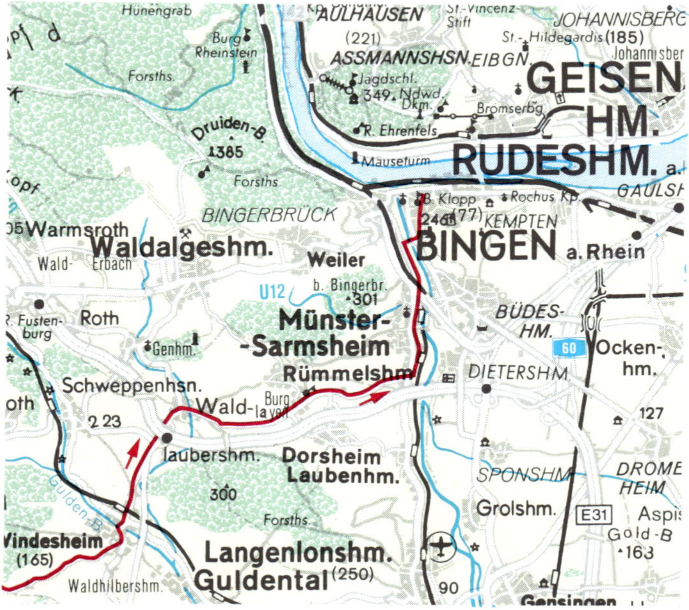

Richtung Autobahn A 61 – zunächst ansteigend – dann unter der Autobahn hindurch nach *Waldlaubersheim* (3 km). Dort rechts auf der Naheweinstraße entlang der rebenbestandenen Südhänge des Trollbachtales in etwa parallel zur A 61 über *Burglayen* (2 km) und an den exotischen Felsbildungen vorbei nach *Münster-Sarmsheim* (4 km) an der Nahe. Auf der nun stärker befahrenen Bundesstraße B 48 bzw. auf dem Radweg entlang der Bahnlinie nach *Bingerbrück* (3 km) oder *Bingen*.

73 Rundtour auf den Hunsrückhöhen Rheinböllen – Emmelshausen – Kastellaun – Kirchberg – Rhaunen – Gemünden – Simmern – Rheinböllen

Schwierigkeitsstufe II/III.
Tourenlänge etwa 100 Kilometer.
Fahrzeit 9 bis 11 Stunden.
Höhenunterschiede 80 Meter auf 3 Kilometer zwischen Rheinböllen und Liebshausen; 60 Meter auf 2 Kilometer zwischen Kisselbach und Laudert; 70 Meter auf 2 Kilometer hinter Laudert; 80 Meter auf 2,5 Kilometer vor und hinter Norath; 50 Meter auf 1 Kilometer vor Thörlingen; 50 Meter auf 1,5 Kilometer hinter Bickenbach und hinter Schnellbach; 70 Meter auf 1,5 Kilometer vor und hinter Roth; 60 Meter auf 1,2 Kilometer hinter Kastellaun; 30 Meter auf 800 Meter hinter Dillendorf; 60 Meter auf 1,2 Kilometer zwischen Dill und der Höhe vor Sohrschied; 50 Meter auf 1 Kilometer hinter Oberkirn Richtung Rhaunen; 110 Meter auf 2 Kilometer vor Woppenroth; 100 Meter auf 2 Kilometer hinter Mengerschied; 75 Meter auf 2 Kilometer von Ravengiersburg bis Oppertshausen; 30 Meter auf 1 Kilometer hinter Simmern; 30 Meter auf 1 Kilometer vor Mörschbach.
Karten 1:100000 Radwanderkarte Rheinland-Pfalz Blatt Nordost; 1:200000 Generalkarte Blätter 12 und 15.
Wissenswertes Die »Rundtour auf den Hunsrückhöhen« führt durch die zwischen 400 und 500 Meter hoch liegende Hunsrücklandschaft, die im Südosten begleitet wird von dem Hunsrückhöhenzug Soonwald-Idarwald, der auf durchschnittlich 700 Meter Höhe liegt und sich markant aus der Landschaft abhebt. Die Dörfer und kleineren Städte, denen man auf der Rundfahrt begegnet, besitzen zum Teil ursprünglichen Bestand an Häusern (das typische Hunsrückhaus mit Krüppelwalmdach), Höfen und schindelbedeckten Fassaden. Das mäßige Reizklima auf diesen Höhen ist förderlich für die Gesundheit und läßt die Radtour zu einer »Radkur« werden. – *Rheinböllen* siehe Tour 2. – *Emmelshausen, Leiningen-Sauerbrunnen* siehe Tour 34. – *Bickenbach, Frankweiler, Roth* siehe Tour 70. – *Kastellaun* siehe Tour 35. – *Kirchberg, Dill, Rhaunen, Woppenroth, Gehlweiler, Gemünden* siehe Tour 37. – *Ravengiersburg, Simmern* siehe Tour 36.
Tourenbeschreibung Rheinböllen bietet durch seine Lage an der Autobahn (ähnlich wie Emmelshausen) für diese Radtour einen geeigneten Ausgangspunkt. In *Rheinböllen* dem Richtungsschild »Emmelshausen« folgen, am Friedhof vorbei und allmählich ansteigend, später durch Wald nach *Liebshausen*

(4 km) und weiter über einen kleinen Höhenzug – abwärts – nach *Kisselbach* (3 km), das im Quellgrund mehrerer Bäche liegt. Von hier aus über die Höhe nach *Laudert* (3 km). Hinter Laudert steigt die Straße wieder an, führt zunächst durch Acker- und Wiesenfluren, dann durch Wald und fällt dann ab nach *Pfalzfeld* (5 km). Vor *Norath* (2 km) und durch diesen Ort geht

es dann wieder bergauf bis kurz vor die Autobahn, und in etwa parallel zur Autobahn nach *Dörth* (3 km). Vom nördlichen Ortsrand von Dörth den asphaltierten Wirtschaftsweg entlang durch die Felder zur Straße, die mit einem Rad-/Waldweg links zum Luftkurort *Emmelshausen* (4 km) führt.

Nach der Ortsdurchfahrt von Emmelshausen links auf der Trasse der stillgelegten Hunsrückbahn, die als Radweg umgebaut ist, nach *Sauerbrunnen* (3 km) und von hier zur Hunsrückhöhenstraße (B 327), der man auf einem Radstreifen – weiter bergab – bis zum Gut *Reifenthal* (1 km), wo der Wanderweg in das romantische Baybachtal beginnt, folgt. Dort rechts einbiegen in die ruhige Landstraße – später ansteigend – nach *Thörlingen* (2 km). Auf kurviger Straße über die Anhöhe nach *Bickenbach* (1 km). Auf der folgenden, zunächst ansteigenden Strecke durchquert man zwei Hochtälchen (das erste mit dem Weiler *Schnellbach*) auf abwechslungsreicher Fahrt nach *Frankweiler* (4 km). Über die Höhe hinweg geht die Fahrt nach *Beltheim* (2 km), dann in ein tiefer eingeschnittenes Tal und wieder bergaufwärts nach *Roth* (3 km). Am alten Schulhaus biegt man rechts ab auf einen Landwirtschaftsweg, der über den Hügel mit guter Sicht über die Hunsrückhöhen zum Verwaltungsmittelpunkt *Kastellaun* (3 km) führt, das auf den letzten Metern der Hunsrückhöhenstraße erreicht wird.

Vom Luftkurort Kastellaun – zunächst ansteigend – durch den Wald in südlicher Richtung nach *Hasselbach* (4 km) und geradeaus auf ruhiger Landstraße nach *Wüschheim* (4 km). Im Ort links nach *Reich* (1 km), wo man rechts die Ringstraße einschlägt, um dann am Ortsende links, am Ehrenfriedhof vorbei, über eine kleine Anhöhe nach *Reckershausen* (4 km) zu fahren. Im Ort links auf der Landstraße durch den Wald zum *Forsthaus Buschied* (3 km), von wo aus man links den asphaltierten Landwirtschaftsweg benutzt, über die Schnellstraße hinweg nach *Denzen* (2 km) und weiter nach dem, ob seiner Höhenlage von weitem sichtbaren *Kirchberg* (3 km). Von *Kirchberg* (Ortsmitte) in westlicher Richtung bis zum Wegweiser »Dillendorf – Dill«, links, mit Blick auf die weite Hunsrücklandschaft, nach *Dillendorf* (2 km) im Kehrbachtal gelegen. Leicht ansteigend, und weiter auf ruhiger Landstraße durch den Wald nach *Dill* (3 km) mit seiner malerischen Burgruine. Im Ort hinunter ins Tal und – ansteigend – bis zur Höhe, dann kurz abwärts nach *Sohrschied* (3 km). Wieder ansteigend auf ruhiger Straße nach *Schwerbach* (1 km), dann nochmals über einen kleinen Höhenzug und Abfahrt nach *Oberkirn* (2 km). Im Ort rechts, einem Seitentälchen folgen und über eine Anhöhe, dann Abfahrt nach *Rhaunen* (4 km).

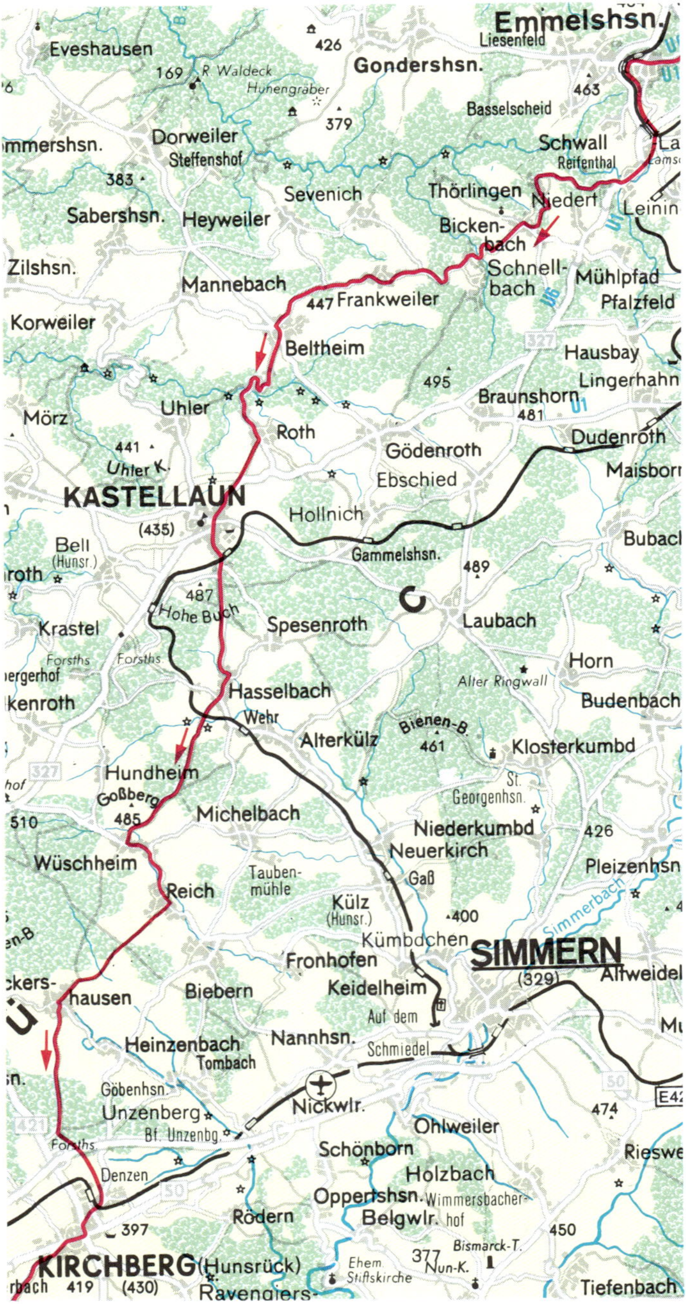
Emmelshsn.
Liesenfeld
Eveshausen
169
R. Waldeck
Hunengräber
426
Gondershsn.
463
Basselscheid
379
Dorweiler
Steffenshof
Schwall
Reifenthal
383
Sevenich
Thörlingen
Niedert
Sabershsn.
Heyweiler
Bicken-
bach
Schnell-
bach
Mühlpfad
Pfalzfeld
Zilshsn.
Mannebach
447 Frankweiler
Korweiler
Beltheim
Hausbay
Lingerhahn
495
Braunshorn
481
Mörz
Uhler
Roth
Dudenroth
441
Uhler K.
Gödenroth
Ebschied
Maisborn
KASTELLAUN
(435)
Hollnich
Bell
(Hunsr.)
Gammelshsn.
489
487
Hohe Buch
Spesenroth
Laubach
Krastel
Forsths
Forsths
Horn
Alter Ringwall
Hasselbach
Budenbach
Wehr
Alterkülz
Bienen-B.
461
Klosterkumbd
Hundheim
St.
Georgenhsn.
Goßberg
485
Michelbach
510
Niederkumbd
426
Neuerkirch
Wüschheim
Pleizenhsn
Tauben-
mühle
Gaß
Reich
Külz
(Hunsr.)
400
Simmerbach
Kümbdchen
SIMMERN
(329)
Altweidel
Fronhofen
hausen
Biebern
Keidelheim
Auf dem
Heinzenbach
Tombach
Nannhsn.
Schmiedel
Göbenhsn.
Unzenberg
Nickwlr.
474
Bf. Unzenbg.
Ohlweiler
Forsths
Schönborn
Denzen
Holzbach
Oppertshsn.
Wimmersbacher-
hof
Belgwlr.
397
Rödern
450
Bismarck-T.
377
Nun-K.
KIRCHBERG (Hunsrück)
Ehem.
Stiftskirche
419
(430)
Tiefenbach
327
50
421
E42
U1
U6

Metzenhsn.
Schwarzen
Ober-
-Kostenz
Bärenbach
Nieder-
Sohren
Niedersohren
Dill
Niederweiler
Sohrschied
Lauferswlr.
Gösenroth
Oberkirn
Weitersbach
Hausen
Rhaunen
Idarbach
Kehrbach
Göbenhsn.
Unzenberg
Bf. Unzenbg.
Denzen
KIRCHBERG (Hunsrück)
Liederbach
Dillendorf
Maitzborn
Ravengiersburg
Hecken
Lindenschied
Schwerb.
Galgenhügel
Woppenroth
Schlierschied
Rohrbach
Dickenschied
Panzweiler
Gemünden
Womrath
Neuhof
Mengerschied
Sargenroth
Rödern
Nickwlr.
Ohlweiler
Schönborn
Holzbach
Oppertshsn.
Belgwlr.
Wimmersbacher hof
Ehem. Stiftskirche
Nun-K.
Bismarck-T.
Gehlwlr.
Henau
R. Koppenstn.
R. Hellkirch
Simmerbach
Womrather H.
Soonruhe
Gemündener H.
Alteburg
Forsths. Alteburg
Trifthütte
Schwarzerden
Layenkaul
R. Wildburg
Ellerspring
Tiefenbach
Simmern-K.
Riesweiler
Altes Grab
Argenthal
Karchrech
Ippenschied
Forstamt
Entenpfuhl
Schinderhanneshöhle
E42

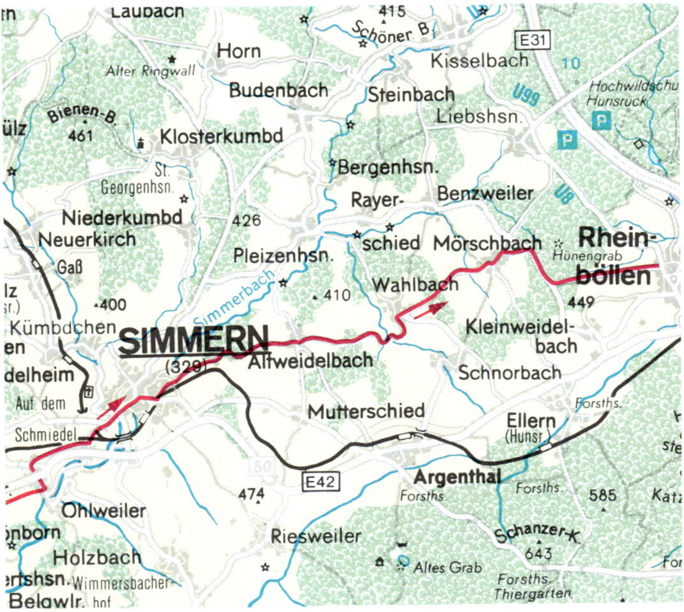

In Rhaunen (Ortsmitte) links die Straße Richtung »Gemünden« einschlagen und in der Talniederung des Hahnenbaches, an *Hausen* (2 km) vorbei bis zum Anstieg auf die Hochfläche und weiter in östlicher Richtung nach *Woppenroth* (4 km), dem »Heimat«-Dorf. Rechts der »Lützel-Soon«, überquert man sodann die Straße Kirn – Kirchberg, und weiter Abfahrt nach *Schlierschied* (3 km). Zunächst eben, dann in einer Serpentine hinunter ins Simmerbachtal nach *Gehlweiler* (4 km). Ein Abstecher über die alte Steinbrücke zum Backhaus und zur Schmiede empfiehlt sich. Zurück zur Hauptstraße, dann rechts, erreicht man nach einigen hundert Metern den »Geologischen Lehrpfad« bei der Kaisergrube, sodann *Gemünden* (2 km).

Von Gemünden talaufwärts nach *Mengerschied* (3 km). Dort links – steiler bergaufwärts – bis zur Höhe und weiter auf dem Höhenzug, dann Abfahrt hinunter nach *Ravengiersburg* (4 km), dessen »Dom des Hunsrücks« zur Besinnung einlädt. Dort über den Simmerbach und – ansteigend – in einer Serpentine nach *Oppertshausen* (2 km) und nach *Schönborn* (1 km). Vor der Schnellstraße B 50 erreicht man einen asphaltierten Parallelweg, in den man rechts einbiegt und bis zum Ortseingang *Ohlweiler* (3 km) fährt. Dort links unter der B 50 hindurch und gleich hinter der Auffahrt zur Schnellstraße rechts auf den apshaltierten breiten Landwirtschaftsweg, der direkt nach *Simmern* (3 km) führt.

Auf der letzten »Etappe« der Hunsrückhöhentour fährt man bei der Bahnhofsbrücke dem Schild »Wahlbach« nach und gelangt zur Umgehungsstraße, die man etwa 200 Meter oberhalb nach *Altweidelbach* (3 km) überquert. Die ruhige Landstraße führt bei einigen leichten Gefällstrecken und Abstiegen zum hochgelegenen *Wahlbach* (3 km) und weiter nach *Mörschbach* (2 km) und hinter dem Ort zum Waldsaum, dem man rechts, dann durch den Wald und über die weiten Feldfluren mit Blick auf den Soonwald folgt nach *Rheinböllen* (4 km).

Hinweis Die »Rundfahrt auf den Hunsrückhöhen« kann selbstverständlich auch von anderen Orten des Hunsrücks wie Pfalzfeld, Emmelshausen, Kastellaun, Kirchberg, Rhaunen, Simmern begonnen oder beendet werden.

74 Rundtour im Saargau Trier – Konz – Nittel – Nennig – Saarburg – Trier

Schwierigkeitsstufe II/III.
Tourenlänge 95 Kilometer.
Fahrzeit 8 bis 9 Stunden.
Höhenunterschiede 70 Meter auf 1,2 Kilometer vom Moseltal bei Schloß Thorn bis Kreuzweiler, danach 120 Meter auf 4 Kilometer bis zur Höhe hinter Beuren; 200 Meter auf 3 Kilometer von Kollesleuken bis zur Höhe hinter Freudenburg.
Karten 1:100000 Radwanderkarte Rheinland-Pfalz Blatt West; 1:200000 Generalkarte Blatt 15.
Wissenswertes Das Grenzland zwischen der unteren Saar und der Mosel ist eine tafelförmige, wenig zerteilte auf Keuper aufbauende Hochfläche, die vorwiegend aus Wiesen, Weiden, Akkerland und Wäldern besteht. Der Saargau wird eingegrenzt im Norden und Westen durch die Mosel, die in ihrem trogförmigen Tal an ihren (vorwiegend) Muschelkalkhängen bei mildem Klima seit der Römerzeit Weinbau zuläßt. Hier gedeiht die von Kennern geschätzte Elbling-Weinsorte. Das untere, zumeist v-förmig eingeschnittene Saartal weist auf seiner Westseite Buntsandstein auf, der bei Kastel-Staadt abrupte Felswände ausbildet. An der Ostseite, auf Schiefergrund, gedeiht der Saar-Riesling. Für den Radwanderer ist die Tour durch diese historische

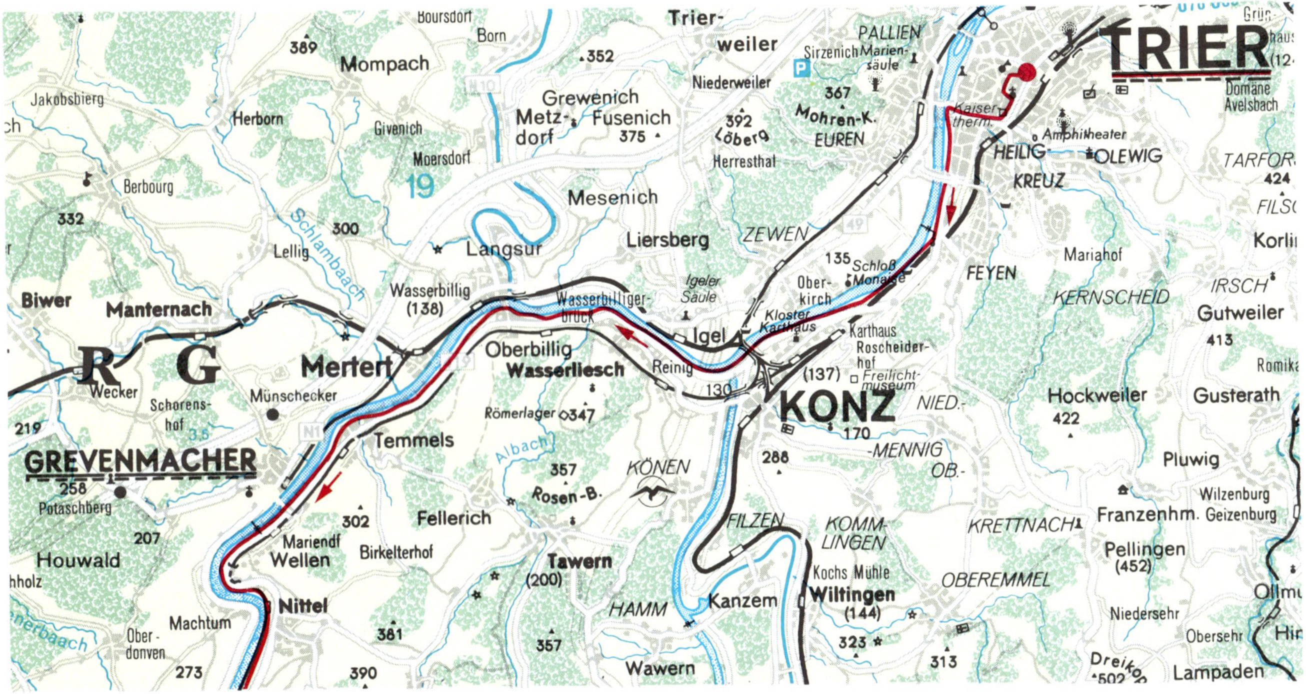
TRIER
Domäne Avelsbach
PALLIEN
Sirzenich
Mariensäule
Kaiserthermen
Amphitheater
HEILIG-KREUZ
OLEWIG
TARFORST
FEYEN
Mariahof
KERNSCHEID
IRSCH
Gutweiler
Korlingen
Romika
Hockweiler
Gusterath
Pluwig
Wilzenburg
Franzenhm.
Geizenburg
Pellingen
(452)
Niedersehr
Obersehr
Lampaden
KONZ
(137)
Karthaus
Roscheiderhof
Freilichtmuseum
Kloster Karthaus
Oberkirch
Schloß Monaise
NIED.-MENNIG
OB.-
KOMMLINGEN
Kochs Mühle
Wiltingen
(144)
KRETTNACH
OBEREMMEL
FILZEN
Kanzem
HAMM
Wawern
KÖNEN
Reinig
Igel
Igeler Säule
ZEWEN
Liersberg
Mesenich
Herresthal
Löberg
EUREN
Mohren-K.
Niederweiler
Trierweiler
Grewenich
Metzdorf
Fusenich
Mompach
Boursdorf
Born
Langsur
Wasserbilliger-brück
Wasserbillig
(138)
Oberbillig
Wasserliesch
Römerlager
Albach
Rosen-B.
Tawern
(200)
Fellerich
Temmels
Birkelterhof
Wellen
Mariendf
Nittel
Mertert
Münschecker
Schlambaach
Lellig
Givenich
Moersdorf
Herborn
Jakobsbierg
Berbourg
Biwer
Manternach
Wecker
Schorenshof
GREVENMACHER
Potaschberg
Houwald
Machtum
Oberdonven

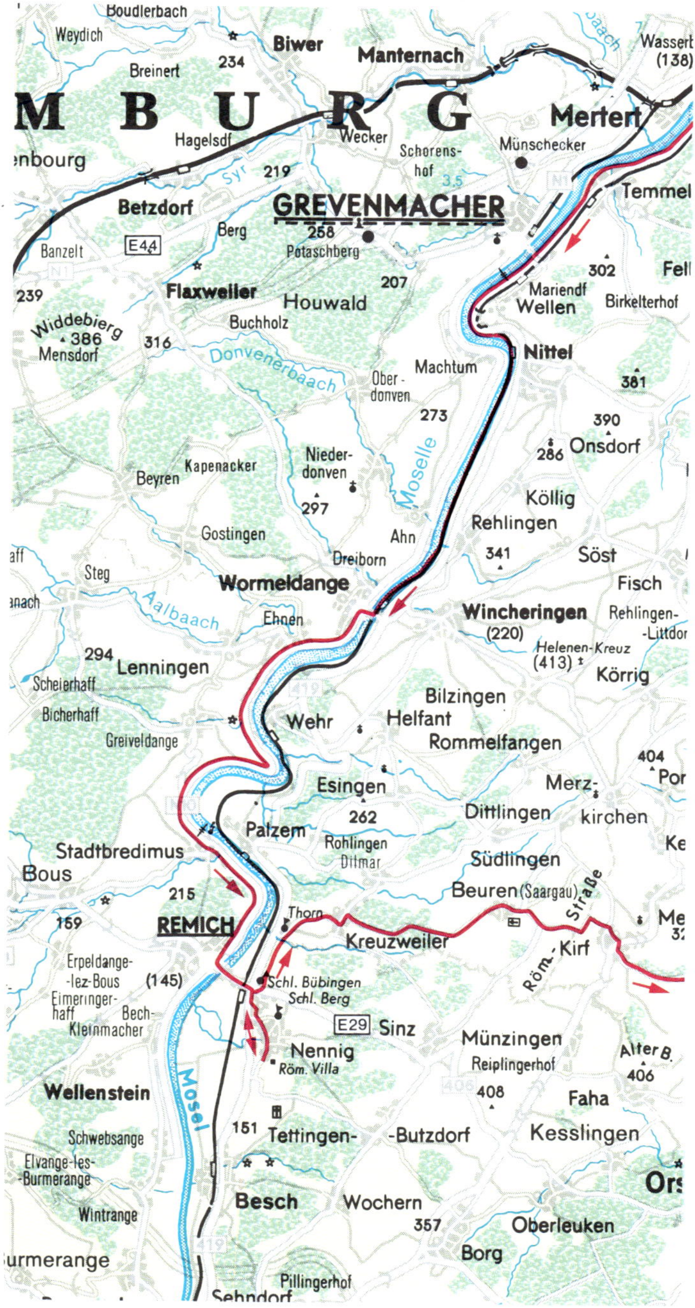
Boudlerbach
Weydich
Biwer
Manternach
Breinert
234
M B U R G
Mertert
Wasserb
(138)
Hagelsdf
Wecker
Schorens-
hof
Münschecker
Syr
219
Betzdorf
GREVENMACHER
Temmel
Berg
258
Potaschberg
E44
Banzelt
Flaxweiler
Houwald
207
302
Mariendf
Wellen
Birkelterhof
239
Widdebierg
386
Mensdorf
316
Buchholz
Donvenerbaach
Nittel
Machtum
Ober-
donven
381
273
390
Onsdorf
286
Kapenacker
Beyren
Nieder-
donven
Moselle
297
Köllig
Rehlingen
Gostingen
Ahn
Dreiborn
341
Söst
Steg
Wormeldange
Fisch
Aalbaach
Ehnen
Wincheringen
(220)
Rehlingen-
-Littdor
Helenen-Kreuz
(413)
Körrig
294
Lenningen
Scheierhaff
Bicherhaff
Bilzingen
Wehr
Helfant
Greiveldange
Rommelfangen
404
Esingen
Merz-
kirchen
262
Dittlingen
Palzem
Rohlingen
Ditmar
Stadtbredimus
Bous
Südlingen
215
Beuren (Saargau)
Röm.-Straße
Thorn
REMICH
159
Kreuzweiler
Kirf
Erpeldange-
-lez-Bous
(145)
Schl. Bübingen
Schl. Berg
Eimeringer-
haff
Bech-
Kleinmacher
E29
Sinz
Nennig
Röm. Villa
Münzingen
Reiplingerhof
Alter B.
406
Mosel
Wellenstein
408
Faha
151
Tettingen-
-Butzdorf
Kesslingen
Schwebsange
Elvange-les-
-Burmerange
Besch
Wochern
Wintrange
357
Oberleuken
Borg
Pillingerhof
Sehndorf

Kulturlandschaft recht abwechslungsreich, gilt es doch, einen Teil davon in Luxemburg zurückzulegen. Mosel- und Saartal bereiten dem Radwanderer keine großen Anstrengungen, während bei der West-Ost-Duchquerung des Saargaues einige Höhenunterschiede zu bewältigen sind. – *Trier* siehe Tour 17. – *Konz* siehe Tour 18. – *Temmels* siehe Tour 19. – *Nittel* siehe Tour 20. – *Wormeldange, Remich* (Luxemburg), *Nennig* siehe Tour 21. – *Burg Thorn,* restaurierte Burg aus dem Spätmittelalter/Renaissance, malerisch über der Mosel gelegen, Privatbesitz. – *Feudenburg, Kastel-*(Staadt) *Saarburg* siehe Tour 51.

Tourenbeschreibung Das 2000jährige Trier ist Ausgangspunkt zu dieser Tour durch den Saargau. Am Ufer der Mosel (Stadtseite) zieht der Radweg entlang bis nach *Konz* (7 km). Dort überquert man die Brücke bei der Mündung der Saar in die Mosel, um auf einem sehr guten Radweg nach *Wasserliesch* (2 km) zu fahren, dann weiter nach *Oberbillig* (3 km), das gegenüber von Wasserbillig/Luxemburg und der Mündung der Sauer in die Mosel liegt. Von Oberbillig führt ein angenehmer Radweg durch die Wiesen und Weinberge am Moselufer nach *Temmels* (4 km). Weiter geht die Fahrt in südwestlicher Richtung auf dem Radweg nach *Nittel* (4 km), wo man einmal den Elbling probierten sollte, bis *Bahnhof Wincheringen* (6 km). Dort radelt man über die Moselbrücke. Auf der luxemburgischen Seite der Mosel führt ein Radweg/Winzerwirtschaftsweg entlang der N 10 zwischen der Mosel und den an Felshängen angelegten Weinbergen von *Wormeldange* (1 km) und weiter über *Ehnen* (1 km), *Stadtbredimus* (6 km) nach *Remich* (3 km), wo man über die Moselbrücke wieder Luxemburg verläßt.

Auf der anderen Moselseite ist die Besichtigung des Fußbodenmosaiks eines Römerbades in *Nennig* (2 km) empfehlenswert. Die Radtour führt extra durch den Ort zum Ausgrabungsort. Nennig wird überragt von dem weithin sichtbaren Schloß Berg. Moselabwärts passiert man die saarländisch-rheinlandpfälzische Grenze und erreicht *Burg Thorn* (2 km). Hier beginnt dann auch in östlicher Richtung die Fahrt durch das Hochland des Saargaus, zunächst – leicht ansteigend – durch das Kreuzweilerbachtälchen nach *Kreuzweiler* (2 km), dann über die Akkerfluren nach *Beuren/Saargau* (4 km) mit seinem charakteristischen Dorfbild der entlang der Straßenfront gelegenen Bauerngehöfte saarländisch-lothringischen Typs (Scheune, Stall, Wohnhaus unter einem Dach). Über *Kirf* (3 km), wo die B 407 überquert wird, beginnt dann die Abfahrt durch ein anmutiges Tälchen zu dem ruhig im Wiesengrund gelegenen *Kollesleuken* (3 km) im tiefeingeschnittenen Leukerbachtal. Jetzt windet sich

Givenich
Moersdorf
19
Metz-
dorf
Fusenich
375
392
Löberg
Mohren-K.
EUREN
therm.
Herrestal
Mesenich
300
Langsur
Liersberg
ZEWEN
49
135
Schloß
Monaise
FEYE
Wasserbillig
(138)
Wasserbilliger-
brück
Igeler
Säule
Ober-
kirch
Kloster
Karthaus
Karthaus
Roscheider-
hof
Freilicht-
museum
Igel
Oberbillig
Wasserliesch
Reinig
419
130
(137)
KONZ
NIED.-
Römerlager
347
170
-MENNIG
OB.-
Temmels
Albach
357
288
KÖNEN
Rosen-B.
302
Fellerich
FILZEN
KOMM-
LINGEN
KRE
Birkelterhof
Tawern
(200)
Kochs Mühle
OBEREM
Wiltingen
(144)
Kanzem
HAMM
381
357
323
313
390
Wawern
Onsdorf
Forsths.
165
51
Biebelhsn.
Kümmern
Stein
weie
Schoden
Mannebach
Ayl
482
Söst
Rehlinger
Kirche
155
491
Fisch
NIEDERLEUKEN
Ockfen
Ockfener B.
Rehlingen-
-Littdorf
SAARBURG
(148)
BEURIG
Irsch
Vierherren-
born
en-Kreuz
436
Körrig
Kath.
Pfarrk.
407
KAHREN
420
404
Portz
KRUTWEILER
Perdenbach
Irsch
51
kirchen
Schl. Saarfels
Trassem
Kelsen
Serrig
(156)
Kastel-Staadt
Hamm
407
Straße
Meurich
327
Kastel
Klause
352
492
Höcker-B.
Leukbach
Kollesleuken
Kirf
440
Rodt
Taben
Taben-Rodt
Freudenburg
(340)
440
Alter B.
406
Weiten
451
Faha
408
Saar
51
slingen

die Straße – teilweise steil ansteigend – nach *Freudenburg* (2 km). Nach Durchqueren des Ortes in östlicher Richtung (Straßenschild Taben-Rodt) gelangt man auf der Höhe zu einer kleinen Straße, in die man links einbiegt, um auf der Hochfläche zur Straße und nach *Kastel*(-Staadt) (4 km) zu fahren. Hier sollte man durch den Ort hindurch zum Soldatenfriedhof und zur »Klause« fahren. Auf dem Rückweg durchquert man abermals den Ort und fährt dann rechts an der neuen Kirche vorbei in einem Nachtigallentälchen steil hinunter nach *Staadt* (3 km). Hier über *Krutweiler* (2 km) direkt nach *Saarburg* (3 km) auf einer ruhigen Landstraße bzw. Radweg entlang der kanalisierten Saar.

Von Saarburg aus folgt man dem Radweg auf der östlichen Seite der Saar nach *Schoden* (4 km) und überquert kurz vor *Wiltingen* (2 km) die Saar nach – rechts abbiegend – *Kanzem* (3 km). Über die alte Saarbrücke gelangt man nun auf dem Saarradweg nach *Hamm* (2 km) und fährt dann entlang der Saar nach *Konz* (4 km). Hier trifft man wieder auf den Moselradweg, der zurück nach *Trier* (7 km), dem Ausgangs- und Endpunkt dieser abwechslungsreichen Radtour, führt.

75 *Saarland-Rundfahrt*
Saarbrücken – Sarreguemines/Saargemünd – Blieskastel – Homburg/Saar – Neunkirchen – Ottweiler – St. Wendel – Tholey – Bostalsee – Primstalstausee – Losheimer See – Mettlach – Saarschleife – Merzig – Saarlouis – Saarbrücken – (etwa 225 km)

Die Saarland-Rundfahrt beginnt und endet in der Landeshauptstadt *Saarbrücken.* Dabei wird das Saarland auf dieser Tour in drei bis sechs Tagen mit dem Rad erfahren, kennengelernt und erlebt: Die wichtigsten Städte, die Umwelt und Landschaft, die Kultur, die Industrie, die Erholungs- und Freizeitregionen. Sie folgt in erster Linie den Flußläufen von Saar und Blies, berührt aber auch weite Gebiete des Saarberglandes und der südlichen Ausläufer des Hunsrücks und setzt sich zusammen aus folgenden, in diesem Radwanderführer im einzelnen beschriebenen Radtouren:

65 Fahrt durch das Saartal, letzter Abschnitt: Saarbrücken – Sarreguemines/Saargemünd
66 Fahrt durch das Tal der Blies, von Sarreguemines/Saargemünd über Bliesbruck, Blieskastel, Homburg/Saar, Neunkirchen, Ottweiler bis St. Wendel
59 St. Wendel – Tholey – Bostalsee
62 Bosen (Bostalsee): Bosen – Braunshausen – Nonnweiler – Primstalstausee
68 Hunsrück-Tour, Abschnitt: Primstalstausee – Nonnweiler – Wadrill – Losheimer See – Mettlach
65 Fahrt durch das Saartal, Abschnitt: Mettlach – Saarschleife – Merzig – Saarlouis – Saarbrücken

Anschriftenverzeichnis

Fremdenverkehrsverband Saarland e. V.
Dudweiler Straße 53, D-66111 Saarbrücken

Fremdenverkehrsverband Rheinland-Pfalz e. V.
Löhrstraße 103/105, D-56068 Koblenz

Hunsrück-Information
Ludwigstraße 3-5, D-55469 Simmern

Deutsches Jugendherbergswerk
Bismarckstraße 8, D-32756 Detmold

Deutsches Jugendherbergswerk,
Landesverband Rheinland-Pfalz/Saarland e. V.
In der Meielache 1, D-55122 Mainz

Deutsche Wanderjugend
Wilhelmstraße 39, D-75378 Bad Liebenzell

Touristenverein »Die Naturfreunde«, Bundesgruppe Deutschland
Großglocknerstraße 28, D-70190 Stuttgart

Verband Deutscher Gebirgs- und Wandervereine e. V.
Reichsstraße 4, D-66111 Saarbrücken

Jugendherbergen

D-55422 Bacharach,
Burg Stahleck

D-55543 Bad Kreuznach
Auf dem Kuhberg

D-54470 Bernkastel-Kues
Jugendherbergsstraße 1

D-55411 Bingen-Bingerbrück
Herter Straße 51

D-56332 Brodenbach
Moorkamp 7

D-56812 Cochem
Klottener Straße 9

D-66693 Mettlach-Dreisbach
Herbergstraße 1

D-54411 Hermeskeil
Adolf-Kolping-Straße 4

D-66424 Homburg/Saar
Sickinger Straße 12

D-55743 Idar-Oberstein
Alte Treibe 23

D-56077 Koblenz
Festung Ehrenbreitstein

D-55130 Mainz
Otto-Brunfels-Schneise 4

D-54479 Morbach
Jugendherbergsstraße 16

D-55430 Oberwesel
Auf dem Schönberg

D-56329 St. Goar
Bismarckweg 17

D-66386 St. Ingbert
Neue Bahnhofstraße 33

D-66123 Saarbrücken
Meerwiesertalweg 31

D-54439 Saarburg
Bottelter Straße 8

D-55471 Sargenroth
Kirchweg 1

D-56841 Traben-Trarbach
Am letzten Hirtenpfad

D-66636 Tholey, Am Schaumberg

D-54292 Trier,
An der Jugendherberge 4

D-66709 Weiskirchen
Jugendherbergstraße 12,

D-67752 Wolfstein
Rötherweg 24

D-67547 Worms, Dechaneigasse 1

Naturfreundehäuser

Lohrer Köpfchen
Im Lohrer Wald, D-55545 Bad Kreuznach
Trier-Quint
Bleischmelze 12a, D-54293 Trier-Quint
Alte Treibe
Alte Treibe, D-55743 Idar-Oberstein
Kehrberghütte
Trierer Straße, D-54316 Franzenheim
Am Haselrech
Am Haselrech im Wald, D-66909 Steinbach
Kirkel
Limbacher Weg 8, D-66459 Kirkel
Kirchheck
Steinbachweg 10, D-66115 Saarbrücken
Warndt-Ludweiler
Schulstraße 51, D-66333 Völklingen-Ludweiler
Am Weiher
Dudweiler Talstraße, D-66386 St. Ingbert-Rentrisch
Grube Labach
Grube Labach, D-66916 Breitenbach
Völklingen
Stadionstraße 10, D-66333 Völklingen
Koppelwaldhütte
Provinzialstraße 31, D-66130 Saarbrücken-Burbach-Fechingen
Ludwigshöhe
Hühnerfelderstraße 43, D-66280 Sulzbach-Altenwald
Neunkirchen
Zoostraße 10, D-66538 Neunkirchen/Saar
Friedrichsthal
Arndtstraße 1c, D-66299 Friedrichsthal
In der Hohl
In der Hohl 32, D-66280 Sulzbach
Locher-Krepp-Hütte
Saarlouiser Straße, D-66346 Püttlingen-Köllerbach
Spiesen-Elversberg
Am Zankwald, D-66583 Spiesen-Elversberg
Waldhaus
Sprenger Forst, D-66773 Schwalbach-Elm

Wichtiger Hinweis

Da Jugendherbergen und Wanderheime zum Teil während der Woche und zu bestimmten Zeiten des Jahres geschlossen sind, empfiehlt der Verlag, sich frühzeitig vor Beginn einer Wanderung mit den genannten Häusern in Verbindung zu setzen.

DWJ

Deutsche Wanderjugend

Die Deutsche Wanderjugend ist die Jugendorganisation des Verbandes Deutscher Gebirgs- und Wandervereine. Die jugendlichen Mitglieder von sechs bis 25 Jahren lernen aber nicht nur das jugendgemäße Wandern.
In der vielseitigen Gruppenarbeit werden Themen bevorzugt wie Laienspiel, Pantomime, Basteln, Werken, Diskussionen, Aktionen, Video und auch Volkstanz.
Ein wichtiger Bereich ist der Natur- und Umweltschutz. Die Gruppen betreiben aktiven Umweltschutz, messen den Säuregrad von Wasser und Boden, setzen sich tatkräftig gegen das Waldsterben ein, führen Naturschutzwanderungen durch, legen Biotope an. Wer mehr über uns, die DWJ, wissen will, schreibt an die
DWJ-Bundesgeschäftsstelle, Wilhelmstraße 39, D-75378 Bad Liebenzell.